중국관행연구의
이론과 재구성

중국관행총서·중국관행자료총서 편찬위원회

위 원 장: 전인갑
부위원장: 안치영
위　　원: 장정아, 김지환, 박경석, 이동영(간사)

이 도서는 2009년도 정부(교육과학기술부)의 재원으로
한국연구재단의 지원을 받아 출판되었음(NRF-2009-362-A00002).

중국관행총서 01

중국관행연구의 이론과 재구성

전인갑 외 지음

KSI 한국학술정보㈜

『중국관행총서』 발간에 즈음하여

우리가 수행하는 아젠다는 근현대 중국의 사회, 경제 관행에 대한 조사와 연구를 매개로 한국의 중국연구와 연구기반을 재구성하는 것이다. 이러한 작업은 무엇보다 인문학적 중국연구와 사회과학적 중국연구의 학제 간 소통과 통합을 모색하는 과정에서 구체화될 수 있을 것이다. 또한 근현대 중국의 사회경제관행 조사 및 연구는 중국의 과거와 현재를 會通할 수 있는 實事求是的 硏究이다. 추상적 담론이 아니라 중층적 역사과정을 거쳐 형성되고 검증된, 그리고 중국인의 일상생활을 지속적이고 안정적으로 제어하는 無形의 사회운영시스템인 관행을 통해 중국사회의 통시적 변화와 지속을 조망한다는 점에서 우리의 아젠다는 중국연구의 새로운 지평을 열 수 있는 최적의 소재라 할 수 있을 것이다. 또한 관행은 중국인의 일상생활을 지속적이고 안정적으로 제어하는 무형의 사회운영시스템이므로 중국 사회의 통시적 변화와 지속을 조망하고자 한다면 관행에 주목해야 한다.

우리 연구의 또 다른 지향은 중국 사회의 내적 질서를 규명하는 것이다. 중국의 장기 안정성과 역동성을 유기적으로 파악함으로써 한층 더 깊이 있게 중국을 이해하고자 하는 것이다. 이러한 문제의식에서 우리는 중국 사회의 다원성과 장기 안정성의 기반이라 할 수 있는 다양한 민간 공동체, 그리고 그 공동체의 광범위하고 직접적인 운영원리로서 작동했던 관행에 주목한다. 나아가 공동체의 규범원리인 관행을 매개로 개인과 공동체 그리고 국가가 유기적으로 결합됨으로써 중국 사회의 장기 안정성이 확보될 수 있었다는 점을 규명하고자 한다.

이러한 문제의식의 연구는 궁극적으로 제국 운영의 경험과 역사적으로 축적한 사회, 경제, 문화적 자원을 활용하여 만들어 가고 있는 중국식 발전 모델의 실체와 그 가능성을 해명하는 데 기여할 것이다.

『중국관행총서』는 '인천대학교 HK중국관행연구사업단'이 수행한 연구의 성과물이다. 이 총서에는 우리 사업단의 연구 성과뿐 아니라 아젠다와 관련된 해외의 주요 저작의 번역물도 포함된다. 앞으로 아젠다와 관련된 연구 및 번역 총서가 지속적으로 발간될 것이다. 그 성과가 차곡차곡 쌓여 한국의 중국연구가 한 단계 도약하는 데 일조할 수 있기를 충심으로 기원한다.

2012년 3월
인천대학교 인문학연구소 HK중국관행연구사업단
소장 전인갑

:: CONTENTS

『중국관행총서』발간에 즈음하여 __ 4

제**1**부 총 론

제1장 중국 관행 연구와 중국 연구의 재구성-
　　　전인갑・장정아__11

제**2**부 중국관행연구의 추세와
　　　　이론적 검토

제2장 중국 향촌조직 조사연구의 추세와 논점-
　　　박장배__49
제3장 중국 근대 면업사(綿業史)의 연구동향과
　　　쟁점-김지환__85
제4장 '한국화교' 연구의 현황과 미래-
　　　송승석__109
제5장 중국기업 연구의 동향과 쟁점-장윤미__149

제3부 중국관행 연구의 재구성과 새로운 모색

제6장 중국 민간종교 연구에 대한 새로운 패러다임의
　　　모색– 송요후__181
제7장 청대 토지 전매(典賣) 관행과 분쟁–허혜윤__219
제8장 미곡을 통해 본 청대 중국사회의 시대상–
　　　문명기__243
제9장 개혁·개방 이후 중국의 농촌 토지사용권–
　　　장호준__267

제1부

총 론

제 1 장

중국 관행 연구와 중국 연구의 재구성

전인갑 · 장정아

I. 문제 제기

II. 중국 연구의 재구성 모색

III. 실증과 이론의 결합: 새로운 패러다임의 가능성

IV. 맺음말

I. 문제 제기

중국연구에 관한 한 한국의 인문학계는 그동안 先學과 同時代 硏究者들의 至難한 노력으로 有無形의 심도 깊은 학문적 성취를 이루었다. 물론 학문적 관점과 현실적 입장에 따라 文史哲 각 영역의 학문적 전통과 성취에 대한 평가에는 적잖은 논란이 있을 수 있다. 그러나 文史哲 중심의 중국연구는 어려운 시대적 환경 속에서도 사회과학 등 다른 어떤 학문영역의 중국연구와도 비교할 수 없을 정도로 확고한 學問的 傳統을 확립하고 있음을 부정할 수 없으며, 그간의 학문적 축적은 중국연구를 새로운 차원으로 발전시킬 자양분임에 분명하다.

그런데 현재의 文史哲 중심의 중국연구는 학문적으로나 사회적으로 다음과 같은 난제에 봉착해 있다. 중국연구에 관한 한 한국의 인문학계는 근대학문체제에 '강압적'으로 편입됨으로써, 적어도 조선시대 이후 축적한 중국에 대한 知的 遺産을 학문적으로 계승하지 못했다. 여기에다 냉전체제가 가한 이데올로기적 편향이 더해져 다음 두 가지 비판을 면하기 어렵게 되었다.

첫째, 한국의 인문학적 중국연구에 한국적 시각이 결여되었다는 비판이다.[1] 사실 인문학적 중국연구가 한국 지성사의 한 부분으로 자리 잡지 못했고 우리 사회의 요구와 유기적 관련을 맺는 데 소홀했던 것은 부정할 수 없다. 그간 우리의 중국연구가 한국사회에 대한 진지한 지적·학문적 성찰을 바탕으로 전개되지 못한 바, 이는 중국을 특별히 외국으로 의식하지 않는 일본학계의 영향과, 서구 특히 미국의 중국연구의 높은 수준에 압도되지 않을 수 없는 상황, 그리고 서구 역사에서 抽象적 개념에 대한 誤讀과 理解 不足에서 초래된 구미의 중국연구에 대한 피상적 이해와 斷章取義的 引用 등 다양한 요인들이 복합적으로 작용하여 한국적 시각 모색의 부족을 초래했다. 다행히 최근 동아시아론을 비롯하여 인문학 분야에서 중국연구의 한국적 시각을 탐색하는 다양한 논리들이 활발하게 개진되고 있음은 고무적인 현상이라 할 것이다.[2]

둘째, 한국의 인문학적 중국연구, 특히 역사학에서 현저한 현상으로서, 중국연구가 현재와의 거리를 고집함으로써 현재적 요구를 반영하는 데 소홀했고 학제 간 소통도 부족했다는 비판이다. 현재의 중국을 연구하는 것을 금기시함으로써 현재 문제에 대한 인문학적 접근-역사학적·철학적·문학적 접근-이 精緻하게 진행되지 못했을 뿐 아니라 과거와 전통을 현재적 관점에서 역동적으로 재해석하지 못하는

---

* 본 논문은 『중국근대사연구』, 48집(2010. 12)에 게재된 논문을 수정한 것이다.

1) 「실증과 피안과 중국학의 미래: 閔斗基 교수와의 특별대담」, 鄭在書 編著, 『東아시아硏究-글쓰기에서 談論까지』, 살림, 1999, 298쪽.
2) 이욱연, 「동아시아론의 지형학」, 『철학과 현실』, 2000 여름호(통권 45), 2000.

오류를 범했던 것으로 보인다.3) 이러한 학문경향은 한국의 인문학적 중국연구가 중국이라는 文化體를 會通하지 못하는 결과를 초래했다. 과거와 현재와 미래를 통합적으로 조망할 수 있는 학문적 탐색이 부족하게 된 것은 이와 같은 현상이 초래한 자연스러운 산물일 것이다.

인문학적 중국연구가 봉착한 또 다른 난제는, 중국의 부상과 함께 갑작스럽게 증대된 중국에 대한 학문적 수요를 인문학적 중국연구가 홀시했을 뿐 아니라, 학문적 토대가 취약한 사회과학에서 그러한 역할을 제공한 반면, 인문학적 중국연구는 사회적으로 유효한 기능을 담당하지 못했다는 점이다.

개혁개방 정책을 표방한 이후 중국이 세계 제조업의 블랙홀로 부상하고, 그에 따라 중국과 가장 근접한 한국의 경우 다양한 형태의 '중국 위협'에 직면해 있다. 냉전 시기에 한국사회가 갖게 된 중국 인식의 패러다임이 중국의 변화에 따라 근본적으로 바뀌지 않을 수 없는 상황을 맞이하고 있다. 그런데 사회과학계를 중심으로 현실의 수요에 조급하게 복무하는 중국연구가 유행처럼 확산되고, 그러한 연구가 중국연구의 전체인 양 인식된다는 데 문제의 심각성이 있다.4)

정부정책을 보조하고 경제적 요구-기업가들의 욕구-를 충족시키는

---

3) 그런데 일찍이 중국의 근대는 전통과의 상호 대립·극복이 아닌 긴밀한 관련성 속에서 모색되어야 한다는 주장이 민두기 교수에 의해 제기되어 미국의 중국사 학계에도 영향을 미쳤다. 민 교수는 '전통과 유리되지 않는' 중국 근대화의 '내재적인 힘과 활동'에 대한 실증 작업을 본격적으로 진행하였는데, 『紳士層硏究』, 『中國近代改革運動의 硏究』는 그와 같은 문제의식의 직접적인 소산이었다. 특히 신사층 연구에서 紳士 層들의 立憲, 地方自治論의 性格과 그에 따른 近代的 變貌를 집중적으로 다루면서 중국의 근대-나아가 '현재'-를 구성하는 전통의 역동성을 발견해 냈다(鄭文祥, 「閔斗基敎授(1932~2000)의 中國近現代史硏 究とその歷史像」, 『近きに在りて』, 第44·45合倂號, 2004).

4) 문화체계로서의 '전통'의 역동성에 주목하여 새로운 연구 패러다임을 모색한 김광억의 연구는 현재 진행되고 있는 사회과학적 중국연구에 대한 비판적 대안 제시로서 주목할 만하다(김광억, 「중국연구를 위한 인류학적 패러다임 시론: 문화접점론과 국가-사회의 관계를 중심으로」, 『국제지역연구』(서울대), 11권 3호, 2002; 김광억, 「중국연구를 위한 방법론: 공식영역과 비공식영역의 관계」, 『아시아태평양지역연구』, 제2권 제2호, 2000).

기능이 중국연구의 '의무'인 양 인식되기에 이르렀다. 말하자면 '한국의 생존전략으로서의 중국'에 복무하는 중국연구가 사회적으로나 학문적으로 초미의 관심사가 되었다고 해도 무리는 아닐 것이며, 이러한 경향은 현재 한국사회의 학문적 헤게모니의 지형에 의해 더욱 가속화되었다.[5] 그러나 중국과의 관계가 밀접해질수록 더욱 강하게 요구되는 중국에 대한 심도 있는 인식과 장기적인 對中國 戰略의 수립을 위해서도 특정 학문분야 편중이나 현실의 수요에 종속된 연구는 결코 바람직하지 않다.[6] 이러한 문제를 극복하기 위해서는 중국연구에서 인문학에 기초한 학제적 연구를 강화할 필요가 있다.

다른 한편, 한국의 중국연구는 그 필요성의 증대와 연구 인력의 확충과 연구의 확대에도 불구하고 '연구기반'이라는 측면에서 이중적 한계가 있다. 연구 인프라로서 자료실의 문제와 연구자의 내적 재생산 구조의 不在가 그것이다.

자료실의 경우, 세계화와 한중관계 정상화 이후 연구에 대한 투자가 확대되고 있음에도 불구하고 자료에 대한 체계적인 수집과 정리

---

5) 국내 중국연구의 연구추세와 지형도에 대한 최근의 분석에서는, 인문학 분야보다 경제·정치분야 위주의 미국식 중국학 경향으로 발전하고 있다는 점, 그리고 국내와 중국 현지에서 중국연구를 수행한 연구자가 1992년 한중수교 이후 압도적 다수를 차지함에도 불구하고 현대 한국의 학계에서 이들이 적극적으로 평가·활용되지 못하고 있다는 점을 지적하였다(이규태·강원식·구광범, 『한국의 중국학과 중국의 한국학의 연구추세의 비교분석』, 경제인문사회연구회, 2010; 이정남 외, 『한국 내 중국연구의 지형도 분석』, 경제인문사회연구회, 2010). 원재연 역시 국내 사회과학의 식민성을 비판하면서, 특히 사회학에서 중국연구를 비롯한 지역학이 제대로 발전하지 못하는 것은 미국 중심의 계량적 방법론에서 비롯되는 한계라고 보고 방법론적 다양화를 제시한 바 있다(「사회학적 중국연구방법의 모색」, 『사회과학논집』, 36집, 2005).

6) 한국 사회과학계의 중국연구가 가지는 주요 문제점으로 언급되어 온 것 중 하나가 바로 개혁개방 이후라는 현대 중국만 중시함으로써 변화와 지속의 관계를 설명하지 못했다는 점이다(김도희, 「한국의 중국연구: 시각과 쟁점」, 『동아연구』, 제50집, 2006; 전성흥, 「한국의 중국연구: 현황과 과제」, 이상섭·권태환 편, 『한국의 지역연구: 현황과 과제』, 1998). 전성흥은 이 글에서 국내 중국연구의 불균형적 발전을 문제점으로 들면서, 사회과학 분야의 연구가 지나치게 사회적 필요성에 의해 좌우되어 기초연구가 극히 부족하다고 지적하고 단기적 유용성이 중시되는 학문풍토를 비판하였다. 이희옥 역시 한국의 중국연구가 90년대 들어 정책적 함의를 강조하고 최근에는 더욱 실용적 연구 중심으로 활성화되면서 토착적이고 비판적인 중국연구가 되지 못했다고 보고, 인문학적 사색과 사회과학적 방법의 결합을 통해 중국연구의 부박함을 극복할 것을 제시하였다(「한국에서 중국학을 어떻게 할 것인가」, 『역사비평』, 61호, 2002).

가 이루어지지 못하고 있다. 대학의 도서관과 학과 또는 일부 연구소에서 자료가 축적되고 있지만 분산적일 뿐 아니라 체계적이고 종합적이지 못하다는 점에서 한계를 지니는 것이다. 종합적이고 체계적인 자료실의 不在는 연구의 비효율성과 낭비를 증가시킬 뿐 아니라 정보에 대한 단절과 비용을 증대시킨다는 점에서, 자료실의 구축은 무엇보다 시급한 과제라 할 수 있다.[7]

보다 심각한 것이 학문의 재생산 구조의 不在이다. 국내의 연구기반이 없었던 사회과학 분야에서 연구자 재생산체계가 국내적으로 형성되지 못하고 있고, 심지어 기존에 국내에서 재생산되던 文史哲 연구자 재생산의 '외주화'에 따른 국내 학문 활동의 '대외 의존'이 심각한 수준에 다다랐다. 이러한 상황은 독자적인 학문적 축적을 불가능하게 함으로써 學的 새생산의 대외의존을 영속화하는 악순환 구조를 형성하고 있다. 그러한 국내의 학문 재생산 구조의 不在는, 한국적 시각의 중국연구를 불가능하게 할 뿐만 아니라 한국의 중국에 대한 독자적 전략의 수립을 불가능하게 한다는 점에서 더욱 심각한 문제가된다.

이 글에서는 그간의 학문적 축적을 계승하는 한편 그 한계에 대한 비판적 검토를 통해, 한국의 인문학적 중국연구의 새로운 패러다임 구축의 가능성을 중국의 사회·경제관행 연구라는 소재를 통해 모색하고자 한다. 이러한 작업을 위해서는 우선 중국 近現代史上 청산의

---

7) 학문공동체의 형성을 위해서는 개별적 노력을 넘어 체계적 자료수집 메커니즘이 필요하다는 점은 그동안 연구자들에 의해 지적되어 왔다(정재호·안치영·박만준·장윤미·차창훈·박병광, 「한국에서 중국정치 연구의 재고찰: 자료, 방법론 및 담론을 중심으로」, 『국제정치논총』, 45권 2호, 2005). 김도희 또한 현재 국내 중국연구가 개별화되며 생겨나는 문제점들을 극복하기 위한 대안 중 하나로 이러한 중국 전문 자료실이나 종합센터의 설립을 통한 학문의 대중화와 후속세대 양성을 제안하였다(「한국의 중국연구: 시각과 쟁점」, 『동아연구』, 50집, 2006).

대상으로 전락했으며 근대성 담론에 의해 의도적으로 그 중요성이 평가절하되었던 '중화제국'의 유산, 즉 '중화제국'의 전통에 대한 재인식이 요구된다 하겠다. 이는 '근대성의 중국적 재구성'과 '전통의 근대적 재구성'을 동시에 추구하면서 새롭고 강한 중국을 건설(强國夢의 追求)하고자 했던 근현대 중국인들의 실천적 탐색을 보다 풍부하게 엿볼 수 있는 길이기도 하다. 또한 중화제국 전통에 대한 재인식은 강한 중국을 회복하고 있다는 자부심이 팽배해지고 있는 현재 중국의 미래를 역사학적으로 전망할 수 있는 가능성을 열어 줄 것으로 기대된다.

위와 같은 거시담론을 본고에서 본격적으로 규명하기란 사실상 불가능하다. 다만 이러한 문제의식을 구현하는 하나의 방안으로 이 글에서는 중국의 사회·경제 관행에 주목하고자 한다. 관행은 그 자체로서 역사성을 지니고 있으며, 현재적 유용성과 나름의 합리성을 내포한다. 이 점에서 중화제국 전통에 대한 재인식의 소재로서 적절할 뿐만 아니라, 흔히 중국 모델로 운위되는 중국식 발전의 길은 자신들의 역사적·문화적 자산을 활용하여 모색하지 않을 수 없다는 점에서 관행연구는 중국의 미래에 대한 역사학적 전망의 단초를 제공할 수 있을 것으로 생각된다.

중국을 분석대상으로 삼을 때, 중국사회는 거대한 역사의 무게를 간과하고는 이해될 수 없을 뿐 아니라, 그 광대한 규모에서 자연스럽게 생성된 이 사회의 복잡성과 다원성을 시야에 넣지 않고는 어떠한 입론이든 오류에 빠질 가능성이 많다. 비록 사회과학적 이론(일반 이론)이 중국사회를 분석하는 데 그 나름의 유효성이 있음을 부정할 수 없지만 일반화의 오류나 이론에 의해 재단된 입론은 최대한 배제해야 한다. 중국에 대한 객관적·심층적 이해를 위해서는 엄밀한 고증 및 풍부한 실증 연구와 이를 기반으로 하는 이론적 연구가 유기적으로 결합되어야 한다. 그것은 중국사회에 깊게 드리워진 역사의 무게 그리고 이 사회의 복잡성과 다원성 때문이다. 이러한 연구방법은 현재의 중국 그리고 미래의 중국을 연구하는 데도 전제해야 할 연구자세라 하겠다. 이 글에서 시도하는 관행조사와 관행연구의 유기적 결합은 이러한 연구방법론의 실효성을 실험하는 계기가 될 것으로 생각된다.

Ⅱ. 중국 연구의 재구성 모색

1. '중화제국' 유산의 재인식

장구한 중국의 역사에서 '天下秩序'는 중국을 세계의 보편으로 인식하게 하는 핵심적 개념이었다. 華夷論과 결합된 천하질서는 매우 독특한 개념이다. 중국인에게 있어 '천하'는 단순히 세상 혹은 세계라는 의미가 아니다. 광대한 영토를 통일한 대일통(大一統)의 중국은 자신들의 문화를 세계의 '유일한 보편'으로 절대화했으며, 압도적인 정치권력, 군사력과 경제력을 갖춘 세계의 '유일한 권력'이라 자부했다. '천하'는 유일한 보편과 유일한 권력을 擔持한 중국 중심의 天下였다. 그러한 질서는 중국인이 인식하는, 그리고 주변 국가에 비해 압도적 힘의 우위에 있는 한 주변 지역에서도 인정하는, 중국인의 천하질서였다. 중국인의 천하질서는 비록 '禮的 秩序'라는 文化主義的 외형을 띠고 있기는 했지만 근본적으로 중국의 절대적 보편성(Chinese Standard)을 전제로 한 위계적이고 불평등한 질서에 다름 아니었다.

그런데 아편전쟁 이후 서구의 강압에 의해 자신을 상대화하는 과정을 거쳐 식민지보다 못한 처지로 전락하는 굴욕의 시대를 맞아 중국 중심의 천하에 대한 중국인들의 자부심은 여지없이 깨졌다. 근현대 중국인들이 경험한 굴욕의 저류에는, 서구에 비해 경제적으로 낙후하고 군사적으로 열등하다는 현상적 문제뿐 아니라, 보편으로서의 中華 그리고 중국적 가치(天下秩序)가 와해되었다는 위기의식이 자리 잡고 있었다.

굴욕의 시대를 지난 현재, 개혁개방의 성취를 기반으로 '중화'에 대한 자신감이 점차 회복되고 있는 듯한 양상이 곳곳에서 감지된다. '굴기하는 중국'은 이제 상식화되었으며, 개혁개방 이래 현대화 건설은 '놀라운 성취'를 이루어 '중국을 세계 강국의 대열에 우뚝 솟아오르게 하였다'는 자부심을 공공연히 드러낸다. 이것은 천하의 중심에서 밀려나 동아의 병자['東亞의 病夫']로 전락하는 멸시 속에서 지난하게 탐색했던 강한 중국의 회복이 상당 정도 성공했음을 의미한다.[8] 또한 굴욕의 지난 세기와 전혀 다른, 어쩌면 세계의 중심이었던 과거의 영화를 떠올리게 하는 국격(國格)으로 세계와 소통하기 시작했음을 의미하기도 한다. 논자에 따라서는 이러한 변화를 신중화주의, 중화패권주의 등으로 해석하기도 한다.[9]

---

8) 문화열, 국학열, 역사공정─특히 청사 편찬─ 그리고 소위 신좌파의 현대사상사의 재해석 움직임 등 일련의 문화사적 흐름이 궁극적으로 어떠한 중국상을 구축할 것인가를 주의 깊게 관찰할 필요가 있을 것이다. 중국의 새로운 모색은 시대를 불문하고 항차 '역사'를 적극 활용했던 문화주의적 경향이 강했음을 되짚어 볼 필요가 있다.

최근 중국은 大國化의 길을 드러내 놓고 모색하고 있다. 권력 엘리트의 정기적인 집단학습[10]의 한 결과물인 <大國崛起>가 이들만의 공유에 그치지 않고 다큐멘터리로 제작되어 수많은 중국인들이 시청했으며, 한국에서도 그 중요성을 인식하여 공중파로 방영된 바 있다. 세계사적으로 여러 대국들의 발생과 소멸을 다룬 이 다큐멘터리의 최종 귀착지는 중국의 大國化이며, 중국이 이를 더 이상 숨기지 않고 있음을 선언한 것이라 할 수 있다. 비록 그 성격과 실체는 형성과정에 있지만 외형적으로나 정신적으로 중국은 대국화의 길을 걷고 있다. 이러한 형국을 '중화'에 대한 자신감 회복이라 해도 지나친 평가가 아닐 것이다.

그런데 문제는 중국의 역사성, 즉 중화제국 운영의 경험과 역사적으로 축적된 사회·경제·문화적 자원이 중화에 대한 자신감 회복의 자양분으로 적극 활용되고 있다는 점이다. 즉 역사성을 부정하고 서구 중심의 근대성 혹은 시대성을 쫓아가던 상황에서 벗어나 이제는 역사성을 긍정하고 재창조하려는 문명사적 전환을 추구하는 경향이 두드러지게 나타나고 있는 것이다.[11]

역사성을 긍정하는 현 상황에 이르기까지, 강한 중국을 복원하고 궁극적으로는 중국적 보편을 회복하기 위해 역사성을 어떻게 처리할

---

9) 윤휘탁은 중국의 일련 역사이론과 민족정책·역사공정에 대해 '신중화주의'로 규정하며 비판적 분석을 제시한 바 있다. 그에 따르면 '신중화주의'의 의미는, 반제 반봉건의 신민주주의 혁명과 사회주의 건설 시기를 거치며 비판받았던 전통적 중화 문화 패권주의로서의 '중화주의'가 개혁개방 시기를 거치며 새로운 형태로 변화·계승된 중국의 '팽창적 문화주의'이다(『신중화주의: '중화민족 대가정' 만들기와 한반도』, 푸른역사, 2006).

10) 중국 고위층의 역사문화 집단학습의 내용과 정치적 함의에 대해서는 안치영, 「중국 고위층의 역사문화 집단학습」, 『동북아문화연구』, 제18집, 2009 참고.

11) 이러한 현상의 실태와 그 의미를 공자에 대한 재평가 문제를 통해 접근한 연구가 전인갑 외, 『공자, 현대 중국을 가로지르다』(새물결, 2006)이다.

것인가를 둘러싸고 수많은 실험이 진행되었다. 20세기 초에는 자신의 역사성을 철저히 부정하려는 시도가 등장하였다. 그 출발점이 5·4신문화운동이었다. 5·4를 導火點으로 중국사회의 토양으로 작용했던 전통(역사성)과 지향해야 할 질서로서의 근대(시대성)를 어떤 방식으로 조화시킬 것인가를 둘러싸고 사상적·문화적 긴장이 팽팽하게 형성되었을 뿐 아니라 국가운영방식, 사회질서, 기존의 관행 등 국가와 사회 전반에 걸친 혁신적 변혁이 모색되었다. 이 과정에서 중국의 근현대사는 충격과 변혁, 동란과 혁명, 신중국 건설이라는 격동을 경험했으며, 그러한 격동이 근현대 중국사의 외형을 화려하게 장식했다. 그리고 다양한 형태의 격동적 변화는 궁극적으로 역사성의 부정을 핵심적 과제로 삼고 있었다.

그런데 전술한 바와 같이 '강한 중국'이 상당 정도 회복되면서 역사성을 긍정하는 경향이 점차 강화되고 있다. 그러한 움직임은 두 가지 경향으로 대별할 수 있는 바, 그 하나는 역사성을 긍정하는 지식구조의 확산이며, 또 다른 하나는 중국 특유의 사회·경제 관행과 문화를 토대로 운영되는 중국적 특색의 사회건설 움직임이다. 이 두 경향은 중층적으로 형성된 중국의 역사를 기반으로 중국적 보편을 회복하여 명실상부한 대국으로 발전하려는 중국의 미래기획의 양 날개라 할 수 있을 것이다.[12]

첫 번째 움직임 즉 역사성을 긍정하는 지식구조의 확산은 다음과 같은 지향을 내포하고 있다. 장구한 중국사 속에서 형성된 자신들의

---

12) 지식구조의 전환은 1990년대 이후 지식인 사회의 주류 담론으로 급속히 부상한 문화 보수주의를 통해 확인할 수 있는 바, 이에 대해서는 전인갑, 「현대 중국의 지식구조 변동과 '역사공정'」, 『역사비평』, 82, 2008에서 상론하였다. 이하 지식구조 전환과 관련 이 글에서의 언급은 위 논문의 내용을 정리한 것이다.

전통을 파괴하기보다는, 전통 역시 시대성에 비추어 비판하고 시대성 (근대성)을 비판적으로 학습하여 전통을 발전적으로 재구성함으로써 그것의 현재적 효용성을 창출해 내며, 중국이라는 文化體의 정체성을 수호함으로써 '지속 가능한 강한 중국'을 만들어 낼 수 있는 문화적 토대(중국적 표준)를 재창조하려는 것이다. 문화주의에 입각하여 통치되는 국가를 理想으로 인식하고 이 理想을 실천해 왔던 문화가 지금까지 유효한 한, 역사성을 바탕으로 하는 중국적 표준을 설정하려는 사상적 모색은 극히 실용적인 의미를 띤다 하겠다. 예컨대 최근 유행하는 공자를 둘러싼 상징조작은 단순한 상징조작에 그치는 것이 아니라, 중국의 문화적 정체성을 강화하는 한편 세계가 공유할 수 있는 문화 건설을 위한 모색의 본격적 시작을 알리는 출발점이다. 또한 권력 엘리트에 의해 강조되고 있는 유교 윤리의 긍정은, 중국인의 일상생활에 착근될 수 있는 도덕적 덕목을 전통의 창조적 재구성 속에서 발굴하려는, 그리하여 중국사회가 공유할 수 있는 이념적 토대를 만들려는 전략의 일환으로 해석할 수 있다. 과거를 모델로 미래를 기획하는 중국의 문화사적 관성을 생각할 때, 유교적 통치이념의 적극적 활용, 전략적 의도를 내포한 기획된 역사연구의 확산[13] 등 일련의 사회문화적 현상은 21세기 중국의 미래기획과 밀접히 연동되어 있는 것으로 보인다.

중국 특유의 사회·경제 관행과 문화를 토대로 운영되는 중국적 특색의 사회건설 모색은 사회경제적 측면에서 역사성 긍정의 대표적 표현이라 할 수 있다.[14] 전통적인 사회경제 메커니즘은 오랜 역사과

---

13) 대표적 역사공정 중 하나인 청사공정의 역사적·정치적 배경과 추진과정에 대해 허혜윤, 「청사공정의 배경과 현황」, 『중국근현대사연구』, 42집, 2009를 참고.

정을 통해 중층적으로 형성된 '장기지속'적 구조로 이 사회가 유지되고 운영되었던 다양한 사회경제 관행의 총체라고 할 수 있다. 이러한 점에서 관행은 중국을 중국답게 만드는 규범이자 중국적 특색을 구성하는 가장 핵심적 요소였다. 대국으로의 지향을 본격적으로 모색하기 전까지만 하더라도, 중국사회를 움직였던 전통적 사회경제 메커니즘은 청산의 대상이거나 적어도 근대적 발전을 위해 止揚되어야 할 대상으로 인식했으며, 실제 새롭고 강한 중국을 회복하기 위한 국민국가의 건설 방향도 그러한 요소의 척결과 최소화에 집중되어 있었다.

그러나 최근에 와서 중국은 미국 중심의 글로벌 스탠더드를 비판함과 동시에 중국 특색의 사회 건설을 강조하고 있다. 베이징 컨센서스(Beijing Consensus)로 상징되는 중국식 발전 모델을 개발하고 확산하는 데 적극적인 모습을 보이고 있는 것이다.[15] 이러한 움직임은 미국 중심의 세계질서를 중국과 미국 중심의 세계질서로 재편하려는 전략적 의도를 내포하고 있다. 물론 미국적 표준뿐 아니라 다양한 표준의 존립 가능성을 실험하고 있다는 긍정적 평가도 가능하겠지만, 결과적으로 중국식 발전 모델에 대한 집착은 역사적 경험을 통해 볼 때 중국 중심의 스탠더드(Chinese Standard)를 창조하고 확산시키는 방향으

---

14) '전통'의 역동성과 중국적 특색의 사회건설에서의 그 활용 가능성에 대해서는 전인갑, 「'우상'으로서의 근대, '수단'으로서의 근대-중국의 근대성 재인식을 위한 방법론적 시론」, 『인문논총』(서울대), 50, 2003을 참고.

15) 전성흥은 중국의 개혁과 발전과정에서 나타나는 중국적 특징들을 총칭하는 '중국모델' 개념의 적실성에 대해 아직 학계의 통일된 인식이 부재하므로 하나의 발전 패러다임으로 중국 모델을 기정사실화하기는 어렵고, 오히려 중국의 사례는 각자 자신에 맞는 고유의 방식에 의거해야 한다는 교훈을 시사해 준다는 점에서 정형화된 기준을 배격하는 '중국 모델의 역설'이 존재한다고 지적한다. 따라서 그는 중국 모델에 대해 그 실제 여부를 논쟁하기보다는, 이 개념의 등장이 중국연구에서 기존 사회과학적 설명의 한계와 방법론적 제약을 보여 주고 비판적 성찰을 제기한다는 점, 중국에 대한 인식에서 발상의 전환을 요구한다는 점에 주목할 것을 요청한다(「중국모델의 등장과 의미」, 전성흥 편, 『중국모델론: 개혁과 발전의 비교역사적 탐구』, 부키, 2008).

로 전개될 가능성이 다분하다.

그런데 여기서 주목할 것은, 중국적 표준이 설정될 수 있는 토양은 바로 '장기 지속'되는 중국의 사회·경제 관행이라는 점이다. 따라서 중국식 발전 모델이 생성될 수 있는 토양으로서의 관행에 주목하지 않으면 안 된다. 왜냐하면 중국식 발전 모델은 지속성, 반복성, 항상성, 명료성 그리고 중국의 구성원의 동의를 통해 규범력을 인정받고 그 자체로 사회적 강제력을 확보하고 있는 이 사회의 관행을 벗어나서 창안될 수 없기 때문이다. 이러한 점에서 중국의 사회·경제 관행에 대한 연구는, 보편질서로서의 중화질서의 현실적 토대가 되었던 중국의 제반 관행이 중국식 발전 모델 창안에 어떻게 활용될 수 있는가를 전망하는 실마리를 제공하게 될 것이다.

2. 통합적 연구방법론의 모색

한국의 인문학적 중국연구, 특히 역사학은 앞에서 지적하였듯 현재와의 거리를 고집함으로써 현재적 요구를 반영하는 데 소홀했고 학제 간 소통이 부족하였다는 비판을 받는다. 즉 현재의 중국을 연구하는 것을 금기시함으로써, 과거와 전통을 현재적 관점에서 역동적으로 재해석하지 못하였고, 이러한 학문경향으로 인해 한국의 인문학적 중국연구는 중국이라는 文化體를 會通하지 못하는 결과를 초래했다. 여기에 최근 인문학의 위기로 운위되는 한국사회의 지적 풍토가 복합적으로 작용하여, 인문학적 중국연구에 대한 효용성의 '실질적 부정'이라는 파행적 현상이 연출되고 있는 것으로 보인다.

인문학적 중국연구가 학문 내외적으로 처한 이러한 상황은 인문학

자체의 효용성을 크게 위축시킬 뿐 아니라 중국사회를 보다 깊이 이해할 수 있는 학문적 토대를 붕괴시킬 위험성을 내포하고 있다. 물론 이러한 상황이 조장된 데는 인문학자가 일차적인 책임을 져야 할 것이다. 따라서 인문학적 중국연구는 그와 같은 상황을 내부적으로 타개할 수 있는 방안을 적극적으로 모색하는 한편 연구의 실용성을 제고할 수 있는 길을 적극적으로 개척할 필요가 있다.

이제 한국에서의 인문학적 중국연구는 시급하게 재구성되어야 할 절실한 시점에 놓여 있다. 인문학적 중국연구와 사회과학적 중국연구가 각 학문분야의 독자성을 심화시키는 한편 두 학문분야의 통합을 모색하여 양자가 조화된 중국연구를 진행해야 할 필요성이 제기되는 것이다. 양 학문분야의 독자성과 통합성의 조화야말로, 제반 분야에서 大國化하는 중국에 대응하는 한국의 중국연구의 당위적 의무라 해도 과언이 아니다.

한국의 중국연구가 한 단계 심화되기 위해서는 무엇보다 중국사회 전반에 강하게 지속되는 역사와 전통의 무게에 대한 학문적·실증적 연구로부터 출발해야 할 것이다. 역사의 무게가 현재의 삶을 무겁게 규정하고 있고, '현재'를 역사의 일부로서 인식하며 자신의 존재를 역사의 연속선상에서 발견하는 경향이 그 어떤 歷史體보다 강한 중국이고 보면, 역사와 분리된 오늘의 중국은 상상하기 어렵다. 따라서 현재의 중국을 '역사 속의 현대 중국'으로 위치시켜, 오랜 옛날부터 시작된 중국인들의 삶의 중층적 구조의 현재적-따라서 가변적이지만-형태가 곧 20세기, 21세기 중국의 오늘이라는 인식하에, 이러한 중국의 중층적 문화에 대한 이해로부터 현대 중국을 이해하며 중국연구의 지평을 심화·확대하는 연구방향을 모색해야 할 것이다.

근현대 중국의 사회·경제 관행 조사 및 연구는 중국의 과거와 현재를 會通할 수 있는 實事求是的 研究라는 점에서, 그리고 추상적 담론이 아니라 중층적 역사과정을 거쳐 형성되고 검증된, 그리고 중국인의 일상생활을 지속적이고 안정적으로 제어하는 無形의 사회 운영 시스템인 관행을 통해 중국사회의 통시적 변화와 지속을 조망한다는 점에서, 인문학적 중국연구와 사회과학적 중국연구의 독자성과 통합성을 조화시켜 중국연구의 새로운 지평을 열 수 있는 최적의 소재라 할 수 있다. 중국의 사회·경제 관행은 중층적 역사과정을 통해 형성된 문화적·사회적·종교적·경제적 규범으로서 사회·경제관행 그 자체에 역사성과 시대성 그리고 가변성이 내재해 있으며, 인간의 삶이 시대와 사회의 변화에 역동적으로 대응하는 양상을 반영하고 있나는 점에서 인문학적 중국연구를 새구성하는 적질하고도 실용적인 연구대상인 것이다.

Ⅲ. 실증과 이론의 결합: 새로운 패러다임의 가능성

1. 관행 조사: 실증 연구의 중요성

관행연구 방법으로는 실증적인 관행조사와 주제별 연구가 가능한데, 먼저 관행조사의 대상 시기는 18세기부터 오늘날까지로 설정할 필요가 있다. 우리가 현재 전통이라 운위되는 제반 사회현상과 관행은 대부분 명·청시대의 산물이며 강희·옹정 시기를 거쳐 건륭 시기인 18세기가 그 확립기라고 할 수 있기 때문이다. 이 시기에 확립된 관행은 19세기 후반과 20세기 전반기를 거치면서 '근대적 재구성'의 과정을 거쳤으며, 오늘날에도 중국의 관행은 끊임없이 재구성되거나 새로이 생성되고 있다. 따라서 전통의 확립기[16]로서 중화제국의 질서가 정점에 달했던 18세기부터 오늘날까지 사회·경제 관행과 관련해서 조사 가능한 자료는 모두 조사대상에 포함하는 것이 좋을 것이다.

조사대상 지역의 설정 문제는 연구의 성패를 결정지을 만큼 대단히 민감하고 중요한 과제이다. 권역 설정의 타당성, 각 권역의 독자성과 권역 간 통합성, 발전의 차이에 따른 조사대상 권역들의 비중 처리 및 권역 선택과 배제의 합리성 그리고 한국사회와의 관련성 등 고려할 요소가 적지 않다. 본 연구에서는 기본적으로 기존의 인문지리적인 권역 설정방식을 수용하고 여기에 한국사회와의 관련성에 중점을 두어 다음과 같이 총 6개의 권역을 설정하고자 한다: 장강권역, 화북권역, 동남해안권역, 동북권역, 화교사회 그리고 국경무역지대.[17]

실제 관행조사를 진행하는 데 있어서 문헌조사와 현지조사의 대상지역은 구분될 필요가 있다. 문헌조사의 경우 기본적으로 그 권역들을 모두 포괄하지만, 현지조사의 경우는 물리적으로 그것이 불가능하기 때문이다. 현지조사는 조사의 효율성을 위해 표본지역조사[18]를

---

16) 이는 곧 본 연구의 주제인 관행의 확립기이기도 하다.

17) 화교사회와 국경무역지대를 조사대상 범위에 포함시킨 것은 중국의 관행이 異文化와의 접촉 과정에서 어떠한 변이를 보이는가를 분석하기 위해서이다. 특히 화교사회의 관행연구는 한국화교를 시작으로 미주화교를 대상으로 삼고자 한다.

18) 이 글에서 말하는 표본지역은 스키너(G. William Skinner)가 말한 standard market 즉 기초생활권 중심지보다는 상위에 있으면서 복수의 스탠더드 마켓의 교역 중심지를 지칭한다. 본 연구에서는 이를 저차 중심지라 부른다.

진행해야 하며, 이 경우 현지조사의 장점을 충분히 활용하기 위해 '최상위 중심도시-次하위 중심도시-하위 중심도시-저차 중심지-기초 생활권 중심지(전통시장)'로 이어지는, 즉 대도시에서 향촌지역까지 縱的으로 관통하는 방식이 유용할 것이다. 표본지역 설정에서 고려할 중심적 요인으로는 지역 중심도시, 구도시와 신도시의 관계, 한국과의 연관성이 있으며, 표본지역은 구체적 조사과정에서 지속적인 조정이 가능하다.

조사대상 문헌으로는, 먼저 중국의 자료로 명·청대의 공식문서, 각종 상업거래 문서, 碑刻資料, 行會資料 등 다양한 漢籍資料들이 포함될 수 있다. 다음으로 청말 新政 시기의 관행조사 자료들과 북경정부·남경정부 시기의 관행조사 자료, 현 중국정부가 1990년대 이후 법제를 징비하면서 수행하고 있는 관행(관습법) 조사의 연구, 그리고 1930~1940년대 陳翰笙, 李景漢 등 많은 학자들에 의해 이루어진 사회과학적 사회조사 자료들이 조사대상에 포함될 것이다. 일본 자료로는 1939~1944년 滿鐵調査部·東亞硏究所·東京帝國大學·京都帝國大學이 공동으로 진행한 '중국관행조사' 자료가 있으며, 일본의 중국관행조사는 직접적으로는 '대만구관조사'와 '만주구관조사'의 연장선상에서 진행되었으므로 이에 대해서도 함께 검토해야 할 것이다.[19)]

관행조사 중 문헌조사에는 이처럼 중국과 일본에서 조직적으로 행해진 관행조사 자료의 우선적 수집·정리뿐 아니라 미국·유럽의 관

---

19) 일본의 이러한 관행·구관조사가 일본 제국의 식민지 경영도구로서 지녔던 태생적 한계와 문제점에 대해서는 박장배, 「만철 조사부의 확장과 조사 내용의 변화」, 『중국근현대사연구』, 43집, 2009 등을 참고. 박장배는 이 글에서, 조사의 내용을 넘어서서 조사사업 자체가 권력의 침투과정이고 조사대상을 제국 일본의 지식대상으로 편입하는 과정이요, 따라서 조사는 곧 지식권력의 수립을 목표로 하는 조직이자 새로운 지식관행 만들기 작업이라고 주장한다. 전경수 또한 일본의 식민지배와 밀접히 결합되어 있었던 당시 인류학적 조사가 어떻게 '점령지주의'에 기여하였는지를 비판적으로 논한 바 있다(「식민지주의에서 점령지주의로: 일본 인류학 '진화' 과정의 일면」, 『한국문화인류학』, 37집 1호, 2004).

행연구 및 소장 자료,[20] 그리고 한국과 일본 및 미국의 화교사회 관련 자료도 폭넓게 포함되는 것이 필요하다. 문헌조사는 기본적으로 이러한 자료들을 중심으로 진행하되, 대상지역의 권역별 특성도 고려하여 대상자료의 성격과 특성, 그리고 한국사회와의 관련성을 감안하며 지속적 조정을 해 나간다면 조사의 효율성과 완성도를 높일 수 있을 것이다. 기존의 방대한 관행조사 자료들은 그 중요성에도 불구하고 한국에 체계적으로 수집·정리되어 있지 않기 때문에 이 자료들의 체계적 인프라 구축은 그 자체로서 의미를 지닌다. 그러나 자료의 효용가치를 높이기 위해서는 기존 관행자료집들의 행정구역별 분류 체계를 넘어서서 주제별 정리를 하는 것이 훨씬 유용할 것으로 판단된다.

문헌조사와 함께 수행되어야 할 작업으로 현지조사가 있는데, 관행조사와 관련하여 가능한 현지조사 영역과 그 의미로는 다음과 같은 것들이 있다.

첫째, 문헌조사를 통해 체계적으로 수집·정리된 관행자료를 검증하고 현재화하는 실증 작업으로서 현장조사가 수행될 수 있다. 현장조사는 문헌조사 자료를 비판적 시각으로 재확인하고, 과거 자료의 시점을 현재의 시점과 시각에서 재구성·재해석함으로써 자료의 가치를 높이는 작업이 될 것이다.

둘째, 중화인민공화국 시기에 새롭게 등장한 사회·경제 관행에 대한 현지조사가 필요하다. 전통시대부터 지속된 관행이 현재 중국에

---

20) 최근 미국에서도 관행에 대한 관심이 제고되면서 연구성과들이 나오고 있다. 예컨대 Philip Huang, *Code, Custom, and Legal Practice in China: The Qing and the Republic Compared*(Stanford Univ. Press, 2001); Madeleine Zelin ed., *Contract and Property in Early Modern China*(Stanford Univ. Press, 2004) 등을 들 수 있다.

서는 어떠한 형태로 변화 혹은 지속되고 있으며, 새로운 관행이 어떠한 형태로 만들어지고 있는지, 그 의미와 실천적 맥락이 어떠한지를 현지조사를 통해 확인한다면 기존 관행조사들을 뛰어넘는 매우 의미 있는 조사가 될 것이다. 이와 관련하여 중국정법대학에서 진행되고 있는 일련의 근대 민법사 연구와 현행 民事法 관련 조사연구에도 주목할 필요가 있다. 또한 최근 중화인민공화국 物權法 등 民商事法의 제정과정에서 수행된 전국적인 실태조사를 관련 연구 기관과의 협력을 통해 활용하는 방안도 적극적으로 강구되어야 할 것이다.

셋째, 문헌자료 내용을 현지에서 조사하는 과정에서 부가적으로 발생할 수 있는 새로운 연구주제의 발견이 가능하다. 현지조사는 특성상 가치 있는 많은 연구항목을 발견하게 하는 중요한 계기가 된다. 현지조사는 참여관찰, 설문조사, 음성녹음, 사진·영상촬영 등 다양한 조사방법으로 이루어지는데, 각각의 자료는 언어학·인류학·민속학 등과 관련된 많은 응용 연구 분야에 중요한 기초 자료를 제공하게 될 것이며 여러 분야의 연구자들의 협업은 조사의 완성도를 더욱 높여 줄 수 있다.

넷째, 그 외에 현지에서만 획득이 가능한 민간자료나 당안자료와 같은 귀중한 자료들에 대한 조사와 수집이 가능하다는 점 또한 현지조사의 큰 이점으로서, 이는 중국 현지와의 지속적이고 구체적인 협력과 교류 속에서 비로소 가능할 것이다.

현지조사 방법으로는, 중국 특히 농촌 지역에서 학자들이 작성한 설문지에 입각하여 설문조사를 한다는 것은 거의 불가능하고 또 설사 이뤄진다 해도 그 신뢰도가 크게 낮으므로 면접조사를 활용하는 것이 유용할 것이다. 그러나 사실 설문조사와 면접조사는 많은 한계를 지닐 수밖에 없으며, 특히 지역별로 다양한 관행의 표현형태·용어와 학문적 용어 간의 괴리로 인해, 충분한 맥락에 대한 이해와 현지인의 도움 없이 이뤄지는 설문·면접조사는 자칫 연구자가 얻고자 하는 것을 중심으로 편향된 정보만을 수집하는 결과를 초래하기 쉽다. 중국에서 과거에 행해졌던 관행조사의 이러한 문제점은 이미 지적되어 온 바이다. 따라서 기존의 조사들이 지녔던 문제점을 극복하기 위한 다양한 방안들, 예를 들어 현지 협력기관과 전문조사센터의 활용 등이 적극적으로 고려되어야 할 것이다.

지금까지 관행조사의 방법인 문헌조사와 현지조사에 대해 논하였는데, 이제 관행조사의 가능한 주제에 대해 구체적 논의를 해 보고자 한다. 관행조사는 크게 사회관행조사와 경제관행조사로 나누어 볼 수 있다.

사회관행조사는 중국사회의 안정성을 이루는 내적 질서와 관련되는 혈족과 종족, 동향·동업조직, 향촌조직과 분쟁해결 관행 및 메커니즘, 그리고 민간신앙이 주요 대상으로서 적절할 것이다. 경제관행조사는 여러 가지 주제가 가능하겠지만 관행의 역사성과 현재성을 관통하며 현재적 의미를 지니는 주제로는 米穀시장 중심의 물류·유통 관행과 소유권 그리고 기업 관련 관행이 유의미한 주제로 여겨진다. 물론 이런 사회관행과 경제관행의 구분은 다소 범주적인 것으로서, 실제 과정에서는 양자가 서로 겹쳐지고 연결되면서 조사와 연구가 가능할 것이다. 조사대상을 더 구체적으로 생각해 보면 다음과 같은 내용들이 나올 수 있다.

먼저 사회관행 중 혈족·종족 관행으로 친속계승, 혈족·종족집단의 운영방식과 규칙 등이 있으며, 族規, 家法, 家禮, 祠規, 家訓, 家敎

등에 대한 조사가 기반이 될 것이다. 동향·동업조직 관행으로는 會館, 同業組織, 同業公會, 同鄕會의 운영방식과 규칙에 대한 조사와 연구가 필요하며, 향촌조직 관행으로 향촌행정조직, 협동조직(火會, 水會 등), 자위조직(民團 등), 자선조직(善堂) 등 공식·비공식조직의 운영방식과 규칙에 대한 조사연구가 이루어져야 한다. 또한 중국사회에서는 전통적으로 법이 아닌 다양한 방식의 분쟁해결 메커니즘이 존재해 왔던 바, 이는 현재에도 중요한 의미를 지닌다. 이러한 분쟁해결 관련 관행과 제도·조직에 대한 조사연구가 필요하며, 민간신앙과 관련해서는 각 업종의 수호신, 關帝·天后를 비롯한 각종 廟에 대한 조사연구 그리고 비밀결사의 종류와 결합원리가 주요 대상이 될 수 있다.

다음으로 경제관행 중 먼저 미곡시장 관련 관행으로는 공급지와 미곡시장 메커니즘, 그리고 집산과 유통 단계의 각종 관행이 있으며, 인적 주체로서 米商의 종류와 성격·규모·네트워크와 결합원리, 그리고 물류 관련 집단이나 行幇, 운송 주체와 방법, 창고업에 대한 광범한 조사가 필요하다. 또 각 층위 행업조직의 작동 메커니즘을 비롯하여 각종 行幇·公所·公會·協會·商會·행업조직들의 결합원리와 권한, 그리고 국가권력과의 관계가 파악되어야 하며, 거래와 결제 관행, 거래에서 사회자본(신용, 동향, 친족 등)의 작용, 그리고 결제 관련 금기와 권리·의무, 결제수단, 신용거래의 수준 등에 대한 총체적 파악이 요구된다.

미곡 노동시장 관련해서는 고용 메커니즘, 고용성격과 임금체계, 노동통제 그리고 노동시장에 작동하는 각종 비공식적 요소들이 대상에 포함될 수 있다. 그리고 이러한 미곡시장은 공적 권력과의 관계 속에서 작동하는바, 공적 권력의 시장통제와 제도화, 그리고 공적 권력의 수취체계(세금 등)와 관련 관행에 대한 조사연구는 전체적 구조 속에서 미곡시장 관행을 파악할 수 있게 해 줄 것이다.

다음으로 소유권에 대해서는, 먼저 중국에는 다양한 종류의 소유 권이 존재하므로 종류별 소유권의 목록과 성격에 대해 조사하고, 어떤 종류의 권리들이 인정되거나 인정되지 않는지, 그중 양도 가능한 권리와 양도 불가능한 권리에는 어떤 것들이 있으며 그 차이와 의미는 무엇인지, 종류별 소유의 주체와 관련 조직, 이 주체 조직·집단 내의 재산 관련 규범과 운영방식·금기를 조사하고, 권리의 인정에 있어서 정부의 역할과 범위 및 소유권 관련 주요 분쟁과 판례를 광범하게 조사 연구하는 것이 필요하다.

소유권의 移轉과 관련해서는 먼저 매매거래에 대하여 그 과정과 절차, 관련 문서와 중개업자, 관련 의례와 형식 및 금기, 매매거래 과정에서 동원되는 사회자본, 그리고 대금지불형식과 수단을 파악하며, 소유권 변경의 인정절차와 형식·기준, 특히 집단소유의 경우 소유권 변경에 필요한 절차에 대한 파악이 중요하다. 다음으로 소유권의 상속과 관련하여 법과 제도의 변천사, 절차와 증명방식, 법적 인정 절차, 관련 분쟁과 판례의 조사연구를 통해 상속 관행을 이해할 수 있을 것이며, 기타 취득절차로 증여·교환·원시취득도 함께 조사될 수 있다.

소유권의 사용과 收益에 대한 조사연구도 필요한데, 사용권과 경영수익권의 종류와 주체, 이 권리들과 소유권의 관계, 그리고 수익이 소유주에게 납부되는 절차·형식·수단이 연구대상이 될 것이며, 마지막으로 소유권 관련 법령과 제도에 대한 체계적 조사뿐 아니라 법령 정비과정에서 기존 관행·관습이 반영 또는 폐기된 과정과 사례 조사는 중국의 관행과 법의 관계를 이해할 수 있는 중요한 자료가 될 것이다.

　마지막으로 기업과 관련하여 먼저 독자기업・合夥(股)기업・股份合夥(股)기업・公司 등 기업의 형식과 특징을 파악하고, 無限公司・兩合公司・有限公司・股份有限公司・股份兩合公司 등 公司들에 대해 각 공사별 章程과 合同股單(合同議據)의 양식과 내용 및 退股방식을 조사하는 것이 기본적 작업이 될 것이다. 그리고 혈연・혼인망・지연・학연 등을 통한 자본모집방법, 財股・身股・附股・주식의 종류와 증자의 방법・특징 등을 비롯한 자본의 구성과 성격, 官利制度에 대한 조사연구를 통해 기업의 자본모집・구성 관행을 이해할 수 있다.

　기업의 지배구조의 연속성과 불연속성에 대한 조사연구 또한 핵심적인 부분으로서, 合夥(股)기입과 무한공사・股份유한공사의 지배구조 및 관리계층의 구성과 특징에 대한 조사가 실증적으로 이루어지는 것이 필요하다. 그 외에도 기업에 대한 투자・경영철학과 금기, 금융 관련 관행, 股息・공적금・잉여금・紅利 등 이익금 처리 관행, 노무관리 제도와 관행, 청산절차와 각종 관행이 주제에 포함될 수 있다.

　중국사회의 기업관행이 주목받는 지점 중 하나인 사회문화적 토양과 관련하여, 혈연・지연・혼인망・학연 등 기업 활동에 작용하는 사회자본의 종류, 회관・公所・工會・동향회・行幇(商幇)・종족 등 제도화된 사회자본의 작동방식과 그 구체적 실태에 대한 실증조사와 연구는 현재 한국사회에서 현실적으로도 매우 가치를 지니는 작업이 될 것이다.

2. 관행연구: 과거와 현재의 會通

관행은 장기간에 걸쳐 수많은 중국인에 의해 의식적 혹은 무의식적으로 승인되어 이들의 삶 속에 확고히 뿌리내려 생활 전반에 강력한 規範力을 지니고 있다. 뿐만 아니라 그 내용이 다양한 해석이 가능한 모호한 것이 아니라, 중국인이라면 특정 관행은 특정한 내용을 가진다는 사실을 상당히 명확하게 알고 있는 것으로 보인다. 바로 이 지점에서 관행의 역사성이 획득된다. 따라서 비록 시대적 환경 변화에 따라 작동되는 방식과 실천적 맥락의 차이는 있을지라도 관행은 그 자체로서 과거의 중국인뿐 아니라 현재의 중국인에게도 정당성과 규범력을 지니는 바, 이것이 관행의 현재성이다. 이처럼 관행의 역사성과 현재성은 표리를 이루기 때문에 관행연구는 과거와 현재를 회통하는 중국연구에 적절한 주제이며, 또한 인문학적 중국연구와 사회과학적 중국연구가 앞에서 지적된 각자의 문제점을 극복할 중요한 기반이 될 수 있다.

이러한 문제의식에 의거하여 관행연구의 전체 구도를 설정해 본다면, "관행의 역사성: '중화제국' 질서의 초안정적 지속의 토양", '근대성과 관행의 재구성', 그리고 "관행의 현재성: 글로벌 환경하 사회·경제 관행과 '중국적 표준'의 가능성 전망"을 큰 3개의 핵심주제로 삼아, 각 핵심주제 내의 세부주제 연구 그리고 권역별로 수행되는 관행조사를 기반으로 하여 궁극적으로는 높은 단계의 이론적 작업으로 나아갈 수 있을 것이다. 그리고 이는 조사와 주제별 연구에 소요되는 인력과 시간을 고려한다면 단계별로 순차적으로 이루어지는 것이 바람직하다.

먼저 첫 번째 핵심주제인 "관행의 역사성: '중화제국' 질서의 초안 정적 지속의 토양"에서는 역사적으로나 현재에 국가와 개인 사이에 존재하는 다양한 종류의 공동체 그리고 이를 지탱하는 관행이 바로 중국사회의 내적 질서를 안정적으로 지속시켜 온 사회문화적 토양이라고 보고 이를 폭넓게 조사 연구하여 이론화를 함께 모색할 수 있다.[21]

향촌·지역·경제·종교 등 다양한 종류의 공동체들은 중국사회의 多元性과 長期 安定性을 지탱하는 주요 기반이었다. 그것은 상위 권력이 약화·와해·교체되는 상황에서도 기층에서 나름대로 그 사회적 기능을 유지하면서 중국사회의 안정을 지탱하는 데 기여해 왔다. 물론 다양한 공동체들은 국가권력 또는 시장의 압력에 대해 다양하게 반응했다. 그러한 반응 가운데는 기존 국가권력에 대해 원심력으로 작용하는 경우도 적지 않았다.[22]

그러나 분열을 거치면서 재차 제국질서를 회복시켜 온 중국의 역사적 경험을 통해 보았을 때, 공동체는 제국질서 속에서 국가권력과 대립했다기보다 조화로운 관계로 수렴되었던 측면이 더 주목된다. 그러므로 황제 혹은 왕조로 구현된 중화제국의 국가·사회 운영 시스

---

21) 중국사회의 내적 질서의 지속성과 안정성을 강조한 연구는 기왕에도 적지 않게 이루어졌다. 특히 중국사회를 초안정성이라는 관점에서 거시적 분석을 시도한 마크 엘빈의 연구는 여전히 주목할 만하다. 이 문제와 관련된 대표적인 연구를 소개하자면 다음과 같다. Chao Kang, *Man and Land in Chinese History: An Economic Analysis*, Stanford Univ. Press, 1986; Paul A. Cohen, *Discovering History in China: American Historical Writing on the Recent Chinese Past*, Columbia Univ. Press, 2010(reissue copyright); Mark Elvin, *The Pattern of the Chinese Past: A Social and Economic Interpretation*, Stanford Univ. Press, 1973; Mark Elvin, "Why China failed to create an Endogenous Industrial Capitalism: a Critique of Max Weber's Explanation", *Theory and Society* 13, 1984; Philip C. Huang, "The Paradigmatic Crisis in Chinese Studies: Paradoxes in Social and Economic History", *Modern History* 17-3, 1991.

22) 김광억은 중국 공동체 이념의 두 핵심요소인 종족과 촌락 지향성에 대해 논하면서, 그 기반인 종족과 촌락은 국가로부터 상대적 자율성을 지니며 인민이 국가와 관계를 맺는 매개체요, 국가에 대한 인민의 저항과 대응을 마련해 주는 기제라고 보았다. 즉 공동체 층위는 국가와 사회가 서로 만나고 상호 관계를 통해 의미를 새로 부여하며 경쟁과 갈등·타협을 실현하는 공간인 것이다(「현대중국 농촌에서 공동체 이념의 기반: 종족지향성과 촌락지향성」, 『농촌사회』, 8집, 1998).

템(이를 잠정적으로 중화제국의 질서라 개념화한다)은 이를 구성하는 하위 운영 시스템인 다양한 종류의 공동체와 상호 의존적이고 유기적인 관계를 맺음으로써 안정적으로 작동되었다고 할 수 있다.

그런데 이 공동체는 바로 관행의 질서에 의해 유지되었다는 점에 주목해야 한다. 중화제국의 질서가 공동체를 제국 운영의 하위 시스템으로 구조화하여 유지되었다면 공동체는 관행에 의해 유지됨으로써, 관행과 공동체 그리고 중화제국의 사회경제질서가 유기적으로 통합되어 있었다고 보아야 할 것이다. 이를 위해 공식권력(국가)·비공식권력(공동체)과 관행의 질서에 대한 분석,[23] 관행과 사회자본,[24] 관행과 노동시장[25] 등 세부 주제들이 영역별로 필요하다.

이러한 메커니즘의 분석을 통해, 중국이 장기간에 걸쳐 상당한 연속성을 지닌 사회경제구조와 운영원리를 유지해 왔고 그러한 구조와 원리가 결과적으로 중화제국 질서로 표상되는 사회·경제·정치적 大一統의 중국을 만드는 핵심적인 사회경제적 토대였음을 밝힐 수 있을 것이다. 기존의 연구들은 이러한 주제에 대해 주로 정치적·사

---

23) 관행이 국가와 사회를 유기적으로 통합하는 매개물로 작용하고, 민간영역의 자율성을 제고하는 한편 국가권력이 민간영역 통제의 기제로서 기능했다고 할 수 있다. 따라서 관행의 질서를 매개로 국가권력과 공동체 간의 갈등이 절충, 조정되고 궁극적으로 양자가 유기적으로 통합되는 양상을 규명할 필요가 있다.

24) 이 주제는 경제학, 인류학, 사회학과 역사학의 소통을 시도할 수 있는 실험적인 연구주제이기도 하다. 사회자본(social capital)은 물적 자본(physical capital)과 인적 자본(human capital)과 대비되어 자본축적에 기여하는 요소로 기능하는 인적·사회적 네트워크 및 신뢰를 의미한다. 사회자본은 현대 사회에 대한 분석에서, 시장조직이나 기업조직과 구분되는, 非시장적이고 非위계적인 수평적 네트워크 조직과 연결된다. 다양한 형태로 존재하는 중국의 관시(關係)로부터, 경제적 행위와 결합된 경제관행을 추출하고 여기서 사회자본의 개념에 걸맞은 신뢰의 망을 발견하여 이를 사회자본의 중국적 형태로 규정함으로써, 중국에 대한 새로운 이해를 도모하고자 하는 것이다.

25) 노동시장도 관행의 영향을 강하게 받았다. 관행은 노동자들이 노동시장에 접근하는 가장 일반적인 매개였으며, 관행을 기반으로 운영되는 노동시장의 각종 비공식적 조직은 노동시장에 편입된 노동력을 관리하는 시스템으로 기능했다. 그 결과 근대 이후 관행은 적어도 중국에서는 자본주의적 경제시스템의 일부였다 해도 과언이 아니다. 노동시장과 관행이라는 주제는 노동시장에서 관행이 역동적으로 변모하면서 노동자들의 삶의 안정성을 지켜 주는 역할을 했음을 규명하게 될 것으로 기대된다.

상적 차원에서 접근했다면, 이제는 중국사회의 底層의 힘 즉 사회를 직접적으로 움직이고 유지했던 사회영역(공동체)과 사회영역을 작동시킨 질서(관행)를 해명함으로써 중화제국 질서의 구조와 그 지속성에 대한 새로운 차원의 해명이 필요한 것이다.

두 번째 핵심주제인 '근대성과 관행의 재구성'은 근대 이후 새로운 환경 속에서 전통적 관행이 소멸되지 않고 재구성되는 원인과 그 양상을 분석함으로써 관행의 견고한 지속성과 변화하는 실천적 맥락을 규명할 수 있는 주제이다. 이는 관행이 현대에도 지속되는 문화적 토양을 이해하고자 하는 것으로서, 여기에는 관행의 지속성에 대한 사상사적 해명, 중국의 법체계와 관행, 그리고 집단의 정체성이 관행과 지니는 관계가 세부 연구주제로 포함될 수 있다.

전통적 관행과 근대라는 새로운 환경은 충돌할 수밖에 없는 속성을 지닌다. 양자의 충돌은 구래의 상식과 새롭게 '강제'되는 상식의 충돌이며, 합리성과 공리적 가치관을 무기로 하는 서구의 표준과 '관계'에 대한 신뢰를 기반으로 유지되었던 중국적 표준의 충돌이었다. 양자의 충돌과정에서 불가피하게 수용하게 된 서구의 표준도 서구에서와는 다른 형태로 변형되어 중국사회에 뿌리내리게 된다.

동시에 중국의 관행 역시 새로운 표준의 수용이라는 시대적 변화속에서 재구성되지 않을 수 없었다. 중국의 관행이 소멸되지 않고 재구성되는 방향으로 변화된 것은 무엇보다 사회경제활동을 둘러싼 중국적 토양이 새로운 환경에 적응하는 유효한 수단으로 작용했기 때문이다. 예컨대 근대라는 새로운 환경의 도래에도 불구하고 신용·지연·동업·혈연을 중시하는 토양이 견고하게 지속되었으며, 그러한 토양은 사회경제 활동의 영위에서 이해당사자를 결속시키고 이런 결속을 매개로 사회경제적 안정성과 효율성을 확보하게 했다. 또한 변화하는 상황에 비교적 최소의 비용을 지불하며 적응할 수 있게 한 것이다.

사실 근현대 중국인의 사회경제활동은 중국 고유의 네트워크와 가치체계, 투자관행 등 문화적·사회적 토양이 근대의 새로운 표준과 복합적으로 작용하여 영위되었다고 보아야 할 것이다. 그러므로 중국의 관행은 소멸되기보다는 새로운 환경에 적응하면서 재구성되는 방향으로 변화할 수 있었다.[26] 이와 같은 관행의 재구성 실태를 시야에 넣어야 근현대 중국인에 의해 만들어진 중국의 근현대사를 보다 동태적으로 이해할 수 있다. 또한 그러한 관점을 가져야 근현대 중국인들이 만들어 갔던 근대적 시스템의 복잡성과 역동성을 실증적으로 이해할 수 있을 것이다.

세 번째 핵심주제인 "관행의 현재성: 글로벌 환경하 사회경제 관행과 '중국적 표준'의 가능성 전망"에서 앞에서 제시된 관행의 역사성 그리고 변화 속 재구성에 대한 연구를 토대로, 현재의 글로벌한 사회경제환경에서도 여전히 확인되는 중국관행의 유효성과 그 작동실태를 분석하는 한편, 최근 중국이 지향하는 중국식 발전 모델 그리고 글로벌 스탠더드에 필적하는 '차이니즈 스탠더드'를 확립하는 데에 이런 중국관행의 유효성이 어떻게 활용되는가를 분석하는 데로 나아갈 수 있다. 여기서는 조사연구의 대상을 중국에만 국한하지 않고 특

---

26) 장수현은 개혁개방 이후 중국 농촌에서 민간의례가 활성화되는 현상을 단지 봉건미신적 전통의 부활로 보려는 기존 시각들에 반대하며, 이는 급격한 사회 변화에 적응하기 위한 문화적 기제로서 농민들이 민간의례를 재활용하는 것임을 보여 주었다. 즉 민간의례의 활성화는 중국 농촌사회의 다양한 구성원이 문화적 자원들을 활용하여 현실에 맞는 문화적 관행을 만들어 나가는 과정인 것이다(「개혁개방 이후 중국 농촌 민간의례의 활성화에 관한 고찰」, 『한국문화인류학』, 31집 2호, 1998).

히 화교사회를 중심으로 넓혀, 각 지역 화교사회의 관행 그리고 화교 자본·네트워크와 관행을 연구함으로써 異文化 속의 중국관행에 대한 새로운 분석이 가능할 것이다.

이 관행의 현재성에 관한 연구는 특히 역사학적 중국연구와 지역학적 중국연구(현재성을 앞세우는)의 접점을 모색하는 주제가 될 수 있으며, 따라서 현재의 중국만을 보고 중국의 과거·현재·미래를 분석하는 발전론적 관점을 조급히 적용하려는 연구경향과, 역사와 전통의 연속성에 지나치게 집착하는 역사(혹은 전통)환원주의적 관점의 연구경향, 이 양자 중 어느 하나에 치우치지 않고 연구를 진행하는 것이 관건이 될 것이다. 즉 비록 사회경제적 토양이기는 하지만 관행은 현재와는 일정 정도의 부조화를 수반할 수밖에 없기 때문에, 그리고 '현재'는 지속되는 관행으로부터 영향을 받기 때문에 관행과 현재 간에 존재하는 괴리와 상호 침투과정을 실증적·동태적으로 분석하는 작업이 필요하다. 그럼으로써 비로소 과거(역사학)와 현재(지역연구)를 아우르는 심도 있는 중국연구가 가능할 것이다.

Ⅳ. 맺음말

중국은 장기간에 걸쳐 안정된 국가·사회 운영 시스템을 유지해 왔다. 自律領域[민간영역]과 公的領域[국가권력]은 긴장과 절충을 통해 제국 운영의 조화를 도모했다. 사회 구성원 모두가 중앙과 지방, 국가와 사회, 官과 民 등의 다양한 層次에서 분권과 통합 그리고 자율과 강제의 접점을 만드는 것을 지향함으로써 국가·사회 운영 시스템이 탄력성을 갖고 유지될 수 있었다. 현실적으로도 국가권력은 공동체와 조화하지 않을 수 없었다. 중국은 황제로 상징되는 강력한 중앙집권적 권력을 중심으로 통합된 제국이었다. 그러나 그 광대한 규모를 고려할 때 중앙권력만으로 제국을 유지하는 데는 물리적 한계가 있었고, 따라서 지방 혹은 민간, 시장 등에 존재하는 다양한 형태의 공동체는 국가권력을 지방과 민간사회로까지 침투시키는 매개집단으로서 중시될 수밖에 없었다. 즉 집권적 제국질서의 저변에 존재하는 다양한 공동체는 국가권력 침투의 한계를 보완하는 역할을 했던 것이다.

국가권력은 관행의 질서에 의해 운영되는 사회의 다양한 공동체와 갈등하면서 공존을 모색해 왔다. 관행의 질서에 의해 지탱되었던 중국의 다양한 공동체는 중국사회가 장기 안정성을 확보하게 하는 핵심적인 기반이었다. 국가권력은 그러한 공동체와 모순 갈등하기도 했지만 기본적으로 조화하고 상호 의존적 관계를 유지함으로써 공동체는 공동체대로, 국가는 국가대로, 나아가 사회는 사회대로 안정적으로 운영되고 지속될 수 있었다.

가족·종족과 같은 血緣 공동체를 비롯하여 동향조직 등 地緣 공동체, 동업조직 등 業緣 공동체, 종교결사·사원 등 神緣 공동체, 향촌의 다양한 행정·협동·자위조직은 각기 국가권력에 대해 상대적으로 자율적인 영역을 형성하면서 그것과 공존하고 조화해 왔다. 이러한 공동체는 중국사회가 다원성을 내포하면서 장기적으로 안정성을 유지할 수 있도록 하는 기반이었다.

이러한 공동체의 존재에 주목함으로써, 우리는 근대 이후의 중국

사회에 대해 기존의 접근 시각과 구별되는 새로운 관점을 확보할 수 있을 것이다. 근현대 중국은 끊임없이 '근대의 중국적 재구성'을 추구하면서 동시에 '전통의 근대적 재구성'을 모색한 바, 중국사회의 장기 안정성을 유지하게 했던 이들 공동체가 변화의 현실적 토양으로 강고하게 지속되었기에 그러한 모색이 가능했던 것이다. 이처럼 장기적이고 심층적인 관점에서 중국사회를 분석할 때 연구의 새로운 관점의 배태가 가능할 것이다.

이러한 공동체는 바로 관행에 의해 움직이고 유지되어 왔다. 관행은 다양한 공동체의 운영원리이자 운영 시스템으로 작용하여, 예컨대 법보다는 관행을, 관행보다는 도덕과 윤리를 더 중시했다. 그중에서 가장 광범위하고 직접적인 규제력은 관행이었다. 그만큼 개인과 공동체는 관행에서 벗어나 生活하거나 유지되기 어려웠다. 관행으로 해결되지 않는 문제의 최종적 귀착점이 法이었다. 국가권력에 의한 법적 행위는 관행의 존중을 주요한 판단 준거로 삼았다. 공동체의 관행은 결코 국가권력의 규제력을 능가할 수 없었을 뿐만 아니라 오히려 국가권력의 의지에 의해 변형 혹은 소멸되기도 했다. 이는 공동체의 규범원리인 관행이 국가권력과 대립적이지 않고 일련의 연결관계 속에 있었음을 시사한다. 그리고 그러한 연결관계 속에서 민간·지역사회와 국가권력이 공존·조화하는 제국질서가 유지될 수 있었던 것이다. 이 점에서 관행은 중국사회의 기층에서 작동하면서 제국질서의 시스템을 구성하는 주요 요소였다고 할 수 있다.

개인은 동일한 관행을 공유함으로써 공동체 속에서 구성원으로서의 정체성과 귀속감을 확인할 수 있었다. 관행은 공동체의 운영 시스템으로 작동했으며, 국가권력은 공동체의 관행의 질서를 인정함과 동시에 통제함으로써, 공동체의 자율성을 보장하는 한편 그것을 국가권력에 종속시킬 수 있었다. 그러므로 관행과 개인·공동체·국가는 불가분의 관계에 놓여 있으며, 관행을 매개로 삼자가 유기적으로 결합되어 중국사회의 장기 안정성이 확보될 수 있었던 것이다.

한국의 중국연구에서는 이러한 중국의 '장기 안정성'과 격동성을 유기적으로 파악하여 중국사회를 심층적으로 이해하고자 하는 연구가 많이 이루어지지 못했다. 중국 근현대사의 심층을 좀 더 면밀히 살펴보면 격동적 변화와 사회적으로 안정된 정태적 순환의 지속이 표리를 이루며 전개되었음을 알 수 있다. 그러므로 바람직한 중국 인식은 동전의 양면과도 같은 격동성과 장기 안정성을 균형감 있게 인식하는 데서부터 출발해야 할 것이다.

그렇게 될 때 비로소 정치적 격동이 바로 사회경제적 변화로 연결될 것이라거나 역으로 사회경제적 변화가 정치적 변화로 연결될 것이라는 근시안적 전망에서 벗어나, 객관성을 갖춘 중국 인식이 가능해질 것이다. 또한 '장기 안정성'과 격동성을 유기적으로 이해하는 작업은, 격변(현실)에만 너무 초점을 맞추다 보니 중국사회의 장기 안정성을 이해하는 데 부족한 사회과학적 연구와, 탈현재성 및 장기 안정성(역사의 연속성) 연구에 중점을 둠으로써 최근의 변화를 설명하는 데 소홀했던 인문학적 중국연구를 조화롭게 통합할 수 있는 방안이기도 하다. 관행연구가 주목되는 이유는 바로 여기에 있다.

끝으로 본 연구에서는 '조사'와 '연구'의 결합을 통한 자료의 축적, 그리고 이를 기반으로 한 연구기반의 구축 및 연구의 재생산 기반 마련이라는 측면을 강조하였다. 이는 실증 연구와 이론 연구의 유기적 결합을 지향한 본 연구의 연구방법론이 종국적으로 달성하고자 하는 목적의 하나이기도 하다. 목전의 필요에 복무하는 연구가 몇 년 지나 무용해지는 학문적 낭비 그리고 연구대상에 대한 단편적·주관적 이해에 따른 한국사회의 현실적 손실, 중국사회에서 발생하는 개개 사회현상의 이면에 깔려 있는 본질에 대한 몰이해 등을 피할 수 있는 연구가 이제 필요하다. 본 연구에서 엄밀한 고증과 풍부한 실증 그리고 이에 기반을 두어 수행하는 이론적 작업을 중국연구의 새로운 패러다임으로 제시하는 것은 이러한 이유 때문이다.

제2부

중국관행연구의 추세와 이론적 검토

제 2 장

중국 향촌조직 조사연구의 추세와 논점

박장배

I. 머리말
II. 사회조사 속의 향촌조사
III. 향촌조직 조사와 연구의 주제와 내용
IV. 맺음말

I. 머리말

이 글은 기왕에 발표된 글에 바탕을 둔 것이다. 이것은 중국에서 현대적인 향촌조사와 연구가 시작되고 진행된 과정과 각 시기의 주요 논점을 파악하기 위해 준비되었다. 우선 여기에서는 현대적인 사회조사가 본격적으로 수행된 1930년대를 중심으로 하여 그 성과와 영향 관계를 중심으로 중국 향촌조직 조사연구의 추세와 논점을 파악해 보고자 한다. 중국에서 현대적인 향촌조사가 진행되었다고 해도 그것은 방대한 사회조사의 일부였고 향촌조사와 향촌조직 조사는 그 농촌조사 중에서도 일부였다. 이 글에서 그 전모를 다루기는 힘들지만 부분과 전체의 관계에 유의하여 향촌조사 문제를 검토할 것이다.

중국에서 현대적인 향촌조사는 사회조사의 일환으로 진행되었고, '사회조사'는 청말 민초에 일본에서 수용된 새로운 용어이자 개념이었다.[1] 현대적인 사회조사는 무술변법 시기와 20세기 초엽에 발흥하

---

* 본 논문은 『중국근현대사연구』, 49집(2011. 3)에 게재된 「중국 향촌조직 조사연구의 추세와 논점」을 수정한 것이다.

였는데, 1903년 이후 현대적인 사회조사의 조류가 왕성하게 일어났다. 사회조사는 정부와 민간에서 동시에 추진되었다. 청 정부는 1906년에 전문적인 조사기관을 설립하기 시작하였고, 1908년에는 전국 범위의 인구조사를 진행하기 시작하였다.[2]

민국 시기에는 사회조사가 본격적으로 진행되어 대략적인 통계로 사회조사 수량이 3만 종 이상으로 파악되고 있다. 일부에서는 1918년에서 1937년까지 진행된 사회조사 활동에 대해 '사회조사운동'이라고 지칭하기도 한다. 각종 사회조사의 범위는 매우 광범위하여 정치, 경제, 군사, 위해, 교통, 가정, 종교, 인구, 사회계층과 조직, 재해와 환경 등 각 방면에 미쳤다.[3] 이 글에서 관심을 가지고 있는 향촌조사는 입체적이고 광범위한 조사항목의 일부를 차지하고 있는 셈이다. 이 글에서 파악하고자 하는 구체적인 핵심과제는 향촌조사 중의 향촌조직에 대한 조사와 연구인데, 향촌조직 조사항목은 대항목 중의 한 요소로 꼽히지는 않았다.

이런 점을 고려하여 이 글에서는 현대적인 조사방법이 도입된 이후에 진행된 조사와 연구의 대체적인 궤적을 정리해 보고자 한다.[4]

---

1) 서구의 '조사' 개념이 중국에 수용되기 전에도 중국에는 전통적인 조사의 개념과 체계가 있었다. 이것은 역법의 경우와 유사한 것으로, 중국에 방대한 중국식 역법체계가 있었으나 '세계 조류'에 따라 양력을 채택한 것과 유사한 현상이라고 할 수 있다. 통상 음양력, 24절기, 간지기시(干支紀時) 등으로 구성된 중국의 전통 역법은 신해혁명 후 새로운 정부가 민국원년에 공력(公曆, 즉 서력기년법)과 민국기년법을 채택함으로써 현대 역법으로 변경되었다. 중국사회가 양력을 채용했더라도 기존 역법이 완전히 사라진 것이 아니라 양력체계에 통합되었다.

2) 黃興濤・夏明方 主編『清末民國社會調査與現代社會科學興起』, 福州: 福建教育出版社, 2008. 7, 1~3쪽.

3) 黃興濤・夏明方 主編, 같은 책, 4~5쪽.

4) 민국 시기의 농촌경제조사연구에 관한 주요 연구에는 다음과 같은 것들이 있다. 陶成, 「30年代前後的中國農村調査」, 『中國社會經濟史研究』, 1990年 第3期. 曹辛穗, 「民國時期農業調査資料的評價與利用」, 『古今農業』, 1999年 第3期. 厚建新, 「20世紀二三十年代中國農村調査與研究述評」, 『史學月刊』, 2000年 第4期. 張泰山, 「20世紀30年代前後的中國農村經濟調査與成果回顧」, 『湖北師範學院學報』, 2002年 第1期. 鄭淸坡, 「民國時期農村經濟調査與近代中國農業經濟學的興起」, 『清末民國社會調査與現代社會科學興起』, 福州: 福建教育出版社, 2008.

이 글은 새로운 사실의 규명보다는 기존의 주요 연구를 정리하는 측면이 크다.[5] 이를 통해 민국 시기에 사회조사 중에서도 왜 향촌조사가 큰 관심을 끌었는가 하는 이유도 가늠해 보고, 근래의 연구와 실제 조사 간의 차이에 대해서도 이해할 수 있기를 기대한다. 민간연구단체와는 달리 국가기관은 권력이 커서 향촌조사와 연구에도 적지 않은 영향을 주게 마련이다. 조사에서 국가의 조사기관이 가진 역할과 의미도 따져 볼 필요가 있을 것이다. 그리고 21세기 처음 10년간은 중국학계에서 민국 시기의 '사회조사' 내용이 재발견되는 양상을 보여 주었는데 그 이유에 대해서도 분석해 볼 필요가 있을 것이다.

Ⅱ. 사회조사 속의 향촌조사

1. 사회조사의 수용과 발전

인구와 토지의 파악, 지도의 제작은 대대적인 부국강병 정책을 추진하지 않더라도 국가의 기본적인 임무에 속한다. 전근대 국가들도 이러한 임무를 생략하지는 않았다. 더욱 부강한 국가를 유지하고 발전시키기 위해서는 국가의 인적·물적 자원을 파악하는 것이 그 전제였다. 이런 의미에서 국가권력은 조사권력이기도 했다. 구미에서

---

5) 이 글에서 주요 연구라고 함은 다음 네 연구서를 중심으로 한 기타 연구들이다. ① 範偉達·王竞·範冰 編著『中國社會調査史』, 上海: 復旦大學出版社, 2008. ② 黃興濤·夏明方 主編『清末民國社會調査 與現代社會科學興起』, 福州: 福建敎育出版社, 2008. ③ 岳謙厚·張瑋 著『20世紀三四十年代的晉陝 農村社會-以張聞天晉陝農村調査資料爲中心的研究』, 北京: 中國社會科學出版社, 2010. ④ 內山雅 生,『日本の中國農村調査と傳統社會』, 東京: 御茶の水書房, 2009.

조사의 방법과 항목은 사회과학의 발전에 힘입어 큰 변화를 보였다. 일본에서도 답사식 조사, 통계형 조사, 지역사회조사 등 다양한 방법이 수용되고 개발되었다.[6] 이런 성과를 바탕으로 하여 중국에서 현대적인 조사연구는 중국에 온 선교사와 학자, 구미와 일본에 유학을 다녀온 학자들에 의해 시작되었다.

무술변법운동 시기에 청 정부는 현대적인 조사기구를 설치하려고 하였다. 현대적인 조사기구는 신정 시기에 설립되었다. 新政 시기에 청 정부는 상하 각급 조직이 대량의 사회조사를 진행하였다. 중앙 부분의 명으로 시행된 전국적인 조사에는 민정부의 호구, 민정풍속조사, 헌정편사관, 수정법률관의 민상사습관조사, 광정조사국의 광무조사, 탁지부의 재정과 폐제 조사 등이 있었다.[7] 이들 조사는 현대적인 조사 관점과 방법을 따라 수행된 것이라고 보기는 어렵다.

근대 이래 비교적 체계적인 농촌조사는 중국에 주재하던 외국 선교사와 정부기관에 근무하던 외국 관리의 중국 농촌에 대한 묘사에서 시작되었다. 중화민국 시기에 들어와서는 1920년대 이후의 10여 년 동안 농촌경제조사도 활발하게 진행되었다. 조사의 주체도 최초에는 외국 교수가 재직하는 대학에서 각종 연구기관 및 사회단체·정부기구와 각 당파로 확대되었고, 조사의 내용에도 일정한 변화가 있었다.

미국 선교사 스미스(A. H. Smith)의 저술이 가장 영향이 컸다. 그는 산둥·톈진·直隸 등지에서 40여 년 동안 선교하고 경험과 견문을 기술하였다. 그는 1899년에 『중국 농촌 생활』을 출판하였다. 그 책에는 향촌의 상점·集市·민간대부단체 등에 대한 묘사가 많이 있다.[8]

---

6) 川合隆男, 『近代日本社會調査的軌迹』, 東京: 恒性社厚生閣, 2004 참조.

7) 黃興濤·夏明方 主編, 같은 책, 12쪽.

중국인 연구자의 경우 타오멍허(陶孟和)는 1912년 영국에 유학할 때『중국 향촌과 도시 생활』을 써서 중국 사회학의 첫 연구서를 낸 연구자가 되었다. 1913년 그는 런던 정치경제학원에서 경제학 박사학위를 받고 이듬해 중국으로 돌아왔다. 그는 베이징대학의 교수가 되었고『신청년』에 여러 편의 글을 발표하였다. 그는 조사로 사회를 개혁하자고 주장하고『신청년』에 '사회조사' 꼭지를 두자고 해서 관철시켰다.[9]

『신청년』에 '사회조사' 꼭지를 둔 것은 사회조사에서 상징적인 의미가 컸다.『신청년』에는 여자문제, 문자문제, 인구문제, 사회문제, 노동문제, 민족문제, 농민문제, 민족과 식민지문제 등 많은 '문제'들이 지적되고 있었다. 타오에 의하면, 그는 "종래 중국사회의 각 방면을 한번 선부 조사하려는 큰 소원을 품고 있었다." 그러한 조사에 의거해 중국사회의 '좋은 점'을 보존하고 인민 발달을 저해하는 점을 개량할 방법을 강구할 수 있다. '사회 전체'를 조사해야 하지만 중국사회에서 도시생활보다 향촌생활이 가장 절박하고 중요한 하나의 큰 문제이기 때문에 향촌생활을 먼저 연구해야 한다. "우리의 현재 첫 번째 要務, '郡國病利'를 조사하는 것은 먼저 향촌생활, 농민생활에서 착수해야 한다." 이 글에 이어서 張祖蔭은 震澤 농민의 소작료와 부채를 조사하여 발표하였다.[10] 이렇게 1918년 당시에 중국의 사회조사에서 가장 핵심적이고 절박한 조사대상은 향촌생활로 인식되고 있었다.

---

8) 黃興濤・夏明方 主編, 같은 책, 193쪽.

9) 範偉達・王竟・範冰 編著, 『中國社會調査史』, 上海: 復旦大學出版社, 2008, 42~43쪽.

10) 陶履恭, 「社會調査(1)導言」, 『新靑年』, 第4卷 第3號, 1918. 3. 15, 221쪽, 224쪽.

중국에서 현대적 의미의 농촌조사연구는 그전에도 선구적인 인식과 성과가 나타나고 있었지만 대략 1920년대 초기에 본격적으로 시작되었다. 대체로 대학에서, 특히 교회학교의 외국적 교수가 학생의 실습을 지도하기 위해 수행한 소규모 조사에서 시작되었다. 대학 쪽에서 진행한 농촌조사에는 1914년 淸華학교 사회과학과 교수 디트머(C. G. Dittmer)의 지도학생이 베이징 서쪽 교외 淸華園 부근에서 195호의 農戶의 생활비를 조사한 것이 있다.[11] 이것과는 독립적으로, 『신청년』에도 몇몇 중국인 기고자가 자기 고향의 상황을 조사한 내용을 싣고 있었다.

또 1919~1920년 상하이 滬江大學 사회학 교수 컬프(葛學溥, Daniel H. Kulp)의 지도학생이 광둥 潮州에서 650여 인의 鳳凰村을 조사한 것이 있다. 조사 성과는 1925년에 『華南 향촌생활: 가족주의의 사회학』이라는 영문 책으로 출판되었다. 컬프의 책은 초기 인류학 방법의 조사 성과로 중국향촌사회를 연구하는 방법을 보여 주었다. 이 조사는 중국농촌사회를 연구하는 방법을 제공했다. 중문으로 출판된 첫 번째 중국농촌조사 저술에는 1924년에 상무인서관에서 나온 『사회조사: 沈家行 槪況』이 있다. 이 조사는 1923~1924년 滬江大學 사회학과의 방문학자인 버클린(H. S. Bucklin)의 지도학생이 상하이 부근의 沈家行村을 조사한 것이다.[12] 이들 조사는 소략하고 조사시간도 매우 짧았다.

1924년에 선교사들은 체계적으로 사회조사 작업을 하기 위해 베이징사회조사사(Social Research Council)를 설립하여 베이징의 사회상황을

---

11) 黃興濤・夏明方 主編, 같은 책, 193쪽.
12) 黃興濤・夏明方 主編, 같은 책, 194쪽.

조사하였다. 대체적으로 보면, 20세기 20년대에 사회조사의 주체는 최초의 선교사와 외국인 교수에서 중국학자로 전환되었다. 陶孟和와 李景漢 등 1세대 사회학자의 조사는 버제스(步濟時, John S. Burgess, 1883~1949)와 갬블(甘博, Sidney D. Gamble) 등 미국선교사들 활동에 연속된 작업이었다. 1920년대에 楊開道 등의 농촌사회학에 대한 연구는 내용이 이전보다 풍부해졌다. 1920년대를 전후한 현대 사회조사 작업은 중국에서 두 가지 학술조류를 낳았다. 그것은 '사회조사파'와 '지역사회[社區]연구파'로 개괄된다. 물론 중국학계의 이러한 학술조류의 구분은 여전히 편의적인 것으로 보다 체계적인 연구가 필요한 것으로 보인다.

먼저 '사회조사파'의 인물로 꼽아야 할 李景漢은 중국 현대 사회조사 개척자의 한 사람이다. 1924년 미국 유학을 마치고 귀국한 그는 이후 수년 동안 도시노동자의 생활과 조직을 조사하였다. 1926년 그와 陶孟和, 陳達 등은 함께 中華敎育文華基金董事會 사회조사부(北平 사회조사소의 전신)를 조직하였다. 그는 燕京大學에서 사회조사과정을 가르치면서 학생들을 데리고 北京 교외 농촌사회생활을 조사하였다. 그리고 1928년 여름 이후 7년 동안 『定縣社會槪況調査』를 썼다. 李景漢의 『정현사회개황조사』는 중국지방지의 구조를 빌려 현대 사회과학의 방법으로 재료를 수집하였다. 그 자신은 "이 책은 문자의 묘사 외에 314개의 표, 68장의 사진이 있다", "이것은 진실로 별종 縣志를 지은 모범이라고 할 수 있다"[13)]고 지적하였다. 이런 조사 성과를 바탕으로 李景漢은 사회조사파의 대표인물로 인정받았다. '사회조

---

13) 黃興濤·夏明方 主編, 같은 책, 114쪽.

사운동'을 분명하게 긍정하는 이는 왕왕 李景漢을 대표로 든다. 社區
연구파는 '중국사회조사운동'을 비판하고 왕왕 李景漢을 '비판의 전
형'으로 삼는다.[14)

李景漢은 1941년 6월에 쓴 「변강 사회 조사연구가 주의해야 할 점」
이라는 글에서 "조사의 주요 임무는 사실을 발견하려는 것이다. 연구
의 주요 임무는 사실을 설명하려는 것이다. 사실은 사물의 본질, 사물
의 본래 면목이다. 사회적 사실은 우리 인류 공동생활의 인과율이다.
철학이든 자연과학이든 사회과학이든 문학이든 예술이든 사실 위에
세우지 않으면 정확하기 어렵다. 사실은 진리의 증거이고, 일체 사무
의 기초이다. 우리는 반드시 '사실은 가장 좋은 증인'이라는 것을 믿
어야 한다"고 설명했다.[15)

숫자통계를 중시하는 것은 陶孟和・李景漢・陳達 등 사회조사파
의 장점이다. 吳文藻는 1935년에 사회조사와 지역사회연구를 구별할
때 "사회조사는 사진으로 비유할 수 있고, 지역사회조사는 영화로 비
유할 수 있다. 사진이 대표하는 생활은 횡단적・일시적・국부적・정
태적이다. 반면에 영화가 대표하는 생활은 종관적・연속적・전체적・
동태적이다"라고 지적하였다.[16)

또 다른 지적에 따르면, 중국농촌조사운동의 목표는 두 개여야 한
다. "하나는 농촌사회 공동생활의 원리・원칙, 그것의 기원, 발전과
변천을 발견하는 것"이고 "그 밖의 하나는 농촌사회생활의 문제를 밝
혀서 농촌을 개선하고 농촌의 건설과 농민의 복리를 촉진하는 것이

---

14) 黃興濤・夏明方 主編, 같은 책, 97쪽.

15) 黃興濤・夏明方 主編, 같은 책, 103쪽.

16) 黃興濤・夏明方 主編, 같은 책, 106쪽.

다." 張世文은 1948년에 「중국농촌사회 조사운동 발전의 길을 논함」에서 사구연구파의 저작을 열거하지 않았다. 그리고 농촌사회조사운동의 시각이 농촌의 개량과 건설에 집중하여 농촌사회 공동생활의 원리·원칙의 발견을 소홀히 하였다고 비판하였다.[17]

중일전쟁 3~4년 전에 지역사회연구가 바야흐로 발흥하고 있었다. 그들은 사회조사파를 지역사회연구의 선구로 보았다. 중일전쟁 전에 지역사회연구파는 빈번하게 사회조사파를 비판하곤 하였다. 지역사회연구파의 주요 학술 연원은 미국 시카고학파의 人文區位學과 영국 사회인류학의 기능주의 학파이다. 지역사회연구파의 대표 인물 중의 하나는 費孝通으로, 그는 3부작 『江村經濟』(1939)·『祿村農田』(1943)·『생육제도』(1947)를 통해 중국학계의 조사연구 수준을 높였다. 사실 사회학 연구의 수준을 내내적으로 높인 것은 이들 지역사회연구파였다. 사회조사파가 한 것은 단지 실지조사였지 실지연구가 아니었다. 사회조사파 자신들은 조사와 연구를 두 개의 독립된 단계로 나누었다. 통상 사회조사가 사실의 서술에 치중한다면, 사회연구는 사실의 해석에 치중한다. 그러나 우수한 과학적인 저술은 늘 서술과 해석을 겸한다.[18] 당시 중국사회에 기본 조사통계자료가 결핍되고 정부 부문에서 한 조사자료도 학술계의 기본 수요를 충족시킬 수 없는 상황에서 사회조사파의 역할은 가치가 있었다. 사회조사파와 지역사회연구파는 각자 비판적 관점을 유지하고 또한 서로 영향을 주고받으면서 당시 중국학계의 조사와 연구의 수준을 높였다고 평가할 수 있다.

사회조사파와 지역사회연구파와 함께 또 하나의 흐름을 형성한 것

---

17) 黃興濤·夏明方 主編, 같은 책, 112쪽.
18) 範偉達·王竟·範冰 編著, 같은 책, 69쪽.

은 계급분석 접근방법을 중시한 유물주의조사파였다. '유물주의조사 파'는 필자가 잠정적으로 붙인 사조의 이름으로 편의적인 명칭이라 고 할 수 있으나, 하나의 큰 흐름을 이루고 있다는 점은 분명하다고 보겠다. 이 흐름도 중요한 흐름이지만 현실정치와 혁명투쟁 등과 깊 이 관련된 경우가 많았다는 점에 그 특징이 있다. 이 점에 대해서는 다음 장에서 언급할 것이다. 여러 유파의 조사연구는 1949년 이후에 는 유물주의조사연구파에 의해 통합되었다.

1949년 새로운 베이징 정부의 수립 후 소련을 본받는 상황에서 사 회학은 1951년에서 1952년 사이의 전국 院系 대조정 중에 폐지되었 다. 사회학자들은 전업해야 했다. 費孝通, 潘光旦, 吳文藻 등 사회학 자들은 중앙인민정부의 안배에 따라 소수민족 공작에 종사하게 되었 다. 이것은 이미 항일전쟁 시기에는 사회학자와 민족학자가 서남에 운집하여 민족학연구활동을 왕성하게 전개했던 경험과도 관련이 있 었다.

베이징에 새로운 정부가 들어서자 민족조사가 대대적으로 진행되 었다. 1949년에서 1964년까지 민족 식별 작업이 진행되었다. 민족 식 별 작업을 통해 400여 개의 민족명칭 중에서 1954년까지 38개의 소수 민족 명칭이 확정되었다. 윈난에서는 260여 개의 민족명칭 중에서 22 개로 통합되었다.[19] 1956년 費孝通은 인민대표대회 민족위원회의 지 지하에서 사회조사계획을 추진하였다. 그는 200여 명의 전문가로 연 구대오를 구성하여 4년에서 7년 동안 소수민족 사회사와 사회경제구 조에 대해 체계적인 연구를 진행하였다. 1956년에 시작된 이러한 민

---

19) 範偉達·王竟·範冰 編著, 같은 책, 162쪽.

족학과 인류학 조사는 1958년에 중단되었다.[20]

새로운 베이징 정부의 수립은 소수민족 조사와 연구에 역량을 집중하게 함으로써 민족통합이라는 국가적 목표에는 도움이 되었지만, 본토의 다수민족인 한족에 대한 조사는 상대적으로 소홀하게 되었다. 이런 상황에서 조사와 연구에 앞서서 소련 모델에 따라 경제개발계획이 추진되었다. 이것은 심각한 후유증을 낳았다. 1960년 후반에 전체 국민경제는 심각한 곤경에 빠졌고 기아가 중국 전역에 만연했다. 모택동의 지시로 농촌조사가 수행되었다. 田家英, 劉少奇는 1961년에 농촌조사 활동을 벌였다.

문화대혁명 시기는 다양한 조사활동이 이뤄졌지만 학술적이거나 정책적인 것과는 거리가 있었다. 1978년 중국정부가 개혁개방정책을 추진한 이후 중국학계에서는 사회학이 복원되고 여러 학문 분야에서 다양한 조사가 진행되었다. 1980년대 이래 중국학계 학술사업의 규모는 점점 커졌는데 이것은 사회조사와 연구의 경우에도 마찬가지였다. '중국 특색의 사회주의 건설' 노선에 따라 다양한 영역에서 중국사회의 경험과 현실을 정리하고 발굴하였다. 방대한 『중국 國情 총서』 등 다양한 출판물이 출간되었다.[21]

농촌조사에 대해서도 몇 가지 주목할 만한 사례가 보인다. 1988년에서 1991년에 중국사회과학원 사회학연구소 陸學藝가 주도한 과제組는 大寨·沙石峪·西鋪·華西·劉庄·小崗·茅坪 등 13개 촌에 대해 현지조사를 진행하였다. 이 조사는 중국 농촌에서 개혁개방이 실행된 후 발생한 사회 변화에 대해 심층적인 조사와 실증적인 분석을

---

20) 範偉達·王竟·範冰 編著, 같은 책, 154쪽.

21) 예컨대 丁伟志(1931~　) 主编 『中国国情丛书: 百县市经济社会调查 曲靖卷』, 1997 등.

하는 것이었다. 이것은 학술적인 의미만이 아니라 과학적인 '삼농'정
책을 제정하는 데도 도움이 되리라는 기대를 깐 조사였다. 그리고 1996
년 曹錦清은 하남에 대해 조사를 진행하고 일기 형식으로『황하 가의
중국』을 썼다.[22]

그리고 2000년대에 들어서 민국 시기의 사회조사에 대한 자료 정
리와 분석 그리고 자료집 발간 사업이 대대적으로 이뤄졌다. 자료집
만 해도 『民國時期社會調查叢編』과 『民國時期社會調查叢編(二)』이
이미 정리되어 출판되었고,『民國時期社會調查叢編(三)』과『청말사회
조사자료』가 계속 출판될 예정이라고 한다. 이것은 중국학계에서 일
종의 조사사업 르네상스라고 할 수 있을 것이다. 이것은 중국학계가
개혁개방 이후 중국에 몰아닥친 변화상을 조사하고 정리해야 하는
과제를 수행하는 것이자 중국의 세계적 부상을 뒷받침하는 학술작업
의 일환이라고 할 수 있을 것이다.

개혁개방 이후 중국학계에는 사회조사 방법론에 대한 책이 꾸준히
출간되었고, 특히 1990년대 후반 이래 양적으로 매우 풍성하게 출간
되었다. 이러한 방법론에 대한 모색과 기존의 조사자료집의 출간은
상승작용을 일으켰을 것으로 판단된다. 또한 여러 조사자료집의 기획
과 출간은 사회조사의 풍부한 성과를 가진 민국 시기의 조사자료에
까지 미친 것으로 생각된다. 이러한 상황에서 1950년대에 중국에서
여러 유파의 조사연구가 유물주의조사연구에 의해 통합되었던 것이
이제는 반대로 유물주의조사파의 조사연구가 다양한 조사연구 흐름
으로 분화되는 양상을 띤다고 하겠다.

---

22) 範偉達·王竟·範冰 編著, 같은 책, 225~227쪽.

2. 농촌·향촌조사의 개황과 의도

1930년대는 민국 시기의 중국 사회조사의 전성기라고 할 수 있을 것이다. 1931년 中國社會學社가 창립되었다. 1934년 겨울에는 중국 최초의 민족학회가 창립되었다. 중국농촌경제연구회는 1933년에 설립되었고, 1939년 10월에는 연구회 간행물인『중국농촌』월간을 출판하였다. 이 농촌경제조사는 과학적인 조사로 많은 유용한 자료를 산출하였다. 이러한 활발한 조사연구를 통해 여러 계통에서 조사연구 자료가 나왔다. 이러한 조사내용이 충분히 음미되었는가와는 별개로, 농촌조사는 중국사회를 인식하는 가장 기본적인 수단이자 방법이었다.

농촌을 연구대상으로 한 저작에는 또 言心哲의『중국농촌인구문제의 분석』(1935)과『농촌가정조사』(1935), 喬啓明의『江寧縣 淳化鎮 향촌사회의 연구』(1934)와『중국농촌사회경제학』(1945) 등, 費孝通의 江村을 연구대상으로 한『江村경제』,『향토중국』,『鄕土重建』,『雲南三村』, 張之毅의『易村수공업』, 陳翰笙의 三江지구(無錫·保定·廣州) 농촌경제와 기타 지구(예컨대 헤이룽장 난민 및 토지제도, 상하이 紗廠包身工, 西雙版衲 토지제도 등)에 대한 조사가 포함된다. 이들 조사연구 성과들은 학술계와 국민정부와 공산당정부가 모두 관여한 것이었다.

중앙연구원이 설립된 이후 일련의 농촌조사가 진행되었다. 1928년 새로 성립한 중앙연구원 사회과학연구소와 역사언어연구소는 체계적으로 중국사회에 대한 조사연구를 전개하였다. 1929년 8월 1일, 국민당 중앙상임위원회는 '사회조사대강'을 통과시키고 반포하였다. 규정된 조사통계 내용은 모두 10개 측면이 있었고 거의 사회생활의 각 측면을 언급하였다.[23] 조사 주체가 국가기관인 경우 조사활동에는 국가의 관심이 반영되었다. 동시에 조사연구를 주도한 인물들의 성향도 조사의 내용에 영향을 끼쳤다.

1920년대 말에서 30년대 초에 중앙연구원 사회과학연구소 부소장을 역임하던 陳翰笙은 일련의 대규모 농촌조사를 수행하였다. 조사의 중점 지역은 북방의 保定 농촌, 장강 유역의 無錫 농촌과 珠江 유역의 廣東 농촌이었다.[24] 1932년과 33년에 陳翰笙은 농촌부흥위원회의 명의로 하남, 섬서, 강소, 절강성의 농촌경제상황에 대해 조사를 진행하였다. 1933년에 하남, 산동, 안휘의 연초 생산지역을 조사하였다. 1934년에는 광동, 광서의 농촌경제조사를 진행하였다. 1940년에는 운남 西雙版納에서 傣族의 토지제도를 조사하였다. 陳翰笙이 薛暮橋·馮和法과 함께 펴낸『해방 전의 중국농촌』3책은 展望출판사에서 출판되었다.[25]

1930년대에 중국의 사회학적 조사의 중점은 농촌경제 방면으로 옮겨졌다. 학자들은 조사를 통해 중국 농촌사회를 인식하여 중국을 개조하는 방법을 찾으려고 시도하였다.[26] 1930, 40년대에 중국 농촌과 농민문제 연구의 첫 번째 고조기를 형성했다. 이러한 연구 열풍 속에는 두 개의 연구방법이 존재했다. 한쪽은 학술상에서 중국 농촌과 농민 문제를 연구하고 농촌과 농민 문제를 해결하기 위하여 思路를 제

23) 黃興濤·夏明方 主編, 같은 책, 21쪽(「中央常會通過之社會調査綱要」, 『統計月報』 第1卷 第7期, 1929年 9月, 立法院統計處 刊行).

24) 範偉達·王竟·範冰 編著, 같은 책, 90쪽.

25) 陈翰笙 等 编『解放前的中国农村』, 第一辑, 北京: 中国展望出版社, 1985; 陈翰笙 等 编『解放前的中国农村』, 第二辑, 北京: 中国展望出版社, 1987; 陈翰笙 等 编『解放前的中国农村』, 第三辑, 北京: 中国展望出版社, 1989.

26) 範偉達·王竟·範冰 編著, 같은 책, 62쪽.

공하였다. 이 조류는 페이샤오퉁을 대표로 했다. 다른 한쪽은 나라와 국민을 구하려는 정치적 필요에서 출발하여 농촌과 농민 문제를 연구하였는데, 그들은 毛澤東과 梁漱溟을 대표로 했다.[27]

농촌개량운동 또는 향촌건설운동은 청말의 '村治' 및 '오사'운동 후의 '新村'과 '평민교육'에까지 거슬러 올라갈 수 있다. 그중 규모가 최대이고, 시간이 가장 길고, 투입된 인력이 가장 많으며, 종합적인 개량을 추진한 것에는 먼저 梁漱溟이 산동에서 했던 향촌건설연구원의 鄒平 실험縣과 중화교육촉진회의 晏陽初・李景漢이 주도한 허베이 定縣 실험縣을 들 수 있다. 그 다음은 우시 장쑤성립 교육학원인데, 이 학원은 특별히 인재의 배양을 중시하여 민족・문화의 개조에서 출발하여 중국 농촌에 착안하고 힘써 향촌건설을 제창하였다.[28]

李景漢의 『定縣社會槪況調査』는 당시 중국 사회조사의 최고수준을 대표했다. 그것은 縣을 단위로 한 사회조사의 대표작이라고 할 수 있다. 책 전체는 17장으로 구성되어, 각각 지리환경・역사・정부기구・인구・교육・건강과 위생・농민생활・향촌오락・풍습습관・신앙・賦稅・재정・농업・공상업・농촌借貸・災荒・兵災 등 17개 방면에서 定縣의 기본 사회개황에 대해 전면적으로 그려 냈는데, 언급된 면이 매우 넓고 자료도 극히 풍부하여, 당시 학술계에서는 그것을 중국 농촌생활의 백과전서라고 일컬었다.[29]

費孝通의 농촌조사 저작에는 『江村經齊』, 『中國農民的生活』(Peasant's Life in China, 1939), 『雲南三村』(1945)과 『鄕土中國』(Earthbound China,

---

27) 範偉達・王竟・範冰 編著, 같은 책, 98쪽.
28) 範偉達・王竟・範冰 編著, 같은 책, 62~63쪽.
29) 範偉達・王竟・範冰 編著, 같은 책, 63쪽.

1948) 등이 있다. 페이샤오통이 중국 농촌에 대해서 처음으로 비교적 깊이 있게 한 미시적 조사는 장수 타이후(太湖) 부근의 開弦弓村에서 진행한 것이다. 이를 통해 펴낸 책은 변화하고 있는 향촌경제의 동력과 문제를 설명한다. 『雲南三村』은 페이샤오통이 '내지 농촌'에서 찾은 江村과는 상이한 유형이다. 『鄕土中國』은 페이샤오통이 농촌사회의 기초 위에서 중국 전통사회구조와 기본 관념을 해부하고 '향촌사회'의 유형을 구성하려고 한 것이다. 수차례의 농촌조사에서 페이샤오통은 구중국이 전형적인 '향촌사회'이고 농후한 향토의 특징을 가지고 있다는 점을 발견했다. 그는 중국 전통문화를 '五穀文化'라고 일컬었다. 오곡문화의 특징은 대대로 정주한다는 점이다. 페이샤오통은 1936년 여름에서 2002년 9월까지 26차례나 江村을 방문하였다.[30]

　　토지 문제에 대한 조사에서 빼놓을 수 없는 인물이 마오쩌둥이다. 마오는 1927년 3월에 『中國佃農生活擧例』를 출간했다. 1927년 1월 4일에서 2월 5일까지, 마오쩌둥은 700여 킬로미터를 움직이면서 후난성 5개 현의 농민운동을 고찰했다. 『호남농민운동고찰보고서』를 중공중앙에 썼다. 마오는 1930년 5월에 『조사공작』을 썼다. 이 글을 1964년 『모택동저작선독』(갑종본)에 넣을 때 마오는 이 글의 제목을 『교조주의에 반대함[反對本本主義]』으로 바꿨다. 여기에서 그는 "조사가 없으면 발언권도 없다"는 논단을 제기했다. 마오는 1941년 9월 13일 또 "농촌조사에 관하여"라는 강화를 발표하여 조사연구의 중요성과 장기적으로 조사연구를 견지해야 할 필요성을 강조했다. 1949년 3월 13일 마오는 "당위원회의 공작 방법"에서 당위원회는 반드시 "가

---

30) 範偉達・王竟・範冰 編著, 같은 책, 79〜81쪽.

습에 '數'가 있다"는 사상을 가져야 한다고 제기했다. 상황과 문제에 대해서는 반드시 그 수량 측면에 주의해야 하며 기본적인 수량의 분석이 있어야 한다고 했다.[31]

토지개혁운동은 사회조사의 역사이기도 하다. 중국공산당은 1930년대 초의 토지혁명전쟁 시기에 장시 소비에트 구역에서 농촌조사를 실시했다. 두 번째로는 항일전쟁 시기에 옌안 정풍운동 과정에서 농촌조사를 실시했다. 張天聞은 옌안 정풍운동 시기인 1942년 1월부터 이듬해 3월 초까지 陝北과 晉西北의 농촌조사 연구를 진행하였다. 그 결과를 『出發歸來記』로 정리하였다. 세 번째로는 1960년대 사회주의 건설 시기에 조사활동을 진행했다.[32]

張聞天의 조사활동에 대해서는 특별히 주목할 필요가 있다. 이에 대해서는 기존의 체계적인 연구시도 있다.[33] 張聞天 조사단의 조사는 중국공산당의 延安정풍운동의 배경하에서 진행된 것이다. 1년 2개월에 걸쳐 조사한 지역은 陝北 神府縣의 8개 자연촌, 米脂縣의 楊家溝村, 米脂縣의 城內 경제, 綏德市 상업 및 晉西北 興縣 14개 자연촌에 미쳤다. 張聞天은 1942년 1월 26일에 9인으로 구성된 조사단을 거느리고 延安 楊家岭에서 출발하여 이듬해 3월 3일에 延安으로 돌아왔다. 조사의 중점은 섬북진서북 근거지 구역의 농촌 생산력과 생산관계였고, 그 목적은 중국공산당이 농촌사회경제 정책, 항전 정책을 수립하는 근거를 마련하는 것이었다.[34] 당시 산서성의 농촌에서는 사

---

31) 範偉達・王竟・範冰 編著, 같은 책, 112쪽.
32) 範偉達・王竟・範冰 編著, 같은 책, 115쪽.
33) 岳謙厚・張瑋 著, 앞의 책, 2010.
34) 岳謙厚・張瑋 著, 앞의 책, 1∼2쪽.

원 소유의 토지가 상대적으로 많았고 대체로 토지 소유의 균등화가 진행되고 있었다.

아직 발견되지 않은 자료들을 제외하고, 남아 있는 자료들은 『張聞天晉陝調査文集』으로 수합되어 1994년에 中共黨史出版社에서 출간되었다. 이들 자료는 중국, 일본, 미국의 여러 연구에서 주요 자료로 활용되었다. 수백만 자에 달하는 이들 조사자료는 20세기 삼사십 년대 중국 중서부 결합대 또는 晉陝 농촌사회경제 변화의 가장 중요한 역사자료의 하나이다. 지역적 범위로 보아, 이들 자료들은 동일 시기의 중국 사회학계의 화북 농촌조사 또는 일본 만철조사부의 화북농촌관행조사에서 얻은 자료에 대한 중요한 보충 자료라고 하겠다.[35]

국민당 지역의 조사와 연구가 민간 조사기관도 포함되어 있었기 때문에 보다 다양한 측면에 주목했다면, 중국공산당의 이번 조사는 정책적 필요와 긴밀하게 관련된 것이라고 할 수 있다. 중국공산당은 내전 시기인 1948년부터 토지개혁을 진행하였다. 중국공산당은 1946~1947년 사이에 '復査'와 '墳平' 운동을 벌였다. 토지개혁에 대한 어떤 동요, 위축, 방관, 심지어 방해도 용납할 수 없다고 선언하였다. 중공중앙은 1947년 10월 10일에 "토지법大綱"을 반포하고, 위에서 아래로 과격한 토지개혁을 근거지에서 광범위하게 전개하였다.[36]

농촌 기층 권력구조의 조정과 향촌재정 정돈을 진행하는 것은 토지개혁의 연속 운동이자 토지개혁의 최후의 일보였다. 중국공산당은 기존의 기층조직을 폐기하고 빈농단을 핵심으로 하는 농회로 기존의 지부서기, 촌장, 농회(舊)주임, 武委會 주임과 治安員의 오위일체의

---

35) 岳謙厚·張瑋 著, 앞의 책, 5쪽.
36) 範偉達·王竟·範冰 編著, 같은 책, 132쪽.

향촌기층정권을 대체하였다.[37]

토지개혁 후의 향촌기층권력구조는 종전의 촌민대회와 촌민대표회와 비교하여 상당히 큰 변화가 발생하였다. 원래 근거지의 기층정권은 농민들의 매년 선거를 통해 나왔는데, 토지개혁운동이 낳은 빈농단을 핵심으로 하는 농민대표회는 공작대와 빈고농 적극분자의 대표였다. 현실적으로 촌정부, 당지부와 민병이 삼위일체를 이루는 기층권력핵심을 형성하였다.

결과적으로 보면, 민국 시기 농촌조사는 향촌 건설과 토지개혁을 뒷받침하는 학술작업이었다. 이 점은 농민이 압도적 다수를 차지하고 농촌의 비중이 높은 중국 현실에서 이해할 만한 사실이라고 할 수 있다. 문제는 방대하고 자세하게 진행된 향촌조사의 범주와 항목이라고 할 수 있다. 당시에 향촌조사의 범주와 항목을 보면 토지관계와 농촌 계급 관계에 대한 비중이 높다고 볼 수 있다. 이런 점을 구체적으로 점검해 볼 필요가 있다.

Ⅲ. 향촌조직 조사와 연구의 주제와 내용

1. 향촌조직 조사의 내용과 의도

앞서 살펴보았듯이, 1920~30년대에 중국에서는 농촌경제조사 열풍이 일어났다. 이러한 현상은 1920년 이후 중국에서 농업경제학이

---

37) 範偉達·王竟·範冰 編著, 같은 책, 133쪽.

발흥하여 발전한 것과도 연관된 것이었다. 농업경제학은 사회학·인류학의 수용, 농촌문제의 심화와 함께 농촌경제조사를 뒷받침한 학문 분과였다. 변정학 내지 변강학은 변경 소수민족 조사를 뒷받침한 학문 분과였다.[38] 조사 주체는 대학, 연구기관, 정구기관 및 각 당파 사회단체 등을 포함하며, 조사 횟수는 9천여 차에 달한다고 헤아린 이가 있다.[39] 이렇게 상당히 많은 조사가 이루어졌는데 조사의 범주와 항목에 대한 분석은 아직 충분하지 않다고 생각된다.

조사의 범주와 항목의 문제는 명·청 시기 이래 연속성과 단절성을 함께 갖는 것이었다. 예컨대 "향촌통치제도는 당대(當代)의 국가권력 성격과 향촌 사회구조를 파악하는 관건으로 주목을 받고 있으며, 명·청 시대 향촌통치의 근간을 이루었던 이갑제·이노인제·향약·보갑제에 대해서도 적지 않은 연구가 이루어져 왔다." 1517년 "왕수인이 시행한 향약·보갑제는 주효하여 소요를 진압하고 향촌질서를 안정시키는 데 성공을 거두자" 그들 제도가 주목을 끌었다. 이런 배경에서 "명 중기 이후 향촌사회 변화에 대응하여 새로운 향촌질서 안정책으로 등장한 향약·보갑제는 제도적인 발전"을[40] 이룩하였다. 명칭과 조직 원리에 변화가 있을지라도, 이러한 측면은 민국 시기와 중화인민공화국 시기에도 마찬가지일 것이다.

아무튼 1930년대 중국경제사 논전은 물론이고 '향촌건설'론도 사실 당시의 조사연구에 힘입은 바가 컸다. 전문적인 농촌경제조사는 金陵大學 농학원 농업경제과의 조사가 최초이다. 이 중 버크(J. L.

---

38) 黃興濤·夏明方 主編, 같은 책, 230쪽.
39) 黃興濤·夏明方 主編, 같은 책, 191쪽.
40) 송정수, 「향촌조직」, 오금성 외, 『명청시대 사회경제사』, 이산, 2007, 93쪽, 104쪽, 107쪽.

Buck) 교수가 두 차례 주도한 대규모 농촌경제조사는 영향이 가장 컸다. 이 두 차례 조사는 모두 태평양국제학회 중국분회 및 미국 록펠러 기금회의 거액의 지원비로 진행되었다. 첫 번째 조사는 1921~1925년으로 모두 7성 17개 지역 2,866개 田場을 조사했다. 조사 성과『중국농가경제』는 1930년 미국에서 출판되었고, 1936년에 중문본으로 번역되었다. 이 조사는 농장의 경영, 소작제도, 농촌부업, 토지분배, 농민생활, 농촌인구 등을 상세하게 탐구한 것이다.[41]

두 번째 조사는 1928~1933년으로 다뤄진 면적이 더욱 넓어 22성 168개 지구 16,786개 田場 38,256개 農戶에 미쳤다. 조사 성과『중국토지이용』은 1937년에 미국에서 출판되었고, 1941년에 중문본이 나왔다. 이 조사는 농가의 토지이용, 작물생산, 농산무역, 농산물가, 농업환경, 농촌인구, 농가경제 등에 대해 상세하게 조사하였디.[42] 이들 조사는 중국역사상 과학적인 방법을 운용하여 진행한 근대적인 의미의 첫 번째 대규모 농업조사였다.

농촌경제조사 측면에서 燕京大學도 중요한 공헌을 하였다. 1922년 여름, 자선조직 華洋義賑會는 燕京大學 농촌경제과 교수 테일러(J. B. Taylor)와 말론(C. B. Malone)에게 北平 9개 대학의 61명의 학생을 조직하여 直隸·江蘇·安徽·山東·浙江省 등의 240村을 나누어 조사하라고 요청했다. 이 조사는 縣·村 및 가정 3가지 문제의 조사표를 채용하여 농민의 생활에 치중하였다. 조사 성과『중국농촌경제의 조사』는 1924년에 華洋義賑會에서 간행하였다.

또 1926년에는 燕京大學 사회학과는 사회조사방법課를 증설하고

---

41) 黃興濤·夏明方 主編, 같은 책, 194쪽.
42) 黃興濤·夏明方 主編, 같은 책, 195쪽.

당시 중화교육문화기금董事長 사회조사부에서 일하던 李景漢에게 강의를 요청하였다. 이때부터 1940년까지 사회학과의 교수와 학생들은 대량의 농촌경제조사를 수행하였다. 1930년대 전후에 농촌경제조사에 나서는 대학이 점차 많아졌다. 많은 조사가 학위논문의 형식으로 보존되었다.

민국 시기에 농촌경제조사를 수행한 대학 외에 또 연구단체들이 조사에 종사하였다. 베이징의 陶孟和・李景漢이 주도하는 중화교육문화기금회동사회 사회조사부(后에 사회조사소로 바뀜), 난징의 陳翰笙이 주도하는 국립중앙연구원 사회과학연구소 사회학組가 있었다. 이들은 농촌사회경제조사의 발전에 큰 역할을 하였다. 이들 기관의 활동으로 1926~1937년까지 10여 년 동안의 농촌경제조사는 대단히 활발했고 조사 성과도 풍부했고 수준이 높은 많은 조사보고서를 냈다.[43]

향촌건설파가 수행한 농촌경제조사도 당시 상황의 산물이었다. 1920년대 중후기에 농촌경제의 쇠락에 따라 '향촌건설', '농촌부흥' 등의 용어가 비등했다. 사회 각계는 개량의 방식으로 농촌을 구제하는 목적에 이르고자 하였다. 이러한 움직임은 1930년대에 전성기를 구가했는데 각종 실험 구역이나 실험점은 1,000여 개에 달하였다. 그들은 먼저 교육, 촌행정, 촌민자위, 합작사, 縣政에서 착수하였고, 이후에 새로운 과학기술을 보급하고 좋은 품종을 확대하는 것으로 발전하여, 과학구국의 길을 가고자 했다.[44]

조사와 관련하여 주목할 만한 조직은 평민교육과 村治운동에 힘을 기울이는 평교회(평민교육촉진회)였다. 1928년 6월, 조사 역량을 강화

---

43) 黃興濤・夏明方 主編, 같은 책, 199쪽.
44) 黃興濤・夏明方 主編, 같은 책, 203쪽.

하기 위해 平敎會는 통계조사부를 설치하였다. 그들은 李景漢을 초빙하여 조사부 주임으로 삼고, '縣 단위를 실험대상으로 삼는' 계획에 근거하여 조사범위를 원래의 62村을 全縣의 모든 城鄕으로 확대하기로 결정하였다. 1929년에 平敎會기관은 北平에서 定縣으로 옮겼고 조사활동도 대규모로 진행되었다. 이러한 조사활동은 1936년까지 지속적으로 진행되었다.[45]

定縣 조사활동의 단계는 먼저 현 전체의 개황 조사에서 시작하였다. 여기에는 定縣의 역사, 지리, 인구, 정부, 村治, 교육, 풍속, 오락, 위생 등 내용이 포함되었다. 그 다음에는 다시 농업, 공업, 상업, 조직, 지도자, 심리 등 여러 측면의 정황에 미쳤다. 조사의 중점은 전체 실험활동의 계획과 중점의 변화에 따라 변화하였고 조정되었다.[46]

平敎會는 사회조사 활동을 계속하는 동시에, 1932년부터 定縣 사회조사총서를 편찬하기 시작하였다. 조사재료와 보고서들 중에서 특히 李景漢이 펴낸『定縣社會槪況調査』와 張世文이 펴낸『定縣農村工業調査』가 가장 중요하며 영향력도 컸다. 『定縣社會槪況調査』는 중국인이 최초로 서구 사회학의 방법과 기술로 진행한 縣을 단위로 하는 체계적인 실지조사연구 저작이다.[47] 2005년부터 중국인민대학 청사연구소가 시작한『民國時期社會調査叢編』은 주로 사회조사파가 수집한 자료들이다.

정부기관이 거행한 농촌경제조사는 중앙연구원의 설립 이후 활발하게 진행되었다. 민국 초년에 농상부에서 농상통계표를 작성하였지

---

45) 黃興濤·夏明方 主編, 같은 책, 204쪽.
46) 黃興濤·夏明方 主編, 같은 책, 205쪽.
47) 黃興濤·夏明方 主編, 같은 책, 206쪽.

만, 정확한 근거를 결여하고 있었다. 이러한 상황은 국민정부 수립 이후에 달라졌다. 국민정부 수립 후에 농업조사 통계를 담당하는 기관은 입법원 통계처가 되었다. 1933년 국민당정부 행정원은 농촌부흥위원회를 설립하였는데, 이 회의 종지는 행정원을 위해 농촌정책이 근거하는 참고자료를 만드는 것이었다. 그들의 농촌조사는 비교적 넓었다. 우선 절강, 강소, 섬서, 하남 등 4개 성의 농촌정황에 대해 조사를 진행하였다. 이 활동에 참여한 사람에는 중앙연구원 사회과학소의 王寅生·張錫昌 등이 있었고, 陳翰笙은 전체 설계에 참여하였으며, 孫曉村은 조사를 책임졌다. 조사의 범위는 농촌 토지 분배와 정치 개황이었고, 조사의 중점은 토지소유제 문제였다.[48]

국민당이 벌인 또 하나의 중요한 조사는 토지위원회가 진행한 전국토지조사이다. 국민정부는 난징을 수도로 정한 후 입법원에서 토지법을 제정하여 1930년 6월 30일에 공포하였다. 몇 차례의 회의를 통해 준비하여, 1934년 8월 2일 토지위원회를 설립하였다. 위원회는 986명의 조사원을 훈련시키고 500여 명의 연구원을 선발하는 등 전체 3천여 명 규모의 인력을 운용하였다. 조사방법은 조사원을 파견하여 조사하는 것이었다. 조사지역은 모두 22省이었고, 그중 보편조사는 10성이었다. 보편조사는 전체 성의 모든 현에서 1/5의 현을 조사하고, 이 1/5현에서 전체 현의 농호의 1/5을 조사하는 것이었다. 조사기간은 원래 6개월로 정해졌으나, 1935년 7월 말에야 완료되었다. 分省 보고와 分項 보고는 12월 15일, 25일에 완성되었다. 편찬된 보고서는 모두 40종이었다.[49]

---

48) 黃興濤·夏明方 主編, 같은 책, 208쪽.
49) 黃興濤·夏明方 主編, 같은 책, 209~211쪽.

후에 중국공산당 비밀당원이라고 알려진 陳翰笙이 이끈 농촌조사는 계급분석의 방법으로 조사를 진행하였고, 현장을 답사하는 방법으로 믿을 수 있는 자료를 만들어 냈다. 그는 또 1933년 500여 명의 회원을 가진 '중국농촌경제연구회'를 발기하였다. 동시에 『중국농촌』월간을 창간하여 薛暮橋가 책임편집을 담당하였다. 한 연구원이 여러 기관과 집단에 걸쳐 있다는 점도 주목할 수 있을 것이다.

중국공산당도 해방구나 근거지에서 농촌경제조사를 수행하였다. 1927년 북벌전쟁 시기에서 1934년 마오쩌둥이 중앙소비에트구역을 떠날 때까지 직접 조사를 하였다. 농촌에서 대량의 자료를 수집하였다. 1927년 봄에 그는 후난 성 5개 현의 농민운동 상황에 대해 32일간의 조사를 하여 "후난 농민운동 고찰 보고"를 썼다. 이후에도 간헐적으로 조사가 이뤄졌고, 특히 토지개혁 시기에는 대량의 조사자료를 남겼다.

농촌경제조사는 조사의 내용과 범위에 따라 개황조사와 주제별 조사로 나눌 수 있다. 개황조사는 종합조사나 보편조사라고 부를 수 있는데 주로 조사대상의 기본 상황을 둘러싸고 진행하였다. 주제별 조사는 어떤 문제를 둘러싸고 진행하였다. 구체적으로 농촌경제의 경우 농산, 집시, 양식 등에 대해 조사하였다. 민국 시기의 농촌경제조사는 개황조사든 주제별 조사든 내용이 모두 매우 풍부하고 상세하였다. 개황조사의 주요 내용은 일반적으로 인구, 토지, 농기구, 작물, 農本, 생활비용, 소작제도, 고용제도, 대부제도, 田賦稅收, 농산유통, 농촌조직 등을 포함하였다. 구체적으로는 조사마다 차이가 있었다. 개황조사를 통해 어떤 농촌경제의 일반 정황에 대해 명료하게 이해할 수 있다.[50)

민국 시기 농촌경제조사 중의 주제는 매우 많다. 그것은 대체로 농장경영, 농지개황, 農佃관계, 고용제도, 농촌금융, 부세, 수공업, 농산무역, 향촌도시화, 집시와 물산조사 등으로 나눌 수 있다. 각 주제에 대한 조사 내용은 매우 상세하고 구체적이다. 향촌조직에 대한 조사와 연구는 다른 주제들에 비해 소략한 편이었고 대개 개황조사 수준으로 진행하였다.[51)

앞서 살펴보았듯이, 농촌경제조사는 학리연구를 위한 것과 개량의 근거를 위한 것으로 나눌 수 있다. 전자는 전문 연구에 속하고 보편조사가 아니다. 후자는 농촌사회에 관계있는 중요 요소를 기록하였다. 민국 시기의 농촌경제조사는 학리연구에서 응용연구까지 개량의 근거를 삼는 발전과정을 거쳤다. 조사 초기에는 기본적으로 학리연구였다. 거쉬에푸 교수의 지도학생의 조사에는 농촌 개량의 건의가 없었다. 그러나 그 후 농촌문제의 부각에 따라 누구든 농촌이 직면한 문제와 대응조치에 대해 대답하지 않을 수 없었다. 조사 수행을 개량의 근거로 삼은 가장 대표적인 조사에는 定縣 조사가 있다. 조사 담당자들은 자신들의 조사가 조사를 위한 조사가 아니라 사회 실제 생활을 개선하고 사회문제를 해결하고자 하는 것이라고 인식하였다.[52)

燕京大學 사회학과 劉育仁의 통계에 의하면, 1927년에서 1935년까지 9년 동안 중국의 대소 규모의 조사보고는 모두 9,027개인데, 9천여 개의 조사보고 중에 1,739개가 전국적인 것이고, 나머지 7,288개는 지방적인 것이다. 이러한 조사가 진행된 것은 인력과 기술, 경비의 문제

---

50) 黃興濤·夏明方 主編, 같은 책, 214~215쪽.

51) 黃興濤·夏明方 主編, 같은 책, 216쪽.

52) 黃興濤·夏明方 主編, 같은 책, 219쪽.

도 있었고, 농촌의 현지 사정이 각기 달랐기 때문이었다. 또한 사회학
자들이 향촌 지역사회[社區]를 기본적인 연구 구역으로 보았기 때문
이기도 하였다. 李景漢은 현 단위로 향촌조사를 진행하는 것이 당시
에 가장 필요하다고 했다. '참새는 작지만 오장육부를 다 갖추고 있다'
고 했을 때 縣이 바로 참새였다고 할 수 있다.[53] 조사의 범위는 충분
히 넓었지만, 조사의 항목이나 깊이는 충분하지 않았다고 생각된다.

향촌조사 항목에 관한 자료집은 『民國叢書』와 『民國史料叢刊』, 그
리고 『民國時期社會調查叢編』 등에 기본적으로 정리되어 참고할 수
있다.[54] 이 글에서는 구체적인 분석보다는 개괄적인 정리와 현황 파
악, 또한 조사의 이유와 목적, 조사 효과의 이해에 기본적인 관심을
두고 있기 때문에, 이들 자료의 현황과 특성에 대해 지적하고자 한다.
이런 점에서 대체직인 조사 내용과 그에 대한 조사 시기 전후의 연구
와 이후의 연구 내용을 보면, 앞서 지적했듯이 대체로 조사항목들에
는 향촌조직에 대한 범주와 항목 설정이 미약하거나 생략된 경향이
강했다. 이것은 향촌의 과학적 조사에 의해 새로운 향촌 건설을 도모
하는 향촌조사와 향촌건설운동 추진자들이 향촌 자체의 자발성과 자

---

53) 黃興濤·夏明方 主編, 같은 책, 226쪽.

54) ① 『民國叢書 4編』(1992), 『民國叢書 4編』, 社會科學總類/孫本文 主編 上海: 上海書店, 1992(v.10~v.18).
② 『民国史料丛刊』(2009), 『民国史料丛刊, 680~691, 748~761』, 社会·农村社会[专著]/张研, 孙燕
京 主编 郑州: 大象出版社, 2009. ③ 『民国时期社会调查丛编』(2005)은 李文海 책임편집으로 2004
년에서 2005년에 출판되었다. 모두 10권 12책으로 글자 수는 1,000만 자이다. 『民国时期社会调查丛编,
乡村社会卷[专著]/李文海 主编 福州: 福建教育出版社, 2005(이 책은 『社会调查–沈家行实况』, 『黄
土北店村社会调查』, 『辽宁县淳化镇乡村社会之研究』, 『皖北农村社会经济实况』 등 民国时期 乡村社
会와 유관한 调查报告 14篇을 수록함) ④ 『民国时期社会调查丛编(二编)』(2009)은 『民國時期社會調
查叢編(二)』 모두 12책으로 글자 수는 2,500만 자이다. 250여 종의 조사문헌을 실었다. 『民国时期社会
调查丛编(二编)』, 乡村经济卷[专著]/李文海 主编 福州: 福建教育出版社, 2009(이 책은 모두 65篇의
民国时期 乡村经济와 유관한 调查报告를 수록함. 내용은 农村经济实况 等 一般经济状况调查 및 农
业과 农场经营, 手工业 农产贸易과 集市, 农村金融 土地关系 등 专项 调查报告를 포함함). 『民国时
期社会调查丛编(二编)』, 乡村社会卷[专著]/李文海 主编 福州: 福建教育出版社, 2009(이 책은 모두
26篇의 民国时期 乡村社会生活과 유관한 调查报告를 수록함. 내용은 北平市四郊农村调查, 南阳农村
社会调查报告, 兰溪农村调查 등 等을 포함함).

생력에는 부차적인 관심을 기울였다는 것을 의미할 것이다. 이것은 당시 향촌조사 기획자들과 조사자들이 향촌조직과 같은 객관적 내용 또는 농촌의 조직적 역량보다는 기능주의적 분석방법으로 파악되는 개별 양태들이나 계급분석 방법으로 드러나는 농촌사회의 균열과 사회관계에 대한 해명을 선호했기 때문으로 보인다. 한편으로 토지개혁 등 현실적인 개혁 필요에 따라 조사가 전개되었기 때문이기도 할 것이다.

2. 일본 측의 '중국농촌관행조사'와의 비교

일본 제국은 중국에 대해 광범위한 조사를 진행하였다. 중국 각지의 일본인 상업회의소, 대만은행과 일본은행, 만철조사부, 동아연구소, 興亞院, 靑島守備軍 등 제국 일본의 중국연구기관 중에서도 규모가 큰 것은 만철조사부였다. 1907년 만철조사부가 설립되어 중국의 정치경제정보를 조사하기 시작하였다. 정규적인 농촌조사는 1930년대 초기에 시작되어 1944년까지 진행되었다. 조사 범위는 주로 동베이, 화베이와 화둥 여러 지역이었다. 조사원들은 패전 전후에 원시자료를 일본으로 가지고 가서 1952~1958년에 도쿄에서『중국농촌관행조사』6권을 출판하였다. 1935년에서 1942년까지의 조사는 대부분 허베이의 북부에 집중되어 30인이 나가 16개 현 24개 촌의 자료를 수집하였다. 조사범위는 토지관계, 고용관계, 농작물, 조세수입, 대부 및 농민의 수입과 지출, 무역, 수리, 종족 등 측면이었다. 조사방법은 직접 농민을 찾아가서 대화하고 그것을 상세하게 114부의 보고서로 정리하였다.[55]『중국농촌관행조사』는 질문응답록의 형식으로 진행되었다.

『중국농촌관행조사』에도 많은 한계가 지적되고 있는데, 1990년부터 대조사부에서 조사했던 지역을 다시 조사하는 학술프로젝트가 진행되기도 하여 여전히 상당한 연구가 진행되어 왔다. 우치야마 마사오도 그 연구 당사자 중의 하나였다. 우치야마는 1940년대 초 농촌관행조사에서도 일본점령군의 권력을 배경으로 하여 조사가 진행되었지만, 1990년대의 조사에서도 縣과 村의 간부가 농가 방문에 동행하였다는 점을 지적하고 있다.[56] 이 점은 1940년대 초반이나 1990년대 초반이나 모두 외국인 연구자가 진행하는 농촌조사의 한계를 보여주고 있다고 할 수 있을 것이다.

제국 일본에서 진행한 조사의 또 하나의 사례는 일본 東亞同文書院의 조사였다. 興亞院은 일본 정부가 1938년 12월 제1차 近衛 내각 시기에 대중국 징책을 일원화하기 위하여 설치했고 1942년 11월 大東亞省의 설립으로 인해 폐지되었다. 흥아원은 도쿄의 본원 외에 베이징과 상하이 등 중국 각지에 연락부 4개와 출장소 1개로 구성되었다. 흥아원 기능 중에는 조사기능도 있었는데, 그것은 중국조사기관 중에서도 특이하게 총리대신을 총재로 하여 省廳과 같은 권한을 가지는 국가기관이었다. 그것은 또한 중일전쟁 개전 이래 침략전쟁 수행을 위한 기구였다.[57] 흥아원은 중국공업조사, 중요 국방자원조사, 종교단체 등 사회조사를 진행했다. 또한 흥아원은 중국의 현지실정을 정탐하기 위해 여행을 빙자하여 1907년에서 1944년까지 37년 동안 700여 가닥의 노선으로 5,000여 명이 참가한 대여행 조사를 진행하였

---

55) 黃興濤・夏明方 主編, 같은 책, 213쪽.

56) 內山雅生, 앞의 책, 2009, 53쪽.

57) 本庄比佐子・內山雅生・久保亨, 『興亞院と戰時中國調査』, 東京: 岩波書店, 2002, 5쪽.

다. 이 조사는 주로 학교에서 경비를 제공하고 노선을 안배하고 조사 방법을 지도하였다. 학생들은 스스로 조직하여 여행의 방식으로 중국 대륙 지역의 정치, 경제, 풍속에 대해 체계적인 실지 자료 수집을 진행하고 '大旅行志'의 방식으로 보고하였다.[58]

일본 측의 중국실태조사도 중국 측의 사회조사와 마찬가지로 정치와 권력의 맥락 속에 있었다고 할 수 있다. 이 중에서 대표적인 일본 측 조사연구는 역시 '중국농촌관행조사'였다고 할 수 있다. 일본 측 연구자들은 나중에 '순학문적인' 조사와 연구를 진행했다는 입장을 보이기도 했지만, 조사의 배경은 전쟁 수행이었고, 자료의 성격은 정치적 배경과 무관할 수는 없었다. 이 점은 당시 중국과 일본의 조사연구의 공통점이라고 할 수 있을 것이다.

또 일본인 연구자는 민국 시기에 철도가 정비되어 교통이 통하고 잡세가 정리되어 사회 발전의 기미가 보이는 것을 '부활의 서광'이라고 표현했다. 또 중일전쟁으로 일본 측 점령기구들이 들어선 것을 두고 '약진의 서광'이 비친다고 표현했다.[59] 어둠과 빛의 대비는 일본 측 연구자나 중국 측 연구자나 유사한 양상을 보이고 있었다. 중국 연구자가 작성한 글에는 다음과 같은 지적이 보인다. "외국의 식량은 자본주의적 성격을 가지고 있다. …한마디로 시장을 위한 생산인 것이다. 이에 반해 중국의 식량은 다분히 봉건적인 색채를 띠고 있다. 즉 생산, 저장, 판매에 있어 어떠한 조직도 없이 농민들이 독자적으로 잉여식량을 시장에 내다 파는 수준인 것이다."[60] 여기서 '자본주의적

---

58) 黃興濤·夏明方 主編, 같은 책, 214쪽.

59) 인천대학교인문학연구소중점연구사업단 편, 『近代 中國의 穀物 流通 慣行 資料集』, 인천: 인천대학교출판부, 2010, 5쪽, 81쪽.

60) 인천대학교 인문학연구소 중점연구사업단 편, 같은 책, 188쪽.

성격'과 '봉건적인 색채'가 대비되고 있다.

중국학계의 조사연구와 일본 쪽의 조사연구에 대한 비교연구는 아직까지는 충분하지 않다고 생각된다. 이 글에서는 개략적으로 몇 가지 사항을 지적하였다. 기존 연구에서는 중화민국 정부기구와 민간기구의 사회조사, 중국공산당이 진행한 조사 등이 보완적인 성격을 갖는다는 점이 지적되었다. 이 점은 충분히 인정할 수 있을 것이다. 이 글에서는 충분히 확인하지는 못했으나, 서로 간의 영향관계에도 주목할 필요가 있을 것이다. 1930~1940년대의 사회조사, 특히 이 글의 주된 관심사인 향촌조직조사는 당시에 독립된 항목으로 충분한 조사가 이루어진 것은 아니었으나, 부분적으로는 각 조사에서 상당한 조사가 있었다는 점을 확인하였다. 중화민국 정부와 민간 조사기관의 조사연구는 상당한 수준을 과시하고 있었다. 당시 일본 측의 조사연구는 상당히 높은 조사능력과 경험을 가지고 있었으나, 외국 연구자로서의 한계도 동시에 갖고 있었다는 점을 지적할 수 있다.

Ⅳ. 맺음말

앞서 살펴보았듯이, 민국 시기 중국사회의 사회조사는 1930년대에 전성기를 맞았다. 당시 일본학계가 진행한 중국 실태조사와 연구는 제국 일본의 점령지 정책 수립과 식민지 관리의 측면이 크게 작용하고 있었다. 그러나 과학적 조사 자체는 중국이나 일본학계가 공통적으로 표방하는 것이었다. 중국학계의 사회조사는 유럽, 미국, 일본 학

계의 자극을 받아 시작되었다. 1930년대에 오면 조사관점과 방법에서
도 차이를 보이는 조류들이 형성되었다. 사실의 발굴에 집중하는 사
회조사파와 연구를 겸하려고 하는 지역사회[社區]연구파, 토지개혁과
혁명사업을 전제로 한 유물주의조사연구파 등이 그 조류들이다.

중국학계의 사회조사는 도시와 농촌 모두에 대해 광범위하게 진행
하였으나, 특히 향촌조사는 가장 중요한 조사항목의 반열에서 뺄 수
없는 항목이었다. 그것은 농민이 인구의 압도적 다수를 차지하고 토
지 문제가 중국의 가장 중요한 사회경제적 모순이었다는 점에 기인
한다. 이것은 현재 중국에서 개혁개방 이후의 농촌의 변화상을 조사
하는 경향과는 다른 당시의 시대 상황에 부응하는 조사연구였다. 그
렇기 때문에 조사 범주와 항목에서 계급관계나 토지소유관계 따위는
매우 세밀하고 자세한 면이 있었다.

그러나 향촌조직은 조사범주와 항목에서 계급과 토지 문제만큼 비
중이 크지는 않았다. 이 점은 주목해 볼 만하다고 생각된다. 향촌조직
은 국가권력의 하위요소로 작용할 수도 있고 국가권력에 대항하는
요소로 작용할 수도 있다. 과도기성이 있는 민국 시기의 향촌조직은
보갑제가 보이지만, 중화인민공화국 시기에는 촌위원회 등 위원회가
있을 뿐이다. 또한 개혁개방 시기에 향촌의 보건위생조직에 대한 연
구는 대단히 많이 등장한다. 이 점은 위생권력의 작용을 보여 주는
동시에 향촌조직에서 상당한 영향력을 갖는 요소라고 할 수 있을 것
이다. 향촌조직의 성분과 구성도 사회 변화의 양상을 보여 주는 중요
한 요소라고 할 수 있다.

중국학계에는 지난 10년 동안 사회조사 방법론에 대한 연구가 부
쩍 많이 나오고 민국 시기의 방대한 사회조사 자료집이 발간되어 당

시의 사회조사 내용이 재발견되었다. 이것은 중국적 사회주의 건설을 표방한 현재의 중국정부가 중국현황을 조사하려는 의지를 강하게 갖고 있었던 점도 큰 역할을 했을 것이다. 그리고 중국학계에서 자료집을 편찬한 경험이 축적되어 사회조사 방법론이 새롭게 재구성되는 측면과 아울러 중국사회의 지속과 변화를 조망하려는 중국사회의 욕구도 크게 작용하였을 것으로 판단된다. 이 글에서는 글의 성격상 이러한 점을 충분히 규명할 수 있을 만큼 깊이 있는 분석을 진행하지는 못했다. 중국학계의 자료집 편찬 현황에 대해서는 지속적인 관심이 필요할 것으로 판단된다.

제3장

중국 근대 면업사(綿業史)의 연구동향과 쟁점

김지환

Ⅰ. 서론
Ⅱ. 중국 근대 면업사(綿業史)의 연구동향
Ⅲ. 중국 면업사(綿業史)와 재화방(在華紡)의 연구
Ⅳ. 결론

Ⅰ. 서론

　中國近代綿業史의 연구는 中國 近代의 社會性格問題와 밀접한 관계를 가지고 전개되어 왔다. 半封建·半植民地의 개념은 바로 중국 민족방적업(民族紡)과 재중국 일본인방적업(在華紡-이하 在華紡으로 약칭)으로 대체되었으며, 이에 따라 면업사의 연구도 자연히 民族紡의 封建的 性格과 在華紡의 帝國主義的 性格을 해명하는 데 중점이 두어져 왔다.

　그러나 근래 中國社會性格問題에 관한 연구가 진행되고 기존의 半封建·半植民地論에 대한 반성이 제기되면서 中國近代經濟史의 연구에서도 자연히 1949년 이전, 특히 中日戰爭 이전 中國經濟의 終局的인 到達點에 관한 연구가 진행되고 있다. 이러한 과정에서 1930년대 중반 이후 工業, 農業, 商業, 質易, 金融 등 경제 전반의 발전지표가 검증되고 이를 가져온 기반으로서 國民政府의 經濟建設政策에 대해서도 기존의 부정적이었던 '公式的 見解'가 수정되기도 하였다.

綿業이 중국경제 일반에서 차지하는 절대적 비중에 비추어 볼 때[1] 工業生産과 農業, 流通, 심지어는 勞動運動에 이르기까지 수많은 개별 연구의 영역들이 綿業史의 연구로부터 자유로울 수는 없을 것이다. 다시 말해 중국근대면업사의 연구는 경제 전반 및 정책의 수립, 그리고 이에 대한 歷史的 評價 등 중국근대경제사의 연구를 위한 주요한 단서를 제공하고 있다.

특히 근래 南京國民政府에 대한 연구가 활발히 이루어지고 있는 가운데, 중국 근대면업사의 연구는 國民政府의 經濟建設에 대한 評價와 밀접한 연관성을 지니고 전개되고 있다.[2] 이러한 가운데 綿業은 정책이 갖는 성격과 이에 대한 歷史的 評價를 위한 구체적인 단서를 제공하고 있다고 생각된다.

이와 같은 긍정적인 측면에도 불구하고 기존의 研究成果에서는 면업사의 研究 範疇가 지나치게 축소되어 풍부한 면업사의 서술을 저해하여 왔던 것도 사실이다. 중국에서는 新中國의 성립 이후 民族紡의 연구에만 시종 집착하여 外國資本에 대한 연구는 사실상 큰 성과를 거두고 있지 못한 형편이다. 현재 南京第二歷史檔案館에서 外國資本에 관한 史料가 원칙적으로 公開되고 있지 못한 상황으로부터도 1949년 이후 면업사 연구의 大綱을 짐작하고 남음이 있을 것이다. 더

---

* 본 논문은『중국현대사연구』, 제6호(1998. 12)에 게재된 논문을 수정한 것이다.

1) 1933년 현재 中國 綿業이 전체 工業에서 차지하는 비중을 살펴보면 다음과 같다. 工場數는 총 2,435공장 가운데 821공장, 資本額은 총 406,872(천 원) 가운데 166,828(천 원)로 41%, 勞動者數는 총 500,233인 가운데 308,678인으로 61.7%, 製品 販賣額은 총 1,113,974(천 원) 가운데 483,585(천 원)로 43.4%에 달하였다. 岡部利良,『舊中國の紡績勞動硏究』, 九州大學出版會, 1992, 3쪽.

2) 여기에 관해서는 陳慈玉,「近代工鑛業史的硏究」,『六十年來的中國近代史硏究』下, 中央硏究院近代史硏究所, 1989, 菊池敏夫,「南京政府時期中國綿業のをめぐって」,『歷史學硏究』, 549, 1985. 12, 金丸裕一,「民國期鑛工業史硏究をめぐって」,『近きに在りて』, 26, 1994. 11, 金丸裕一,「工業史」,『日本の中華民國史硏究』, 1995. 9, 奧村哲,「抗日戰爭前中國工業の硏究をめぐって」,『東洋史硏究』, 35-2, 1976. 9. 등 참조.

욱이 在華紡에 대한 연구는 예외 없이 半封建·半植民地論의 통설에 의거하고 있다고 해도 과언이 아니다.

따라서 기존 중국 면업사의 偏狹性을 극복하기 위해서는 民族紡의 연구로부터 在華紡, 그리고 민족방의 존립 근거라 할 수 있는 手工業, 나아가 輸入 綿製品 市場의 構造와 이를 독점했던 日本 紡績業에까지 연구의 범주를 확대하지 않으면 안 될 것이다. 본고에서는 中國近代綿業史의 기존 연구를 소개하고 최근의 硏究動向과 爭點을 간단히 분석해 보고자 한다.

Ⅱ. 중국 근대 면업사(綿業史)의 연구동향

주지하다시피 國民政府의 經濟建設에 대한 논쟁은 해방 전 矢內原忠雄과 大上末廣의 統一化 論爭까지 소급되는 뿌리 깊은 것이나, 중국 혁명의 승리 이후 毛澤東, 陳伯達의 4大家族 經濟獨占 및 買辦的 官僚資本主義論이 공인되게 되었다.[3] 이에 따라 중국경제에서 최대의 비중을 차지하고 있던 면업사의 연구도 자연히 外國資本과 民族資本의 대립으로 서술되게 되었으며, 후자는 전자 및 官僚資本의 지배와 침식에 의해 필연적으로 몰락하는 쇠퇴의 노정에 들어서게 되는 것이다. 이러한 도식에서 본다면 1949년 中華人民共和國의 성립은 民族工業을 압박하고 있던 모순적 경제관계를 일소한 시발점이 될 것이다.

---

3) 陳伯達, 『中國四大家族』, 1946, 許滌新, 『官僚資本論』, 海燕書店, 1947, 吳承明, 『中國資本主義發達史』, 1·2卷, 人民出版社, 1985·1990 등을 대표적으로 들 수 있다.

그러나 中嶋太一, 메릭세도프, 奥村哲 등이 이러한 관점을 비판하면서 국민정부의 경제건설에 대한 새로운 분석시각을 제시하였다. 이러한 과정에서 국민정부의 경제건설에 대한 구체적인 평가자료로서 중국 최대의 공업이었던 면업이 주목받게 되었다. 이와 같이 中國綿業史의 歷史的 評價는 자연히 中國近代經濟史의 研究觀點 및 評價와 맥락을 같이하게 되었던 것이다.

근래 중국근대면업사의 논쟁은 한마디로 '衰退論'과 '發展論'의 문제로 요약할 수 있다. 전자의 주요한 내용은 중국 면업의 封建性을 자본의 부족, 경영의 불량, 노동생산성의 저급함 등을 통해 해명함으로써 중국 근대 면업의 발전방향을 衰退論으로 규정하는 것이다. 대표적인 연구자로는 1949년 이전의 方顯廷과 1949년 이후의 嚴中平, 島一郎 등을 들 수 있다.

한편 이들과는 반대로 중국 면업의 발전을 평가하고 發展의 根據로서 綿業政策을 적극적으로 평가하는 의견이 대두되었는데, 이것이 바로 후자의 發展論이라고 할 수 있다. 대표적으로 대만의 趙岡과 일본의 久保亨, 富澤芳亞, 미국의 부시(Bush) 등의 연구를 들 수 있다.

1. 衰退論-半封建·半植民地論

먼저 新中國 성립 이전에 중국 면업사의 연구를 간단히 살펴보면, 대표적으로 方顯廷, 名和統一, 宇佐美誠次郎 등의 성과를 들 수 있다.

方顯廷은 중국 면업의 發展方向을 쇠퇴와 정체로 규정하고 민족방적업의 資本不足, 經營의 不良, 勞動生産性의 低級性 등과 함께 수입면제품과 재화방의 압박을 쇠퇴의 주요한 원인으로 지적하였다. 따라

서 쇠퇴의 경제적 원인을 제거하기 이전에 半封建·半植民地的 상태
의 해소를 발전의 불가결한 요소로 지적하였다.4)

名和統一은 綿業統制委員會를 중심으로 한 國民政府의 綿業政策
이 중국 방적업의 발전을 가져와 결국 外國企業과의 마찰을 불가피
한 것으로 전망하였다.5)

宇佐美誠次郞도 마찬가지로 중일 대결의 구도하에서 中國紡績業
의 질적 발전의 한계가 노정된 결과 중일 양국의 정치적 충돌의 불가
피성을 조망하였다.6)

이와 같은 전전의 연구는 半封建·半植民地論에 경도된 전후 연구
의 偏狹性을 극복하는 좋은 전망을 가지고 있으면서도 기본적으로
위로부터의 분석에 한정되어 정책 결정 과정에서의 內部的 構造에까
지는 언급하지 못하였다.

1949년 이후의 연구로는, 먼저 中國에서의 대표적인 연구성과라
할 수 있는 嚴中平의 『中國棉紡織史稿』(科學出版社, 1955)를 들 수 있
다. 여기서 嚴中平은 恐慌 이래 재화방과 민족방을 대비시켜 在華紡
의 발전과 民族紡의 쇠퇴를 논증하였다. 다시 말해 1930년대 공황의
충격은 오로지 민족방에만 가해졌으며 재화방은 시종 번영을 유지하
거나 적어도 쇠퇴하지는 않았다는 것이다. 民族紡이 쇠퇴한 이유로는
9·18事變으로 인한 東北市場의 상실, 공황에 의한 農村市場의 購買
力 박탈, 民族紡의 經營惡化와 操業短縮, 倒産 등을 들었다. 더욱이
銀行資本에 의한 産業資本의 침식은 바로 민족방적업이 쇠퇴, 몰락하

---

4) 方顯廷 『中國之綿紡織業』, 國立編譯館, 1934, 373~379쪽.

5) 名和統一, 「中支における紡績業と棉花」, 『東亞經濟研究』, 1, 有斐閣, 1941, 52~63쪽.

6) 宇佐美誠次郞, 「支那における紡績業の發達と外國資本」, 『東亞共榮圈と纖維産業』, 文理書院, 1941, 152쪽.

는 과정이었음을 논증하였다. 이러한 관점은 바로 1930년대 中國 綿業의 衰退論을 대표하는 논리라 할 수 있다.

이와 같은 쇠퇴론의 또 다른 전형으로 島一郎의 연구를 들 수 있는데, 그의 논점은 『中國民族工業の展開』(ミネルブァ書房, 1978)에 잘 나타나 있다. 그는 여기서 민족방적업이 쇠퇴한 근본적인 이유를 반봉건·반식민지적 상황의 제약으로 설명하였다. 島一郎은 이를 해명하기 위한 구체적인 자료로서 민족방적업의 자본 부족과 상대적으로 과대한 經營規模, 機械設備의 不備, 勞動能率의 열악성 등과 綿製品市場의 半封建性 등을 예로 들었다.

이상의 제 관점은 陳伯達의 논리와 다분히 상통하는 내용으로, 중국에서의 연구는 대체로 이러한 관점을 현재까지도 유지하고 있다. 즉 民族紡의 몰락과 在華紡의 일방적인 발전을 중국의 사회성격이라는 큰 틀 속에서 설명하고, 각론에서는 資本, 生産費, 技術, 設備 등의 격차를 들어 이를 입증하는 것이다. 더욱이 중국 방적업의 몰락을 결정적으로 만든 것은 바로 중국의 半植民地的 상황과 함께 銀行資本의 통제와 침식이었음을 논증하고 있다.[7]

2. 衰退論에서 發展論으로

한편 이러한 쇠퇴론과는 반대로 중국 면업의 發展과 綿業政策을 긍정적으로 평가하는 발전론의 주요한 내용은 다음과 같이 크게 몇 가지로 나누어 살펴볼 수 있다.

---

7 王方中, 「1927~1937年間的中國民族工業」, 『近代史硏究』, 60期, 1990. 6, 189~190쪽 및 「1930~1937年間中國手工棉織業的衰落」, 『復印報刊資料-經濟史』, 1982. 1, 97~105쪽 참조.

첫 번째, 기존의 쇠퇴론에서 강조해 왔던 중국 면업의 封建的 性格을 검증하고 비판함으로써 민족방적업의 內部에서 발전의 요인을 도출하는 것이다. 이를 통해 중국 면업의 쇠퇴론을 부정하고 민족방 자체의 合理的인 經營과 能動的인 發展의 모습을 도출하는 것이다.

趙岡은 『中國綿業史』(聯經出版事業公司, 1977)에서 공황 이후 계속된 중국 民族紡의 操業短縮, 倒産 등 현상을 분석하고 이를 중국 면업의 쇠퇴과정이 아니라 오히려 再編過程으로 파악함으로써 기존의 쇠퇴론에 일격을 가하였다. 즉 이러한 가운데에서도 건실한 기업은 부단히 확충을 계속하였으며 그렇지 못한 공장은 倒産의 위기가 불가피했다고 설명함으로써 이 시기를 오히려 민족공업의 체질을 강화시키는 再編過程으로 파악하고 있음을 알 수 있다.

중국 면업의 발전과 재편과정으로서의 성격을 입증하기 위해 菊池敏夫는 民族紡의 쇠퇴를 일률적으로 규정할 수 없다고 하면서, 구체적으로 1920년대 永安紡織印染公司 등의 개별 사례를 통해 발전의 가설을 논증하였다.[8] 久保亨도 민족 방적업의 地域的, 經營的 多樣性을 제시함으로써[9] 民族紡績業 전체가 一律的으로 쇠퇴한 것이 아님을 증명하였다.

이렇게 볼 때 공황 이후 민족방의 곤경은 쇠퇴기의 현상이 아니라 오히려 발전을 위한 체질 강화기에 나타난 불가피한 현상이라고 설명할 수 있을 것이다. 따라서 이러한 논리에서 본다면 1930년대도 嚴中平 등의 衰退論에서 말하는 민족방의 일률적인 쇠퇴는 적용될 수 없는 것이며, 오히려 再編, 整理期를 통한 불황의 탈피기로 규정할 수

---

8 菊池敏夫, 「中國資本紡績業の企業と經營」, 『近きに在りて』, 13, 1988. 5, 22~32쪽.

9 久保亨, 「近代中國綿業の地帶構造と經營類型」, 『土地制度史學』, 113, 1986. 10.

있을 것이다. 이러한 평가는 1936년이 되면 중국 면업이 불황에서 탈출하여 새로운 擴張과 跳躍의 기회를 갖게 되는 指標로부터도 입증될 수 있을 것이다.

중국 방적업은 자본별을 불문하고 1935년경부터 景氣回復의 징조가 나타나기 시작하여, 1936년 가을이 되면 중국 방적업의 고질적인 병폐였던 '綿貴絲賤'이 解消되면서 면업 전반에 걸쳐 好況局面이 출현하였다. 더욱이 불황의 탈출과 호황국면의 도래는 적어도 中日戰爭 직전까지 지속되었다.

두 번째는 기존의 衰退論에서 민족방 자체의 封建性과 함께 쇠퇴의 주요한 원인으로 지적된 買辦 官僚資本과 外國資本의 간섭과 침탈이라는 外壓決定論에도 반론이 제기되었다. 그런데 여기서 買辦, 官僚資本이 民族紡의 경영에 개입함으로써 면업의 순조로운 발전을 저해하고 쇠퇴, 몰락을 초래하였다는 논리에 대한 반론도 다시 크게 두 가지로 나누어 볼 수 있다.

첫 번째는 민족방적자본가들의 영향력을 강조하는 입장이다. 國民政府는 재정 부족으로 말미암아 綿業統制政策을 제대로 시행하지 못하였으며 이에 따라 방적자본 측은 상대적으로 獨自性을 유지하면서 정책의 결정 과정에서 자신의 이해를 관철시켰다는 내용이다.

歐美의 중국근대면업사 연구를 대표하는 부시(Bush)는 *The Politics of Cotton Textile in Kuomintang China 1927~1937(Garland Publishing, 1982)*에서 이러한 점에 착안하여 국민정부의 정책 결정 과정에서 방적자본 측은 비교적 獨自性을 유지하면서 자신의 경제적 이해를 적극적으로 관철시켰음을 지적하였다. 국민정부는 군사우선정책으로 인한 자금 부족 때문에 綿業統制政策을 제대로 시행하지 못했으며, 자연히 방적

자본 측은 獨自性을 가지고 政策 立案의 과정에 참여하였음을 지적하였다. 이러한 면에서 방적자본의 同業組織이었던 華商紗廠聯合會의 활동을 높이 평가하였다.

이 밖에 富澤芳亞도 1934년도 統稅改訂의 立案過程에서 민족방적자본가의 影響力을 검증함으로써 정책결정과정에 대한 민족방적자본가들의 영향력과 주도성을 높이 평가하였으며,[10] 부시와 飯塚靖은 南京國民政府 수립 이후 최대 규모인 綿麥借款의 도입 자체를 민족방적자본 측의 주도와 요구의 산물로서 설명하였다.[11]

기존의 정책 분석이 위로부터의 분석에 한정되었다고 한다면 부시의 연구는 정책의 立案過程에서 아래로부터의 적극적인 참여가 실재했음을 시사하는 것으로 주목된다고 하겠다. 1949년 이전의 연구가 수로 中日 綿業資本의 對立이라는 구도하에서 면업정책의 施行主體에 지나치게 집착하거나 過大評價를 낳게 되어 상대적으로 면업자본가의 獨自性과 役割에는 거의 주의하지 못했다고 할 수 있는데, 이러한 결점을 보충하는 것이 바로 부시 등의 연구라 할 수 있다.

이와 같이 정책결정의 과정에서 民族資本家들의 影響力과 主導性을 강조하게 된다면, 면업 측의 이해를 반영한 정책이 민족방의 쇠퇴와 몰락을 가져온 근본 원인으로 설명될 수는 없을 것이다.

두 번째는 國民政府의 綿業政策과 銀行資本의 겸병을 민족방의 쇠

---

10) 富澤芳亞, 「國民政府期中國における綿絲統稅改訂問題と日中紡織資本」, 『アジア經濟』, 36-5, 1995. 5.

11) Bush, The Politics of Cotton Textile in Kuomintang China 1927~1937, Garland Publishing, 1982, p.213 및 飯塚靖, 「南京政府の原綿政策に關する覺書」, 『中國國民政府史の研究』, 汲古書院, 1986. 12, 440쪽. 그러나 綿麥借款에 대한 부시나 飯塚靖의 주장은 민족자본가의 주도성을 전제로 하면서도 이를 입증하는 과정에서는 오히려 면업사적 분석을 결여함으로써 차관 도입의 과정에서 國民政府의 주도성을 간과하고 있다고 생각된다. 이에 대한 자세한 내용은 金志煥, 「棉麥借款과 在華紡」, 『東洋史學研究』, 58, 1997. 4. 참조.

퇴로 연결시키는 논리는 官僚資本이 封建的·買辦的이라는 통설을 전제로 성립된 것이므로 엄밀한 실증적 작업이 결여된 것이라는 인식에서 출발한다. 따라서 吉田宏一은 鳥一郎 등의 쇠퇴론이 가지고 있는 논리적 문제점에 대해 "民族紡의 紡錘, 織機 보유량이 공황 기간 동안 증가하고 있음에도 불구하고 재화방의 增加率에 미치지 못한다고 하여 이를 쇠퇴기로 규정할 수는 없으며, 보다 엄밀한 실증적 작업이 뒤따라야 할 것"[12]이라고 논박하였다.

富澤芳亞는 銀行資本의 産業資本에 대한 침탈과 이로 인한 민족방 적업의 붕괴라는 도식에 대하여 반론을 제기하였다. 구체적인 실례로서 그는 中國銀行을 비롯한 銀行團이 大生紗廠의 경영에 개입함으로써 經營이 개선되고 발전된 사실을 지적하였다.[13]

이상의 두 가지 논점은 綿業政策과 紡績業의 經營에 대한 國家 權力의 개입이 민족방적업의 쇠퇴와 몰락을 초래하였다는 기존의 가설을 부정하는 것이다. 그런데 양자의 접근 방법에는 근본적인 상이점이 있다. 먼저 전자는 쇠퇴론을 부정하고 중국방적업의 발전을 논증하는 근거로서 정책 결정 과정에 대한 民族紡의 影響力을 들었으며, 國民政府는 財政不足으로 말미암아 민족방을 '침식'할만한 능력도 가지고 있지 못하였다고 설명하고 있는 셈이다.

반면 후자는 民族紡의 발전 자체가 國民政府의 정책 실시의 결과임을 논증한 것이다. 따라서 이러한 두 가지 관점은 바로 中國近代經濟史의 핵심적인 문제 가운데 하나인 國民政府의 經濟政策에 대한 평가와 밀접한 연관을 가지고 있음을 알 수 있다.

---

12 吉田宏一, 「中國民族工業の展開書評」, 『史林』, 62-3, 1979, 151쪽.
13 富澤芳亞, 「銀行團接管期の大生第一紡織公司」, 『史學研究』, 204, 1994. 6.

Ⅲ. 중국 면업사(綿業史)와 재화방(在華紡)의 연구

1. 在華紡의 연구

1930년대 중국 면업계가 적어도 民族紡과 在華紡에 의해 대등하게 분할되어 있었고[14] 민족방의 성쇠가 재화방 및 日本의 綿業政策과 밀접하게 연계되어 있었던 이상[15] 중국 면업정책과 면업사의 연구도 당연히 이와 같은 全體的 構圖 속에서 진행되지 않으면 안 될 것이다. 그럼에도 불구하고 중국에서는 新中國의 성립 이후 외국자본에 관한 연구가 큰 성과를 거두지 못하였으며, 이에 따라 재화방의 연구도 주로 日本 學界의 주도 속에서 이루어져 왔던 것도 사실이다.

더욱이 재화방의 연구도 마찬가지로 半封建·半植民地論에 입각하여 진행되어 왔으며 특히 日本 資本主義의 構造와 帝國主義的 侵略性과의 연관성을 해명하기 위한 자료를 제공하여 왔다. 요컨대 재화방은 一次大戰 기간의 紡績獨占體의 성립을 전제로 한 過剩 資本의 排出口로서 성립된 것이다.[16] 따라서 大紡績會社를 배경으로 성립된 재화방은 막대한 자본을 배경으로 경영상 일방적인 發展을 이

---

14) 1931년 현재 재화방이 중국 방적업에서 차지하는 비중은 紡錘에서는 1,715,792錘로 전체의 40%, 직기에서는 15,983臺로 전체의 44%를 차지하고 있다. 嚴中平, 『中國棉紡織史稿』, 科學出版社, 1957 부록 表2 참조.

15) 중국 민족방적업에서 생산되는 면제품은 중국 면제품시장에서 일정한 需要에 대한 분할의 구도를 엄격히 준수하면서 생산되었기 때문에 在華紡에서 생산된 면제품이나 輸入 綿製品에서 변화가 발생한다면 바로 民族紡에 영향을 미칠 수밖에 없는 것이다. 金志煥, 「1920年代中國機械製綿布의 發展과 農村手織業의 變化」, 『中國學論叢』, 6輯, 1992, 131~189쪽 참조.

16) 結績獨占體는 一次大戰을 획기로 확립되는데 獨占資本의 확립은 다음의 몇 가지 요소로 검증할 수 있다. 먼저 해당 부문에서의 生産 集中인데, 구체적으로는 上位 企業에의 生産 集中度이며 獨占組織(카르텔)의 성립, 그리고 이를 전제로 한 獨占利潤의 형성이 그것이다. 뿐만 아니라 日本의 경우는 선진자본주의의 존재를 참작하여 對外自立＝國內市場의 掌握이 獨占資本 確立의 전제조건으로 거론하고 있다. 高村直助, 「獨占資本主義の確立と中小企業」, 『岩波講座日本歷史』, 18, 岩波書店, 1975, p.57.

록하였으며, 재화방의 제국주의적 침탈로 말미암아 민족방은 일률적으로 쇠퇴하지 않을 수 없었다는 것이다.

이러한 논리 속에서 帝國主義와 民族主義의 대립 모순은 바로 在華紡과 民族紡의 대립으로 대체되었으며 재화방은 민족방의 쇠퇴와 몰락을 가져온 주체로서 日本 帝國主義와 밀접한 內的 連關性을 가지게된다는 내용이다. 이와 같이 재화방의 연구는 다름 아닌 중국 면업의 衰退論, 發展論의 연장선상에서 진행되어 왔음을 알 수 있다.[17)

그러나 재화방 자체에 대한 엄밀한 분석 없이는 중국 면업사의 연구와 평가도 불완전할 수밖에 없으며, 재화방의 성격을 명확히 규명하는 일은 중국 면업의 衰退, 發展을 논하기 이전에 선행적으로 검토되지 않으면 안 되는 불가결한 작업이라고 생각된다.

기존의 연구에서는 재화방과 일본 방적업의 紡合關係에 대하여 지나치게 낙관적으로 統一性과 同質性만을 강조해 왔다고 생각된다. 이러한 논리는 1949년 이전부터 '在華防은 日本 紡績業의 別動隊',[18) '재화방은 日本 紡績資本의 外地에서의 支柱'[19)라는 논점의 연장이라고 할 수 있다.

특히 재화방은 資本系統에서 大紡績會社와 긴밀한 연계를 가지고

---

17) 이에 대한 연구로 高村直助, 『近代日本綿業の中國』, 東京大學出版會, 1982를 비롯하여 四川博史, 『日本帝國主義と綿業』, ミネルヴア書房, 1989年,1 木村隆俊, 「在華紡の一考察」, 『論說資料』, 31, 4分冊上과 淸川雪彦, 「中國纖維機械工業の發展と在華紡の意義」, 『經濟硏究』, 34卷 1號, 一橋大學經濟硏究所, 1983, 桑原哲也, 「在華紡績の生成」, 『經濟經營論叢』, 16卷 3號, 1981, 楊天益, 「中國における日本紡績業(在華紡)と民族紡との相克」, 『日中關係と文化摩擦』, 1982, 泉武夫 「日本紡績資本の中國市場進出に關する一考察」, 『專修經濟學論集』, 7卷 1號(通卷12號), 1972, 中村隆英, 「5,30事件と在華紡」, 『近代中國硏究』, 6, 東京大學出版會, 1954, 久保亨, 「靑島における中國紡−在華紡間の競爭と協調」, 『社會經濟史學』, 56卷 5號, 1990, 竹本晃, 「在華紡の發展とその背景」, 『六甲臺論集』, 24卷 2號, 1977 등이 있다.

18) 岡部利良, 『在支紡績業の發展とその基礎』, 東洋經濟新報社, 1937, 1쪽.

19) 樋口弘, 『日本の對支投資』, 慶應書房, 1940, 36쪽.

있었기 때문에 재화방의 일방적 발전은 당연한 것으로 받아들여졌다. 世界恐慌, 9・18事變, 1・28事變, 盧溝橋事件 등으로 인한 민족방의 끊임없는 休業, 倒産에도 불구하고 재화방은 日本 大紡績會社의 재정적 지원과 일본 정부와 군사 당국에 의한 政治・軍事的 뒷받침을 통해 전혀 타격을 받지 않았으며 오히려 지속적인 발전을 이룩하였다는 설명으로[20] 民族紡績衰退論의 전형이라고 할 수 있다.

이와 같이 재화방과 일본 방적업과의 紡合關係를 강조할 때 양자의 同質性과 統一性에 대한 기대의 필연적 귀결점이 바로 生産分業體制라고 할 수 있다. 생산분업체제란 在華紡을 日本 紡績業의 別動隊로 전제한 위에서 일본방적업이 高番手, 高級品의 생산으로 이행하면서 종래의 低番手 면사의 생산을 재화방에 위탁하는 分業體制를 가리키는 것이다.[21] 이렇게 본다면 새화방은 일본 빙적업의 새로운 生産體制 구축을 위한 再編過程의 일환[22]으로서, 더욱이 世界市場 進出의 橋頭堡的 役割[23]로서 규정할 수 있을 것이다.

그런데 여기서 유의할 것은 生産分業體制가 단순히 生産製品의 差別性과 결과적 분할만을 의미하는 것이 아니라 일본 방적업의 獨占形成을 통한 재화방의 성립을 전제로 의식적이고 일체적인 협조를 전제로 생성된 의미 있는 생산분업체제를 가리키는 것이다. 그러나 이러한 연구는 지나치게 包括的이어서 면업 내부의 多樣性을 제대로 반영하지 못하고 있는 실정이다.

---

20) 竹本晃, 「在華紡の 發展とその背景」, 『六甲臺論集』, 24-2, 1977, 57쪽.
21) 泉武夫, 「日本紡績資本の中國市場進出に關する一考察」, 『專修經濟學論叢』, 7-1, 1972, 108~111쪽.
22) 西川博史, 『日本帝國主義と綿業』, ミネルブア書房, 1989, 217~221쪽.
23) 위의 책, 242쪽.

이러한 현상을 극복하기 위해서는 民族紡을 포함한 在華紡, 日本紡績業 사이의 시장분할과 변화, 양자 간의 결속력 등이 엄밀하게 분석되지 않으면 안 될 것이다. 이를 통해 生産分業體制가 어떻게 인식되었고 실제 시장에서 어떻게 구현되었는지를 살펴봐야 할 것이다. 그리고 이러한 과정에서 자연스럽게 재화방의 성격도 드러나게 되리라 생각된다.

2. 發展論의 動力으로서 在華紡

근래 중국 면업사에서 發展論이 대두되면서 발전론의 動力으로서 재화방을 주목하는 새로운 연구가 제시되고 있다. 이는 민족방의 一律的인 衰退論을 부정하는 근거로서 日本 紡績業과 在華紡의 역할을 긍정적으로 살펴보는 것이다.

森時彦은 一次大戰을 계기로 나타난 중국 방적업의 '黃金時期'의 원인을 國際市場으로부터 격리된 중국 棉花의 價格에서 구하였다. 또한 제품시장에서의 在華紡과 民族紡의 分割的 共存을 실증하였다.[24] 이러한 연구는 민족방의 쇠퇴를 外壓決定論에서 찾는 논리를 부정하는 것이며 在華紡의 民族紡에 대한 억압이라는 단순한 이미지에 대한 수정을 제기하는 것이다.

久保亨은 在華紡과 民族紡 간의 利益率이 기존에 19.7% : 7.8%[25]로 기록되었던 통계상의 오류를 지적하고 적어도 공황의 회복기에 접어든 1936년의 시점에서 양자의 利益率 사이에는 큰 격차가 존재하지 않았으며, 재화방과 민족방 양자 간의 관계가 결코 전자의 압도

---

24) 森時彦, 『五四時期の民族紡績業』, 同朋舍, 1983.

25) 嚴中平 編, 『中國近代經濟史統計資料選輯』, 科學出版社, 1955, 168쪽.

적 우위로만 설명할 수 없다[26]고 지적함으로써 民族紡의 地域的, 經營的 多樣性을 제시하였다.

더욱이 久保亨은 종래 민족방적 기업에 대한 일률적인 停滯論을 부정하는 발전의 예로서 華新紗廠을 들었다. 구보형은 민족방적업 가운데 화신사창이 발전할 수 있었던 이유는 선진적인 재화방의 경영을 모방하였기 때문이며, 더욱이 재화방과의 相互 緊張關係가 결여되었더라면 생산과 경영에서 질적 발전을 확보할 수 없었을 것이라 지적하였다. 그러한 예로서 기타 지역에 위치한 華新紗廠 分廠의 발전이 미흡함을 지적하였다.[27]

이러한 시각은 기존 民族紡의 一律的인 衰退論을 극복하는 수단으로 이들의 순기능을 강조하는 것이며, 중국경제의 발전과정에서 外國資本에 대한 評價와도 밀접한 연관성을 가지고 있음을 알 수 있다.[28] 그러나 이러한 연구의 문제점도 역시 재화방과 일본 방적업 간의 內的 連繫性에 대한 엄밀한 추적을 忽視하여 전전의 관점을 그대로 답습함으로써 양자의 同質性을 기본적인 전제로 하고 있어 다분히 日本紡績業의 侵略性을 경시하고 있음을 알 수 있다. 이렇게 본다면 이와 같은 관점은 한편으로는 기존의 停滯論을 극복하기 위한 방편으로서 在華紡의 順機能을 강조하려는 近代化論의 變形으로 파악할 수 있는 여지를 남기고 있다고 할 수 있다.

---

26) 久保亨은 이를 1936년의 경우 17.6% : 11.0%로 수정하였다. 久保亨, 「中國資本紡の利益率に關する史料の補正と考察」, 『近代中國研究彙報』, 12, 東洋文庫, 1990, 29쪽.

27) 久保亨, 「靑島における中國紡-在華紡間の競爭と協調」, 『社會經濟史學』, 56-5, 1990.

28) 여기에 대한 대표적인 연구로는 Chiming Hou, *Foreign Investment and Economic Development in China*, Harvard Univ. 1965, Robert F. Demberger, The Role of the Foreigner in China's Economy in Historical Perspectiue, *China's Economy in Historical Perspective*, Stanford Univ. 1975, 張仲禮 編 『英美烟公司在華企業資料彙編』, 中華書局, 1983 등을 들 수 있다.

3. 在華紡의 性格

名和統一은 재화방의 資本系統을 설명하면서 紡績連合會의 大紡績資本과 在華紡의 밀접한 연관성을 강조한 바 있다.[29] 그러나 紡績連合會 내부에서도 大資本과 中小資本의 갈등이 격렬하였음을 상기할 때 이러한 공통성은 대자본으로 제한될 것으로 생각되며, 더욱이 在華紡을 모두 日本의 大紡績資本의 연장으로 보아서는 곤란할 것으로 생각된다.

근래 기존의 연구에서 당연시되어 왔던 재화방의 일방적인 발전의 이미지에 반성이 제기되고 在華紡의 多樣性과 獨自性을 지적하고 실증하는 연구가 나오고 있다.

竹本晃은 재화방의 資本規模를 세 유형으로 나누어 자본 규모가 큰 기업 그룹은 1914~1937년 전 기간을 통해 극히 고수준의 안정적 利益率, 蓄積率을 기록하였으나, 자본 규모가 비교적 작은 회사는 저수준의 불안정한 이익률을 기록하였다[30]고 지적하여 재화방의 다양성을 언급하였다.

泉武夫는 在華紡의 중국 진출에 관하여 華北地域과 上海地域의 차별성을 제기하였다. 즉 華北의 靑島 및 天津의 경우 日本 軍國主義의 군사적 침략이 선행한 이후 재화방의 발전이 이루어지는 형태임에 대하여 上海의 경우는 비교적 自由競爭을 이념으로 삼았다. 따라서 전자의 경우 軍國主義의 발동과 불가분의 관계를 가지고 있었음에 비하여 후자는 '自由貿易帝國主義的 性格'으로 규정할 수 있지 않을

---

29) 名和統一,「支那における紡績業と棉花」,『東亞經濟硏究』, 有斐閣, 1941. 3. 53쪽.

30) 竹本晃,「在華紡の發展とその背景」,『六甲臺論集』, 24-2, 1977. 57쪽.

까[31]라는 문제를 제기하였다.

더욱이 泉武夫는 日本 紡績業과 在華紡의 單線的 連紡에 이의를 제기하면서, 3대 방적회사 이외에도 많은 방적자본이 在華紡에 투자하고 있음을 지적하였으며, 高村直助는 一次大戰을 경계로 이전까지 在華紡의 중심은 商社系列이었으며 大戰 이후의 중심은 紡績資本이었다고 지적하였다.[32] 이를 통해 종래 名和統一 등이 제기한 일본의 大紡績會社와 在華紡의 단선적 연결에 의문을 제기하고, 在華紡의 多樣性에 대한 연구의 여지를 제공하였다.

富澤芳亞도 南京 國民政府가 統稅를 立案하는 과정에서 나타난 일본 방적업과 在華紡 사이의 市場競爭과 알력을 제기하였으며,[33] 中國 및 國際綿製品市場을 둘러싸고 전개된 양자의 치열한 市場競爭도 지적됨으로써[34] 기존 연구에서 당연시되어 온 양자 간의 生産分業體制에 대한 의문이 제기되었다.

高村直助는 재화방의 성격을 '經濟主義的'이라고 규정하고, 이러한 예로서 在華紡績同業會가 일본이 군사력을 발동하여 中國의 內政에 간섭하는 것에 단호히 반대의 입장을 표명하였음을 지적하였다.[35] 이러한 在華紡의 성향에 따라 기존 재화방의 발전을 보증한 중대한 기반으로서 설명되었던 日本 軍事當局의 정치, 군사적 백업이라는 이미지의 재고가 불가피하게 되었다.

---

31) 泉武夫, 「近代日本綿業と中國書評」, 『土地制度史學』, 103, 1984, 1984. 4, 68쪽.

32) 高村直助, 『近代日本綿業と中國』, 東京大學出版會, 1982, 116쪽.

33) 예를 들면 統稅의 적용에서 輸入線絲를 제외하려는 방침에 대해 재화방은 일본 방적업의 면제품에 대한 경쟁력의 저하를 주요한 이유로 이에 적극적으로 반대하였다. 富澤芳亞, 「綿絲統稅の導入をめぐる日中紡織資本」, 『史學研究』, 193, 1991.

34) 金志煥, 「日印會商과 在華紡」, 『日本歷史研究』, 第7輯, 1998. 4.

35) 高村直助, 『近代日本綿業と中國』, 東京大學出版會, 1982, 156쪽.

그러나 이러한 연구는 아직 문제를 제기하는 수준에 그치고 있으며, 高村直助를 비롯한 문제의 제기자들도 기본적으로는 양자의 同質性을 전제로 하고 있음에 유의해야 할 것이다. 그러나 이러한 한계에도 불구하고 이와 같은 일련의 연구는 在華紡의 多樣性에 관한 가능성을 제기하고 있다고 생각된다. 물론 재화방의 다양성과 차별성을 이러한 지역적 차이로 대별하는 것은 또 다른 문제점을 남겨 두고 있음에 틀림없다. 재화방의 다양성에 관한 연구는 資本別과 資本背景의 차이, 시장 문제에 대한 이해, 일본 면업과의 관계 등을 종합적으로 분석한 위에서 이루어지지 않으면 안 될 것이다.

그렇다면 과연 在華紡은 자본 계통에서 日本 紡績業과 어느 정도의 連繫를 가지고 있었을까? 이를 알기 위해 재화방의 1935년 현재 資本系統을 살펴보면 다음의 표와 같이 정리할 수 있다. 우선 재화방의 구성은 資本系統과 일본 국내 회사의 유무에 관계없이 사실상 中國에 자본의 중심을 두고 있는 것과 사실상 일본 방적업의 分支店을 두 가지 형태로 구분해 볼 수 있다.[36]

〈표〉 1935년 현재 本社 在華紡과 分支店 間의 設備 비교[37]

年度	전자의 범주		후자의 범주	
	紡錘數	織機數	統錘數	織機數
1924	676,536(67%)	4,421(91.7%)	336,728(33%)	400(8%)
1930	972,004(63%)	5,824(47%)	569,668(37%)	6,517(53%)
1937.6.	1,178,680(54%)	13,174(41%)	1,004,668(46%)	19,085(59%)

---

36) "在華紡은… 上海, 靑島 등을 경영의 본거지로 하는 것과… 일본 방적업의 分店으로서의 지위를 갖는 회사 사이에 이해가 상이하여 공동의 대책을 수행하는 일은 결코 쉽지 않다." 東亞經濟調査局, 『支那紡績業の發達とその將來』, 1932, 24쪽.

37) 華商紗廠聯合會, 『中國紗廠一覽表: 第14次編訂』, 1935 및 華商紗廠聯合會, 『中國紗廠一覽表: 第16次編訂』, 1937로부터 작성.

이상의 표에서 나타나듯이 적어도 中日戰爭 이전까지는 中國에 경영의 중심을 두고 독자적인 경영을 수행하였던 재화방의 비중이 훨씬 높았음을 알 수 있다. 따라서 在華紡績同業會의 전체적인 의견 수렴과 내부적인 정책의 조율과정에서 이들의 주도적인 역할을 짐작할수 있을 것이다. 이들의 비중은 전체 在華紡의 성격을 규정하는 중요한 요소가 되었다고 생각된다. 在華紡은 중국시장과 해외시장에서 일본 방적업과 치열한 市場競爭을 전개하였으며[38] 生産分業體制란 中日戰爭 이후 일본 군부 주도의 大陸侵略政策 속에서 형성된 이미지라 할 수 있다. 따라서 이를 가지고 전 시기, 전체 재화방의 성격을 규정하는 것은 무리가 있다고 생각된다.

1930년대 日本 外務省 通商局長의 언급 등 몇 가지 사료에서 나타나고 있는 다음과 같은 재화방에 대한 인식은 이러한 이미지의 재고를 위한 시사점을 던져 주고 있다.

> "在華紡은 자신의 利益을 좇아 盲從하며 동포의 간과 심혈로 이루어 낸 우리의 생산품을 구축하는 데 조금도 거리낌이 없다. …재화방은 넘지 말아야 할 경계를 넘어 일본의 생존을 위협하고 있다. …재화방이 일본 국민의 생계에 도움을 준다고 말하는 사람도 있지만 도움을 주는 것은 거의 전부가 중국인이고 우리 국민이 직접 혜택을 받는 일은 거의 없다."[39]

이 밖에도 ≪大阪時事新報≫는 在華紡의 對日逆輸出을 '반역행위'로 규정하고 이미 이들에게는 일본방적업이라는 관념이 결여되어 있다고 비난하였으며,[40] 일본 군부도 "재화방의 제품은 중국인 勞動者

---

38) 金志煥, 「日印會商과 在華紡」, 『日本歷史研究』, 第7輯, 1998. 4.
39) 齊藤良衛, 『對支經濟政策の或基本問題』, 有光社, 1938. 6. 441쪽, 454쪽, 481쪽.

의 손으로 제조된 것으로 일본 자본으로 中國人을 양성하는 모순을 가지고 있다"[41]고 인식하고 있었다.

특히 1930년대 日本의 大陸侵略政策에서 軍部의 主導性을 감안할 때 재화방의 經濟主義的 指向性에 불만을 가지고 있던 일본 군부의 인식은 이후 역사의 진행에서 매우 중요한 變數로 작용할 개연성을 가지고 있다고 할 수 있다. 따라서 재화방의 연구는 中國近現代史의 展開 속에서 매우 중요한 의미를 가지고 있다고 할 수 있다.

Ⅳ. 결론

發展論과 衰退論으로 상징되는 중국 면업사의 논쟁 속에서 在華紡의 연구도 기존의 半封建·半植民地論에서 묘사되었던 이미지가 수정되고 있다. 즉 일본 방적업과의 同質性을 지나치게 강조해 왔던 기존의 연구와는 달리 在華紡은 資本의 構成과 經營에서 獨自性을 가지고 있었으며, 중국경제에 대한 親和性을 가지고 있었음을 알 수 있다.

앞서 지적한 바와 마찬가지로 중국 최대의 공업이었던 綿業에서 절반가량을 차지하고 있던 재화방에 대한 당시의 認識과 役割이 단지 帝國主義의 문제와 反帝對象體로만 인식되었을 리는 없을 것이다. 재화방에 대한 보다 엄밀한 성격의 규정과 연구는 中國綿業史의 發

---

40) 『大阪時事新報』, 1933. 8. 23.

41) 南滿洲鐵道株式會社經濟調査會(1935. 7. 18), 「日滿關脫協定第一回會議報告」, (極秘)『滿洲國關脫改訂及日滿關脫協定方策』, 第1卷 續3, 1936. 1(立案調査書類 第23編 第1卷 續3), 171쪽.

展과 衰退를 논하기 이전에 선행적으로 해결되지 않으면 안 될 중요한 과제가 아닐 수 없다. 이러한 작업을 결여한 채로 論爭이 진행될 경우 자칫 發展論의 動力問題가 近代化論의 변형으로 나타날 위험성이 내재해 있음에 유의해야 할 것이다.

民族紡, 在華紡을 포함하여 輸入綿製品 市場, 手工業 등 중국 면업을 構成하는 각 집단의 다양성과 독자성은 綿業政策의 입안과정에서 상이한 政策的 根據를 제시하게 될 것이다. 따라서 綿業政策의 방향도 당연히 이러한 多樣性을 어떻게 수렴하고 선택할 것인가에 달려 있었다고 할 수 있다. 따라서 政策立案 主體의 在華紡에 대한 認識, 在華紡의 中國經濟에 대한 親和性 등과 같은 제 문제에 대한 보다 엄밀한 연구가 진행되어야 할 것이다.

日本紡績業＝在華紡: 民族紡의 구도는 재고되이야 하며, 이리한 작업을 통해 在華紡이 中國 綿業史 속에서 올바로 자리매김된다면 中國近代綿業史, 나아가 中國近現代史의 제 문제를 해명할 수 있는 단서를 제공하게 될 것으로 생각된다.

제4장

'한국화교' 연구의 현황과 미래: 동아시아 구역 내 '한국화교' 연구를 중심으로

송승석

Ⅰ. 21세기 중국의 부상과 화교
Ⅱ. 화교에 대한 우리의 시좌
Ⅲ. '한국화교' 연구의 현황
Ⅳ. '한국화교' 연구의 진단과 전망

I. 21세기 중국의 부상과 화교

얼마 전 동중국해 남서쪽에 위치한 댜오위다오(釣魚島)[1]를 둘러싸고 중국과 일본이 다시 한 번 충돌했다. 이른바 댜오위다오 문제는 한·일 간의 독도분쟁, 일·러 간의 쿠릴열도 종주권 다툼과 함께 동아시아 영토분쟁의 또 다른 현안이다. 그런데 이번 충돌에 대처하는 중국의 자세는 이전의 비교적 소극적인 태도에서 벗어나 가히 공세적이라 할 만큼 적극적인 양상으로 나타났다. 국내외 언론들은 이번 결과를 두고 일본의 굴욕이라 표현했다.[2] 결론적으로 중국은 이 사건을 통해 파죽지세로 뻗어나가는 자신의 힘을 만방에 과시한 셈이 되었다. 그야말로 중국의 대국굴기(大國崛起)가 세계 패러다임의 변화를 추동할 수도 있다는 가능성을 보여 준 상징적 사건이 아닐 수 없

---

* 본 논문은 『중국현대문학』, 55호(2010. 12)에 게재된 논문을 수정한 것이다.
1) 일본 명 센카쿠열도(尖閣列島).
2) 「G2 중국의 굴기, G3 일본의 굴욕」, ≪중앙일보≫, 2010년 9월 25일, 「중 '보복외교'에 굴욕당한 일 '백기투항'」, ≪한겨레신문≫, 2010년 9월 24일, 「중국의 압박에 굴복, 국가 위상 실추」, ≪월스트리트저널(WSJ)≫, 2010년 9월 26일 등 참조.

다. 어느새 일본을 제치고 제2의 경제대국이 된 중국의 부상은 그것의 긍·부정성을 떠나 이제는 결코 무시할 수 없는 현실이 되고 있다.

중국이 전 세계 모든 분야에서 두각을 나타내며 막강한 힘을 발휘하는 데 있어 그 핵심적 요소의 하나로 자주 거론되는 것이 자본과 네트워크로 상징되는 '화교'이다. 이와 관련해 양필승·이정희는 자신들의 저서에서 다음과 같이 구체적으로 표현하고 있다.

> 해외에 거주하되 중국 국적을 보유한 화교와 아예 거주국의 국적을 취득한 화인의 인구는 약 3,000만 명에 달한다. …이들이 보유하고 있는 유동 자산은 중국 GDP의 약 2배인 2조 달러에 이르며, … 1990년대 중국이 받아들인 해외 자본 중 절반 이상이 전 세계에 흩어져 있는 화교와 화인의 자본이라는 사실을 볼 때, 화교 자본이 중국의 고도경제성장을 견인했다고 말해도 과언이 아니다.[3]

물론 화교의 인구수나 화교의 경제력 그리고 화교와 중국 사이의 관계 등에 대한 이러한 수치화나 단정적 언급에 대해 "명확하지 않은 서방의 통계와 결론을 충분한 비판과 검증도 없이 그대로 인용"하는 한국학계의 현실을 보여 주는 것이라는 비판적 평가도 존재한다.[4] 경청할만한 대목이다. 그럼에도 불구하고 개혁개방 이후 현재까지 중국이 유치한 외자 가운데 약 69%가 화교자본이라는 중국 국내 연구자의 언급[5]에서도 확인되는 바와 같이, 중국 전체 인구의 3%도 채 안되는 화교의 잠재력과 힘이 지금의 중국을 건설하는 데 일정한 역할을 했음은 부정하기 어려울 것 같다.

---

3) 양필승·이정희, 『차이나타운 없는 나라-한국화교경제의 어제와 오늘』, 삼성경제연구소, 2004, 5쪽.

4) 김경국·최승현·이강복·최지현, 「한국의 화교연구 배경 및 동향 분석」, 『중국인문과학』, 제26호, 2003, 510쪽 참조.

5) 庄国土, 「回顾与展望: 中国大陆华侨华人研究述评」, 『世界民族』, 1期, 2009, 57~58쪽 참조.

Ⅱ. 화교에 대한 우리의 시좌

사실 화교를 바라보는 국제사회의 시선에는 상당한 편차가 존재한다. 그 안에는 이른바 중화패권주의의 첨병 역할을 화교가 담당하게 될 것이라는 수세적 시선이 있는가 하면 국가 단위를 뛰어넘는 초국적 차원의 새로운 세계작동 원리를 화교 네트워크에서 모색해 보고자 하는 대안적 시선도 있다. 또 이와는 약간 다른 층위에서 세계 각지에 흩어져 있는 화교를 통해 인종적·문화적 차원에서의 세계 네트워크를 재구성해 보고자 하는 디아스포라(Diaspora)의 시선도 있다.

그렇다면 우리의 시선은 화교의 무엇을, 어디를 주목하고 있는 것일까?

한국사회가 화교에 대해 본격적으로 관심을 갖기 시작한 것은 엄격히 말해 1990년대 한중수교 이후라 할 수 있다. 특히 1997년 IMF 경제위기를 겪으면서 한국정부는 그 극복방안으로 외자도입의 다변화를 꾀하기 시작했고 그 하나로 화교자본의 유치를 희망했다. 학계의 대응도 사실상 이 시점부터 본격화되었고 그것은 주로 눈부신 성장을 거듭하고 있는 중국경제와 그에 대한 화교의 역할 그리고 중국정부의 화교정책에 대한 연구로 모아졌다. 정치학, 경제학 등 주로 사회과학 분야를 중심으로 이른바 세계화교 관련 논문이 봇물처럼 쏟아진 것이 그 예증이라 할 수 있다. 그런데 여기서 주의해야 할 점이 두 가지가 있다. 우선 1990년대 이후 한국학계의 화교 관련 연구성과들이 한국화교보다는 상대적으로 세계화교에 집중되어 있다는 점이다.[6] 특히 그들의 경제력과 한국경제 사이의 다양한 개연성들을 예시하고 화교경제의 운영체계를 분석하는 논문들이 주류를 차지하고 있다.[7] 이에 대해서는 화교자본의 유치라는 시의성 차원에서 볼 때, 상대적으로 '가난한' 소수의 한국화교보다는 '부유한' 다수의 세계화교에 연구역량을 집중하는 것이 보다 생산적인 논의를 이끌어 낼 수 있다는 긍정적 평가를 내릴 수도 있다. 그러나 반면에 실제로 한국에서 화교연구의 현실성을 담보하기 위해서는 오히려 자국에 거주하는 화교 즉 한국화교로부터 연구의 출발점을 찾아야 한다는 반론과 역설도 가능하다. 통상 화교연구가 자국의 화교로부터 세계의 화교로 확대되어 가는 것이 일반적 양상이라는 점을 차치하더라도 경제적인 현실에 비추어 자국의 화교를 적극 활용해야 한다는 실용적인 차원에서도 그렇다. 그러나 무엇보다도 한국에 거주하는 화교는 엄연히 그 사회의 일원으로서 '우리 안의 또 다른 우리'를 구성하고 있다는 점에서 적어도 학술적인 차원에서는 이를 간과하거나 소홀히 할 수 없는 일이다. 또한 한국화교는 다른 지역의 이른바 세계화교와는 그 역사적 맥락이나 구성체계 등에 있어 성격을 달리한다는 점에서 연구대상의 특수성을 내재하고 있다. 이러한 점에서 볼 때, 한국화교를 화교연구의 출발점으로 삼는 것이 보다 타당하며 현실적이라 볼 수도 있는 것이다. 본 연구가 한국화교를 대상으로 한 연구 성과 및 동향에 대해 정리해 보고자 하는 것도 바로 이러한 맥락에서 출발한다. 두 번째는 현실적 필요성과 시의성에 지나치게 경도된 나머지 자칫 급공근리(急功近利)의 연구태도에 매몰될 수도 있다는 우려이다. 사회과학계를 중심으로 이루어진 이상의 적지 않은 성과들이 향후 한

---

6) 김경국·최승현·이강복·최지현, 앞의 논문 508쪽에 제시된 통계표를 참조할 것.

7) 이에 대해서는 김경국·최승현·이강복·최지현, 앞의 논문, 507~508쪽 참조.

국화교 연구의 지속적인 발전에 든든한 토대가 될 것임은 의심할 바 없는 사실이지만, 일회적이고 즉자적인 화교연구의 차원을 넘어 보다 명확하고 지속적인 연구체계를 마련하기 위해서는 역사학, 문화학 등 인문학계의 적극적인 참여가 절실하다. 이는 향후 화교연구의 이론적·역사적 기초를 다지는 데 밑거름이 되어 줄 것이다. 본 연구는 화교연구에 있어 이러한 인문학계의 보다 열정적인 관심과 적극적인 참여를 호소하는 차원에서 시도되었다.

Ⅲ. '한국화교' 연구의 현황

화교연구와 관련하여 중국이나 서방의 학술계가 주로 관심을 가지고 있는 대상은 동남아시아나 미주지역을 비롯한 이른바 화인이 다수를 차지하는 해외중국인 사회이다. 여기에는 자국의 정치적·정책적 차원에 부응하기 위한 현실적 수요의 측면이 강하게 존재함은 물론이거니와 이와 더불어 오랜 시간에 걸쳐 축적된 이들의 화교연구 전통 속에는 과거와 현재, 미래가 유기적으로 교통하는 학술적 체계도 존재한다. 이에 반해, 한국화교에 대한 서구 및 중국대륙 학자들의 관심과 연구는 거의 전무하거나 있다 하더라도 극히 소략한 수준을 벗어나지 못하고 있다. 상황이 이렇다고 해서 우리마저 같은 공동체 안의 또 다른 우리를 그대로 방치할 수는 없는 일이다. 한국화교는 비록 소수의 미약한 세력이기는 하나 분명히 우리 안에 존재하는 실체이고 그들의 삶과 기억은 한국사회와의 밀접한 연동 속에서 형성되고 저장되어 있다. 따라서 우리에게는 이를 역사화할 필요와 의무가 있다. 나아가 한국화교만의 고유한 역사적 특수성에 대한 체계화는 전 세계 화교연구를 보다 충실하고 완정하게 해 줄 것이다.

그동안 한국화교에 대한 연구는 주로 중국, 일본, 타이완, 한국 등 동아시아 지역을 중심으로 이루어져 왔다. 이들 지역에서 한국화교 연구가 진행된 데에는 네 지역 모두 역사적·정치적으로 한국화교와 밀접한 관계를 형성해 왔기 때문인 것으로 보인다. 한국화교는 초기 한반도 정착 단계에서부터 지금까지 청국, 중화민국(남경정부, 중경정부 모두 포함), 타이완(1949년 이후 중화민국), 중화인민공화국 등 중국의 각기 다른 정부와 조선, 대한제국, 대한민국, 조선민주주의인민공화국 등 한반도의 각기 다른 정권 그리고 식민지 시기 일본제국에 이르기까지 다양한 국가권력의 영향하에 놓여 있었다. 따라서 이들 지역의 한국화교 연구는 정권이나 국체의 변화에 따라 다양한 이데올로기적 배경 속에서 이루어졌고 각기 다른 결론을 도출해 낼 수 있었다. 다만 그것이 시대적 변화 혹은 정세의 변동에 따라 단속적으로 진행되어 온 탓에 상당 부분 평면적이고 나열적인 연구에 그치고 있는 게 사실이다. 그럼에도 불구하고 이들의 한국화교에 대한 관심과 연구는 현재와 미래의 한국화교 연구자들에게 든든한 초석이 되어 줄 것이기 때문에 비교사적 차원에서 정리해 볼 필요가 있다. 본 연구에서는 한국화교 연구를 입체적이고 체계적인 연구로 끌어올리는 데 일조한다는 차원에서 상기한 네 지역의 한국화교에 대한 선행연구를 일별함으로써 그것이 지닌 성과와 한계를 검토하고 연구의 미래적 전망을 진단해 보고자 한다.

1. 일본의 한국화교 연구

　한국화교[8]를 대상으로 최초의 연구를 진행한 것은 일본제국이다. 조선의 외교권을 탈취한 1905년부터 2차 세계대전이 종결되는 1945년까지 이루어진 일본제국의 한국화교 연구는 한반도의 식민통치를 강화하기 위한 정치·경제적 목적에서 시작되었다.[9] 다시 말해 한반도에 거주하는 화교를 관리, 통제하고 이들을 식민지개척에 여하히 이용하는가가 일본제국의 화교에 대한 주요 관심사였던 것이다. 따라서 이 시기 조선총독부로 대표되는 일본제국의 한국화교에 대한 연구는 본격적인 학술연구라기보다는 주로 실태조사 차원에서 이루어졌다. 대표적인 저작으로는, 조선총독부가 펴낸 『조선부락조사보고(제1책)-화전민, 내왕 지나인』[10]과 『조선이 지나인』,[11] 그리고 오다우치 미치토시(小田內通敏)의 『조선에 있어서 지나인의 경제적 세력』[12] 등이 있다. 이것들은 모두 당시 화교상황을 말해 주는 매우 귀중한 조사보고서들이다. 특히 여기서 오다우치 미치토시를 주목할 필요가 있다. 당시 중추원 촉탁 신분이었던 오다우치[13]는 자신의 저작 『조선에 있어서 지나인의 경제적 세력』뿐만 아니라 조선총독부 이름으로 펴낸 『조선부락조사보고(제1책)-화전민, 내왕 지나인』의 실제 저자이

---

8) 엄격히 말해 제국 일본의 시대에 한반도에 거주하는 화교는 한국화교가 아니라 조선화교이다. 그러나 본 논문에서는 용어상의 혼란을 피하기 위해 편의상 상징적 의미의 한국화교란 용어를 사용하기로 하겠다.

9) 崔承現, 「韓國華僑史硏究-從"上國"國民到多層認同」, 北京大學博士學位論文, 2000, 4쪽 참조.

10) 朝鮮總督府 編, 『朝鮮部落調査報告(第一冊)-火田民, 來往支那人』, 1924.

11) 朝鮮總督府 編, 『朝鮮に於ける支那人』, 1924.

12) 小田內通敏, 『朝鮮における支那人の經濟的勢力』, 東洋研究會出版, 1926.

13) 당시 그가 근무했던 중추원 조사과는 후에 조선사편수회로 그 기능이 이관된다. 오다우치 미치토시는 원래 지리학자로 와세다중학 교원을 역임했고 나중에는 지리학 교수가 되었다. 야마구치 마사오 지음, 오정환 역, 『패자의 정신사-근대 일본의 마이너리티, 그들이 사는 법』, 한길사, 2005, 63쪽.

기도 하다. 그는 조선총독부의 명령으로 1921년 10월부터 1922년 11월까지 약 1년간에 걸쳐 한국의 16개 소규모 마을에 대한 현지조사를 실시했다. 그런데 그는 조사대상 마을을 선정하면서 특별히 중국인 거주지를 포함시켰고 이에 대한 조사보고서가 앞서 말한『조선부락 조사보고(제1책)-화전민, 내왕 지나인』으로 출간되었던 것이다.[14] 이 책은 조선에 거주하는 화교의 생활방식 및 주거실태 그리고 전국적 분포상황에 대한 조사기록을 담고 있어 1920년대 조선 거주 중국인 의 기본적인 실정을 파악하는 데 도움이 된다. 지리학자인 그가 어떻게 해서 개인적으로 한국화교에 관심을 갖게 되었는지는 알 수 없지만, 그의 또 다른 저서『조선에 있어서 지나인의 경제적 세력』은 화교라는 인간에 대한 통찰이 엿보이는 책이다. 중국인의 해외이주 역사에 대한 개괄로 시작되는 이 책은 한국화교의 경제적 직능을 상인, 농민, 노동자로 구분하여 상세하게 서술하고 있으며 그들의 여가생활 등 세밀한 부분까지도 다루고 있다. 한편 이 책에서는 화교노동자에 대해 전체 분량의 1/3가량을 할애하여 자세하게 서술하고 있는데 이는 1920년대 조선의 화교노동자 급증과 무관치 않아 보인다. 이 시기 일본은 이른바 식민지 공업구조의 형성 및 식민지의 효율적 경영을 위해 값싼 중국인 노동력을 필요로 했기 때문에 중국의 산동 등지에서 대량의 중국인노동자가 한반도로 건너왔다. 그러나 이러한 화공의 급증은 조선인노동자의 고용문제 및 치안불안, 사회풍기문란 등 각종 사회문제를 야기했다. 조선총독부 입장에서 본다면, 화교노동자를 둘러싼 이와 같은 문제는 당시 해결해야 할 중요한 현안 중의 하나였기

---

14) 권영상·염철호·고은정,『한국적 도시공간 구현방향 설정을 위한 기초연구-기존 담론과 연구의 현황조 사를 중심으로』, 건축도시공간연구소, 2008, 47~48쪽 참조.

때문에 자연히 이들에 대한 관심을 게을리 할 수 없었던 것이다. 이 밖에 주목할 만한 자료로는 1906년부터 1942년까지 조선총독부가 펴낸『조선총독부통계연보』와『조선총독부통계연감』이 있다. 이 자료에는 중국인이 한반도로 이주하는 과정, 한국화교인구의 증감 그리고 그들이 농업, 공업, 상업 분야에서 활동하는 정황 등 한국화교의 일반적인 특징이 연도별로 자세하게 분석 정리되어 있다.[15]

식민지 시기 실태조사를 중심으로 이루어졌던 일본의 한국화교 연구는 1945년 일본의 패망으로 사실상 반세기 이상의 공백기를 거쳐 1990년대에 다시 재개된다. 우선 1994년에 발표된 가와 아키오(河明生)의 「한국화교 상업-1882년~1897년 서울을 중심으로」[16]를 들 수 있다. 가와 아키오는 일본영사관보고 등 주로 일본문헌에 의지하여[17] 초기 한국화교사회의 형성부터 청일전쟁 직후까지 서울과 인천 지역을 중심으로 화교경제의 성장과정을 검토하고 있는데 여기서 주목해야 할 부분은 청일전쟁이 무역업을 중심으로 한 한국화교 경제에 별다른 타격을 주지 않았다는 점을 밝힌 대목이다. 청일전쟁의 발발로 화교상인의 상당수가 귀국하면서 청국과 조선 간의 무역도 일시 중단되는 사태를 맞이하기도 했지만, 전쟁이 끝난 직후에는 본래의 상태로 환원되면서 수입무역액에 있어 커다란 차이를 보이지 않았다는 지적이다. 이는 청일전쟁이 화교경제에 부정적 영향을 미쳤을 거라는 그간의 막연한 통념을 구체적인 통계를 근거로 깨뜨렸다는 점에서 의미가 있다. 1990년대 일본의 한국화교 연구에 있어 주목해야 할 또

---

15) 崔承現, 앞의 논문, 5쪽 참조.

16) 河明生, 「韓國華僑商業-1882年~1897年のソウルを中心として」, 『神奈川大學大學院經濟研究科研究論集』, 第23號, 1994.

17) 王恩美, 『東アジア現代史のなかの韓國華僑: 冷戰體制と「祖國」意識』, 三元社, 2008, 31쪽.

한 명의 인물은 가세타니 도모오(綛谷智雄)이다. 그는 1997년과 1998
년에 「재한화교의 형성과정-식민지 조선에 있어서 에스닉 마이너리
티」[18]와 「재한화교의 생활세계-재한화교 에스니시티의 형성, 유지,
변화」[19]를 연이어 발표했다. 전자는 한국화교사회가 정착단계에 들
어서게 된 시기를 일본식민통치가 정점에 달했던 1920년대로 보고
있다. 그 근거로 가세타니는 이 시기 화교인구의 급증과 화교 직업의
다양화를 든다. 가령 이 시기 화교의 직업 분포를 예로 들면서 기존
의 무역업 외에 공업, 농림수산업, 노동자 등 종사하는 업종이 다양
화[20]되기 시작했다는 것은 화교사회가 정주단계로 들어섰음을 의미
하며, 그 가운데 요식업의 증가율이 상대적으로 높게 나타나는 것은
주요 고객인 중국인의 수가 급격하게 늘었다는 것을 의미한다고 했
다. 즉 인구의 증가와 직업의 다양화는 한국의 화교사회가 본격적인
생활세계를 이루며 한국사회에 적응하기 시작했다는 의미일 것이다.
또한 중국인을 대상으로 한 저가의 간이식당이나 빵집이 요식업의
주류를 차지했다는 점에서 당시 한국화교사회가 소상인, 농민, 노동
자 중심의 사회[21]라는 점도 아울러 밝히고 있다. 후자는 한국화교의
결혼 방식에 착안하여 한국사회로의 동화(assimilation) 문제를 다루고
있다. 가세타니에 따르면, 한국화교사회 역시 자발적으로 혹은 피동
적으로 동화를 수용하지 않을 수 없었으며, 그 하나의 방법이 한국인
과 결혼하거나 대한민국 국적을 취득하여 귀화하는 것으로 나타났다

---

18) 綛谷智雄, 「在韓華僑の形成過程-植民地朝鮮におけるエスニックマイノリティー」, 日本植民地學會
    編, 『日本植民地研究』, 第9号, 1997.

19) 綛谷智雄, 「在韓華僑の生活世界-在韓華僑エスニシテイの形成, 維持, 變化」, 『アシア研究』, 第44巻
    第2号, 1998.

20) 綛谷智雄, 1997, 12쪽 참조.

21) 綛谷智雄, 1997, 9쪽 참조.

는 것이다. 이른바 'melting pot'이라고 해석되는 동화이론은 본래 인종의 용광로라고 하는 미국의 다민족문화를 하나로 융합하기 위한 방편으로 1960년대 미국에서 유행했다.[22] 사실 어느 사회에서나 이주민집단의 동화와 이화의 문제는 현지화 과정에 있어 매우 중요한 현안이자 숙제이다. 그러나 이러한 동화이론에 기대어 한국화교사회를 혼인과 귀화 등을 통해 상당한 정도로 한국사회에 동화되었다고 해석하는 가세타니의 논지에 이창호는 다소 부정적 의견을 피력한다. 즉 다민족사회인 서구사회의 틀을 아시아사회에 그대로 적용시키는 것에 대한 문제 제기와 함께, 그는 동남아 화교사회에 나타나는 다양한 에스닉 사회를 예로 들어 아시아적 환경과 역사의 특수성을 유념해야 할 것이라고 지적한다.[23] 실제로 한국화교사회 전체를 동화의 과정으로 이해하는 것은 다소 무리가 따른다. 한국사회의 사회적 차별과 각종 법적·제도적 규제를 돌파하는 방법으로 소극적인 결혼과 적극적인 귀화의 방법을 선택한 화교도 분명 존재하는 것이 사실이다. 그러나 한국화교의 대부분은 여전히 '중국'국적[24]을 유지하고 있다. 또한 한국인과의 결혼 역시도 대부분은 화교 남성이 한국인 여성을 아내로 취하는 방식을 택해 왔는데 이는 어떤 면에서 중국적 특수성을 보호, 유지하는 나름의 자구책으로 기능했다는 점에서 볼 때, 이를 두고 한국사회로의 동화라 단정 짓기는 힘들 것 같다.[25]

---

22) 네이버사전 참조.

23) 이창호, 『한국 화교의 사회적 공간과 장소: 인천 차이나타운을 중심으로』, 한국학중앙연구원박사학위논문, 2007, 8~9쪽 참조.

24) 한국화교의 대부분은 여전히 중화민국(타이완) 국적을 유지하고 있고, 개중에 일부는 1992년 이후 중화인민공화국 국적을 새롭게 취득한 자들도 있다. 이들 모두를 '중국' 국적으로 명기하는 바이다.

25) 그러나 분명한 사실은 현재 젊은 세대 화교들 가운데에는 남녀를 불문하고 한국인과의 통혼에 전혀 거부감이 없다는 점이다. 이를 동화의 차원으로 단정해서 이야기할 수는 없지만 젊은 세대 화교들 사이에서는 분명 한국사회에서 자신의 정체성을 찾는 이들이 늘어 가고 있음은 분명한 사실이다.

2차 대전 이후 일본이 화교에게 새로운 눈길을 돌렸다면 그것은 중국의 세계무대 등장과 국내의 재일외국인 문제와 관련되어 있을 것이다. 따라서 일본학계가 동남아시아 화교나 일본화교에 관심을 갖는 것은 비교적 자연스러운 일이라 할 수 있다. 반면에 그들이 한국화교에 대해 주목할 만한 특별한 개연성은 실질적으로 존재하지 않는다. 1945년 이후 약 50년간 한국화교에 대한 연구가 전무한 것이 그 예라 할 수 있다.

그러던 일본이 1990년대 이후 새롭게 한국화교에 관심을 기울이기 시작한 것은 어디에서 연유하는 것일까? 이른바 사회주의 진영과 자본주의 진영이 '대립적 상생관계'[26]를 유지하던 냉전체제가 종식되면서 세계는 한동안 지적 혼란에 빠져들었다. 그리고 그 극복방안의 하나로 새롭게 주목받기 시작한 것이 이른바 '문명충돌론', '동아시아', '대중화(大中華)'와 같은 지역적·문명적 담론들이었다. 일본의 학계가 과거 아시아의 식민주의적 경험들에 대한 고찰을 재개하고 동아시아의 문명적 연대에 주의를 기울이기 시작한 것도 상당 정도는 이러한 지역적 연대와 문명론으로부터 영향을 받았다고 볼 수 있다. 그렇다면 식민지 시기 동아시아 지역 내에서 인적·물적 교류의 한 축을 담당했던 한국화교를 연구대상에 포함하게 된 것도 이러한 차원의 일환이라는 추론이 가능하다. 국내외를 통틀어 가장 활발하게 한국화교 연구를 진행하는 학자 중의 한 명인 재일학자 이정희가 본래는 아시아 경제사를 전공한 연구자라는 점도 이러한 추론을 뒷받침한다. 경제사 연구자답게 이정희의 논문은 주로 한국화교의 경제상

---

26) 이 용어는 이매뉴얼 월러스틴이 주장하는 이른바 세계체제론의 논의에서 빌려 왔다.

황, 특히 식민지 시기 한국화교 경제를 탐색하는 것이 주류를 차지한다. 우선 2004년에 발표된 「식민지 시기 재한화교의 제조업에 관한 일고찰-주물업을 중심으로」[27]는 1910년부터 1930년대 중반까지 화교가 경영했던 주물공장을 중심으로 한국화교가 수입무역뿐만 아니라 제조업 분야에까지 진출하고 있음을 보여 주고 있다. 특히 주물업에 있어서는 허베이성(河北省) 출신의 화교가 높은 기술력과 자금력 그리고 값싼 노동력을 통해 당시 조선의 가마[釜] 시장을 독점하고 있었다고[28] 지적한다. 또한 여기에서 주목할 부분은 한국사회에서 화교가 주물업을 독점하게 된 주요 원인 가운데 하나로 화교들의 폭넓은 판매 네트워크를 들고 있다는 점이다. 2005년에 발표한 「미군정기 재한화교의 무역활동-무역회사 만취동을 중심으로」[29]는 화상인 만취동을 사례로 1945년 9월부터 한국정부 수립 이전인 1948년 8월까지 한국화교의 경제활동을 고찰한 것이다. 해방 이후 미군정 통치하에 놓이게 된 한국사회에서 상권(商權)은 미 군정청으로부터 전승국 국민의 지위를 부여받고 각종 규제에서 자유로웠던 화교의 수중으로 넘어가게 된다. 미 군정청은 당시 한국의 대일 의존적 무역체계를 극복하기 위해 무역통제를 실시하고 일본과의 무역을 배제했는데 그 결과 중국과 홍콩이 새로운 무역중심지로 등장하게 되면서 한국화교의 무역업은 한국 전체 수입무역의 80% 이상을 차지할 정도로 전례 없는 호황을 누리게 된 것이다. 특히 만취동과 같은 대규모 무역상은

---

27) 李正熙, 「植民地時期における在韓華僑の製造業に關する一考察-鑄物業を中心に」, 『京都創成大學紀要』, 第4卷, 2004. 1.

28) 王恩美, 앞의 논문, 32쪽 참조.

29) 李正熙, 「米軍政期における在韓華僑の貿易活動: 貿易會社萬聚東を中心に」, 『2華僑華人研究』, 第2号, 2005. 11.

독자적인 판매 루트를 통해 수입품을 판매했다고[30] 이정희는 지적한다. 또한 그는 2005년에 「식민지 조선에 있어서 화교경제에 관한 연구(1905~1930) 상편-조중무역을 중심으로」,[31] 2006년에 「식민지 조선에 있어서 화교경제에 관한 연구(105~1930) 하편-화교 포목상의 상업 활동을 중심으로」[32]를 잇달아 발표한다. 이 두 편의 논문에서 이정희가 지적하고 있는 바는, 식민지 시기 한국화교의 경제적 번영을 가져온 것은 중국으로부터의 견·면직물 수입무역과 그 화교무역상의 자본 축적에 기인한 것이라는 점이다. 따라서 상편에서는 화상의 견·면직물 수입무역 구도를 밝히고 있고, 하편에서는 견·면직물 수입무역과 그 상업 활동이 식민지 시기 한국화교의 경제번영을 지탱하는 버팀목[33]이라는 관점에 서 있다. 또한 위와 동일한 맥락에서 최근 일본 내에서 주목받기 시작한 이른바 '아시아교역권'론에 힘입어 19세기 후반 한국화교, 특히 화상(華商)에 대한 연구를 시도함으로써 동아시아 경제 네트워크에 관심을 기울이고 있는 학자들의 성과도 주목할 필요가 있다. 대표적인 것으로는, 하마시타 다케시(浜下武志)의 「19세기 후반 조선을 둘러싼 화교의 금융 네트워크」,[34] 이시카와 료타로(石川亮太)의 「19세기 말 동아시아 국제유통구조와 조선-해산물의 생산·유통으로부터」[35]와 「개항 후 조선 화상의 무역활동-1894년의 청

---

30) 李正熙, 2005, 10쪽.

31) 李正熙, 「植民地朝鮮における華僑經濟に關する研究(1905~1930) 上編-朝中貿易を中心に」, 『京都創成大學紀要』, 第5卷, 2005. 1.

32) 李正熙, 「植民地朝鮮における華僑經濟に關する研究(1905~1930) 下編-華僑布木商の商業活動を中心に」, 『京都創成大學紀要』, 第6卷, 2006. 1.

33) 王恩美, 앞의 논문, 32-33쪽.

34) 浜下武志, 「十九世紀後半の朝鮮をめぐる華僑の金融ネットワーク」, 『近代アジアの流通ネットワーク』, 創文社, 1999.

35) 石川亮太, 「19世紀末東アジアにおける國際流通構造と朝鮮-海産物の生産・流通から」, 『史學雜誌』,

국 쌀 중계무역을 통해」,[36] 이수윤의 「청일전쟁 이전 조선 개항장을 둘러싼 일중조(日中朝) 상인의 갈등」,[37] 「조선 개국 후 유통구조의 변천-개항장 객주와 외국상인을 둘러싸고」,[38] 그리고 2005년에 출판된 야스이 산기치(安井三吉)의 『제국일본과 화교-일본·타이완·조선』[39] (이하 『제국일본과 화교』로 약칭)이 있다. 특히 야스이의 『제국일본과 화교』는 일본, 조선, 타이완에 거주하는 화교의 공통점과 차이점을 일목요연하게 정리해 내고 있다는 점에서 그 가치에 주목할 필요가 있다. 왕은미(王恩美)에 따르면, 이 책은 1930년대까지의 조선화교에 관한 기술은 주로 선행연구를 인용하고 있지만 1940년대 조선화교에 대한 기술에 있어서는 중국 제2역사당안관이 출판한 『남경국민정부외교부공보』, 일본의 외교사료관(외무성)의 소장 자료, 동양문고가 소장하고 있는 『중화민국국민정부(왕징웨이정권) 주일대사관당안』 등의 1차 자료를 폭넓게 이용하고 있다고[40] 한다. 이 책의 결말 부분을 보면, 야스이의 저작 의도가 어디에 있는지를 알 수 있다. 첫째는 국내적으로 문제가 되고 있는 재일외국인사회와의 관련성이다. 일본 사회의 저출산·고령화에 따른 생산인구의 감소 등으로 인해 재일외국인 문제가 단속과 관리의 차원에서 교류와 공생의 차원으로 전환되어 가고 있는 현시점에 화교의 중요성에 주목해야 한다는 것이다.

第109編 第2号, 2000.

36) 石川亮太, 「開港後朝鮮における華商の貿易活動-1894年の淸國米中繼貿易を通じて」, 森時彦, 『中國近代化の動態構造』, 京都大學人文科學硏究所硏究報告, 京都大學人文科學硏究所, 2004.

37) 李秀允, 「日淸戰爭以前における朝鮮開港場をめぐる日中商人の確執」, 『日本植民地硏究』, 第12号, 2000.

38) 李秀允, 「朝鮮開國後の流通構造の變遷: 開港場客主と外國商人をめぐって」, 『早稻田經濟學硏究』, 第53号, 2001.

39) 安井三吉, 『帝國日本と華僑-日本·台灣·朝鮮』, 靑木書店, 2005.

40) 王恩美, 앞의 논문, 33쪽.

둘째는 식민통치에 대한 반성에 기초해 동아시아의 공생관계를 구축하는 차원이다. 즉 동북아의 역사적 전환기에 즈음해 이 지역의 또 하나의 중요 과제인 '역사문제'를 직시함으로써 일본과 관련된 인접국 역사에 대한 상호 이해와 이에 기초한 교류와 상생관계를 마련하는 차원에서 화교의 과거, 현재, 미래를 되짚어 보자는 것이다. 셋째는 경제적 필요성에서 화교에 주목해야 하다는 관점이다. 이러한 차원에서 그는 동북아에 있어 냉전의 와해와 중국의 개혁개방, 중일교류의 비약적인 확대 속에서 화교의 역할은 증대될 것이라는 점을 강조한다.[41]

마지막으로 일본의 한국화교 연구에 있어 빼놓을 수 없는 저작이 바로 왕은미의 박사논문 『동아시아 현대사 속의 한국화교-냉전체제와 「조국」의식』이다. 왕은미는 본래 한국인이면서 동시에 한국화교라는 독특한 출신 이력을 가지고 있다. 또한 그녀는 한국에서 태어나 고등학교까지 한국화교학교를 다녔으며, 타이완에서 대학을 마치고 일본에서 박사학위를 받았다. 그리고 현재는 타이완에서 대학교수로 재직 중이다. 이렇듯 그녀는 동아시아 삼국을 두루 경험하는 가운데 한국화교의 특수한 역사적 체험에 주목했던 것이다. 그녀의 초점은 제2차 세계대전 이후 한국화교의 중화민국에 대한 조국의식이 형성되는 과정에 모아져 있다. 그녀는 화교사회 내부의 변용에만 주목하던 그간의 한국화교 연구에서 벗어나 한국화교의 조국의식을 화교사회를 둘러싸고 있는 외부환경 즉 냉전체제하의 한국, 중화민국, 중화인민공화국이라는 국가 간의 관계 나아가 동아시아 현대사라는 거시적 틀 속에서 규명할 필요가 있다고 강조한다. 결국 그녀가 얻은 결

---

41) 安井三吉, 앞의 책, 285쪽 참조.

론은 한국화교의 중화민국에 대한 조국의식은 중화민국으로부터 강제된 측면도 있지만, 이러한 동아시아 냉전체제 속에서 생존하기 위해 한국화교 스스로 중화민국을 필요로 했고 한국화교 스스로 중화민국에 귀속되는 것을 강력히 원했다는 점이다. 즉 한국화교가 자발적이고 능동적으로 중화민국을 자신의 조국으로 선택했다는 점을 특별히 강조하고 있는 것이다.

이상으로 일본에서의 한국화교 연구의 성과 및 동향을 간략히 정리해 보았다. 활발한 연구가 이루어지고 있다고 말할 수는 없지만, 동아시아의 지역적 연대와 문명적 대안을 모색하는 과정 속에서 한국화교 연구가 한 축을 담당하고 있음은 부인할 수 없는 사실이다.

2. 중국대륙의 한국화교 연구

1990년대 이전까지만 해도 중국의 한국화교에 대한 연구는 이렇다 할만한 성과를 거두지 못했다. 특히 청일전쟁 이후 한반도에서 주도권을 상실한 중국은 더 이상 한반도의 상황에 적극적으로 개입할 여지가 없었다. 이러한 상황은 제2차 세계대전이 종결될 때까지 계속되었다. 따라서 20세기 전반기 대부분의 시기를 일본과 적성국의 입장으로 대치해야 했던 중국에 일본의 식민지가 되어 버린 한반도에 거주하는 자국의 국민에 관심을 기울일 것을 요구하는 것은 어쩌면 무리일지도 모른다. 한때 한반도의 대표적 배화사건(排華事件)이라 할 수 있는 완바오산사건(萬寶山事件)[42]이 터졌을 때, 이 사건과 관련해

---

42) 중국의 창춘(長春) 교외의 완바오산(萬寶山)에서, 조선인 이민과 중국인이 농수로를 둘러싸고 대립하여 양자 간에 충돌이 발생했다. 조선의 신문에서 이 사건은 조선인 이민이 생명의 위험에 처해 있다고 과장

자료집을 편찬[43])하는 등 한국화교에 관심을 표명한 적이 있었고, 왕징웨이정부(汪精衛政府) 시기에 한국화교의 구심력을 획득하기 위해 한국화교 보호에 적극적으로 나서기도 했지만 이 역시 구체적인 연구대상으로는 이어지지 못한 채 곧 기억 속에서 사라졌다.

전후의 연구 상황도 이와 별다를 게 없었다. 동아시아 냉전체제의 형성은 중국의 분열을 고착화시켰고 이는 곧바로 대한민국과 중화인민공화국의 대립으로 이어졌기 때문에 한반도, 특히 적성국인 대한민국에 거주하는 화교에 접근할 수 있는 통로 자체가 아예 차단되었다.[44] 한반도 남쪽에 거주하는 화교는 자신의 고향이자 조국이라 할 수 있는 중국대륙과의 교류가 전면 차단된 채 20세기 막판까지 살아야 했던 것이다.

그러나 80년대 말에 이르러 영원할 것 같던 냉전체제가 와해되는 징후가 포착되고 한국과의 교류가 개시되면서 중국대륙의 한국화교에 대한 인식에도 근본적인 변화의 흐름이 감지되기 시작했다. 이러한 인식의 변화가 하나의 결과물로 나타난 것이 바로 양쟈오취엔(楊昭全)·쑨위메이(孫玉梅)의『조선화교사』[45]이다. 이 책은 사실상 한국화교와 관련해 중국대륙에서 출판된 최초의 저작이라 할 수 있다. 외교부공보(外交部公報), 일본외교문서, 영사관자료, 조선총독부통계연감 등 방대한 1차 사료 및 당시 국내외 언론보도 등을 참고로 기술

되게 보도되었기 때문에 이에 선동된 조선인들이 폭동을 일으켰다. 화교 상점이나 집이 약탈당하고 많은 화교들이 죽임을 당했다. 이 과장된 보도는 일본 정부가 고의로 유도한 것이라고도 말해지고 있다.

43) 崔承現, 앞의 논문, 5쪽 참조.

44) 한반도에서 중화인민공화국이 접근할 수 있는 곳은 한반도 북쪽의 조선민주주의인민공화국이 유일했다. 그러나 당시 중화인민공화국이 한반도 북쪽에 거주하는 화교를 대상으로 연구를 진행했다는 흔적은 아직 찾지 못했다. 이는 차후의 과제가 될 것이다.

45) 楊昭全·孫玉梅,『朝鮮華僑史』, 北京: 中國華僑出版公司, 1991.

된 이 책은 화교의 인구분포, 화교조직, 경제, 교육, 문화 등 다방면에 걸쳐 한반도 화교상황을 고찰하고 있다. 물론 이 책은 탈냉전의 흐름 속에서 등장한 저작임에도 불구하고 여전히 냉전적 이데올로기에 기초[46]해 한반도 역사를 가름하고 있다. 가령 한반도의 현대사를 다루는 가운데 조선민주주의인민공화국만을 정통성 있는 정부로 간주하고 대신에 대한민국을 미국의 식민지 혹은 독재와 억압으로 점철된 정권으로 묘사하는 등 다분히 부정적 묘사로 일관하고 있는 점이 그 예이다. 또한 한국화교 역사를 고대, 근대, 현대로 구분함으로써 그 상한선을 은말주초(殷末周初)의 이른바 '기자조선(箕子朝鮮)'으로까지 끌어올림으로써 한국 현대사에 대한 사실적 고증과 한국화교역사의 기점 문제에 있어 또 하나의 숙제를 남겨 주고 있기도 하다. 그럼에도 불구하고 이 책이 가진 특징이라 한다면 기존이 어느 연구서보다도 식민지 시기 한국화교 역사에 대해 구체적으로 서술하고 있고, 그동안 도외시되어 왔던 분단 이후 북한화교의 역사 및 정황에 관해 한 장을 할애하여 기술함으로써 새삼 북한화교에 대한 관심을 환기시켜 주었다는 점일 것이다. 자료 근거의 부정확성, 통계자료의 착오, 역사서술의 이데올로기적 편향 등은 이 책이 극복해야 할 문제이겠지만 한국화교 연구에 중요한 참고자료가 됨은 의문의 여지가 없는 사실이다. 이 밖에도 중국대륙에서 발표된 한국화교 관련 논문으로는 황중천(晃中辰)의 「여한화교화인의 역사와 전망」,[47] 차오화칭(曹華淸)・비에비량(別必亮)의 「한국근대화교교육초탐」,[48] 주훼이링(朱慧玲)

---

46) 崔承現, 앞의 논문, 9쪽 참조.

47) 晃中辰, 「旅韩华侨华人的历史与展望」, 『當代韓國』, 2000年 冬季號.

48) 曹华清・別必亮, 「韩国近代华侨教育初探」, 『當代韓國』, 2000年 冬季號.

의 「한국화교사회의 변천과 특징」,[49] 잔샤오훙(詹小洪)의 「한국화교의 오늘과 내일」,[50] 그리고 북한의 화교상황을 개괄한 취샤오판(曲曉汜)·류슈쩐(劉樹眞)의 「당대 조선화교의 귀국정주 및 그 안치에 관한 약사」[51]와 북한의 화교교육문제를 다룬 무더정(慕德政)의 「조선화교교육의 현상」[52] 등이 있다.

중국대륙에서의 한국화교 연구는 아직 초보적인 단계에 머물고 있지만, 앞으로는 중한관계의 심화에 따라 진전된 성과가 나올 것으로 기대된다.

3. 타이완의 한국화교 연구[53]

1945년 이후 처음으로 한국화교 연구에 관심을 표명하기 시작한 것은 중화민국 즉 타이완이었다. 이른바 공산주의와 자본주의 양대 진영이 좌우의 이념적 전선을 형성하며 대치하게 되는 냉전체제 속에서 타이완에 정부를 둔 중화민국은 헤게모니 싸움에서 중화인민공화국에 우위를 확보할 필요가 있었다. 그 노력의 일환으로 제기된 것이 정치적으로 해외에 거주하는 중국인 사회의 지지를 획득하는 일이었다. 그러나 상황은 여의치가 않았다. 중화민국정부가 타이완으로 철수하면서 대륙에서 유지하고 있던 화교와의 네트워크도 상당 부분

---

49) 朱慧玲, 「韓國華僑社會的變遷與特點」, 『華僑華人歷史研究』, 第2期, 1996.

50) 詹小洪, 「韩国华侨的今昔」, 炎黃春秋, 第7期, 2004.

51) 曲曉汜·劉樹眞, 「當代朝鮮華僑的歸國定住及其安置史略」, 『華僑華人歷史研究』, 第4期, 2000.

52) 慕德政, 「朝鮮华侨教育的现状」, 『延边大学学报(社会科学版)』, 第36卷 第2期, 2003.

53) 타이완의 한국화교 연구에 대해서는 미처 파악이 덜 되었기 때문에 연구 성과물 개괄은 주로 왕은미의 견해를 인용, 참조했음을 미리 밝혀 둔다.

상실한 상태였고, 국공내전이 공산당의 승리로 귀결되면서 해외 화교 사회가 정치적으로 동요하는 가운데 상당수의 화교가 전향의지를 표명하는 등 타이완의 중화민국 정부에게는 여러모로 불리한 상황이었다. 더욱이 화교와 관련하여 가장 곤혹스러운 점은 타이완이 화교들의 고향이 아니었다는 점이다. 이른바 대륙시절에는 화교의 고향과 국가정체성이 일치하여 민족주의를 동원하는 데 큰 어려움이 없었지만 타이완으로 철수하게 되면서 이러한 국가정체성과 고향의 관계에 단절이 일어나게 된 것이다. 따라서 이러한 단절의 극복을 통해 화교와의 새로운 가교를 연결하기 위해서는 새로운 국가이미지의 창출과 정치적 조국의식의 강조가 필요했다. 그 구체적인 방법이 중국적 정통성과 반공이라는 냉전적 이데올로기를 강화하는 것이었다.

한국화교에 대한 연구도 사실상 이러한 차원에서 이루어졌다고 볼 수 있다. 즉 타이완과 동일한 반공진영에 속해 있고 여러 면에서 매우 유사한 현대사의 궤적을 밟고 있는 대한민국의 화교들로부터 정치적 지지를 획득함으로써 국제적으로 중화인민공화국에 우위를 확보하고자 했던 중화민국정부의 주도하에 한국화교 연구가 진행된 것이다. 그 어느 때보다도 한국화교에 관심이 높았던 1950년대에 출판된 『한국화교의 경제』,[54] 『한국화교의 교육』,[55] 『화교지-한국』[56] 등은 바로 이러한 역사적 · 정치적 맥락에서 배양된 것들이다. 타이완의 한국화교 연구서 가운데 최초의 서적이라 할 수 있는 루관췬(盧冠群)의 『한국화교의 경제』는 중화민국정부 행정원 산하의 교무위원회(僑

---

54) 盧冠群, 『韓國華僑經濟』, 海外出版社, 1956.

55) 張兆理, 『韓國華僑敎育』, 海外出版社, 1957.

56) 華僑史編纂委員會, 『華僑誌-韓國』, 1958.

務委員會)가 한국화교의 상황을 파악하기 위해 출판한 것으로, 일본 식민통치 시기부터 한반도전쟁 직후 한국화교의 직업적 분화 및 경제규모 등 주로 경제 상황을 조사한 일종의 조사보고서 성격의 책이다. 왕은미에 따르면, 이 책 가운데 식민지 시기에 관한 기술의 대부분은 식민당국의 조사자료에 근거하고 있고, 1945년 이후의 경우는 조선은행 조사부의 「재한화교의 경제적 세력」[57]을 주로 인용하고 있다고 한다.[58] 역시 교무위원회 주도하에 화교교육총서 시리즈의 하나로 출판된 장자오리(張兆理)의 『한국화교의 교육』은 전후 직후부터 1957년까지 한국화교학교의 설립과정, 학교조직 및 교육과정에 관한 실태조사를 바탕으로 한 일종의 보고서이다.[59] 특히 이 책은 한국화교사회가 일정한 발전을 이룩했다는 전제하에 그 요인으로 한국사회가 화교의 조직, 경제, 교육 등의 제반 활동에 대해 자유를 허락했다는 점을 부각시킴으로써 한국의 화교정책에 높은 평가를 내리고 있다. 그러나 이에 대해 최승현은 자신의 박사논문에서 그것은 자유가 아니라 무시와 무관심, 무대책에 가까운 것이라고 주장한다.[60] 그리고 1950년대 한국화교의 조직 및 사단(社團)을 이해하는 데 많은 참고가 되는 화교사편찬위원회의 『화교지-한국』은 상기한 두 책을 저본으로 화교조직에 대한 설명을 부가한 것이다.[61]

그러나 이후 중화민국정부의 한국화교에 대한 관심이 줄어들기 시작하면서 정부기관 주도의 한국화교 연구도 사실상 중단되고 말았다.

---

57) 朝鮮銀行調査部, 「在韓華僑의 經濟的 勢力」, 『經濟年鑑』, 1949.

58) 王恩美, 앞의 책, 24쪽 참조.

59) 王恩美, 앞의 책, 24쪽 참조.

60) 崔承現, 앞의 책, 6쪽 참조.

61) 王恩美, 앞의 책, 24쪽 참조.

이러한 상황은 1990년대까지 지속된다.

2000년대 들어서는 한국화교와 관련해 몇 편의 석사논문이 제출된다. 그 가운데 대표적인 것이 지엔페이윈(簡珮韻)의 「한화와 용허 코리아타운-경제적 측면과 국제이동 적응에 관한 연구」[62]와 양원핑(楊韻平)의 「왕(汪) 정권과 조선화교(1940~1945)-동아시아 질서에 관한 연구」[63]이다. 전자는 1970년대 이후 한국정부가 화교에 대한 강경일변도의 정책을 시행하게 되면서 타이완으로 이주할 수밖에 없었던 한국화교의 이주과정과 타이완에서의 적응과정을 고찰한 것이다. 특히 타이완의 코리아타운이라 불리는 용허시(永和市) 중싱가(中興街)를 중심으로 집단경제권을 형성하고 있는 한국 출신 화교에 대한 실지조사를 통해 한국화교가 타이완 이주 후에도 여전히 한국화교를 중심으로 경제 네드워크를 형성하고 있다는 점을 해명하고 있다.[64] 후자는 왕징웨이정권의 조선에서의 영사관 설치과정과 화교와의 연대관계를 고찰하고 있는데, 주로 중국의 제2역사당안관(第2歷史檔案館)에 보관되어 있는 왕징웨이정권의 당안(檔案)과 『왕위국민정부공보(汪僞國民政府公報)』, 『남경국민정부외교부공보(南京國民政府外交部公報)』 등의 방대한 1차 자료를 이용하고 있다고 한다.[65] 특히 1940년대 한국화교사를 세밀하게 정리함으로써 1930년대 이후의 한국화교 연구가 매우 부족한 상황에서 야스이 산기치의 『제국일본과 화교』와 더불어 주목해야 할 논문이라고 생각된다.

---

62) 簡珮韻, 「韓華與永和韓國街-一個經濟面向和國際遷移調適研究」, 國立台灣師範大學地理學系碩士論文, 2004.
63) 楊韻平, 「汪政權與朝鮮華僑(1940~1945)-東亞秩序之一研究」, 國立台灣師範大學歷史系碩士論文, 2005.
64) 王恩美, 앞의 책, 25쪽 참조.
65) 王恩美, 앞의 책, 25쪽 참조.

1950년대 중화민국정부 주도하에 점화될 듯했던 타이완의 한국화교 연구는 이상의 성과 외에는 지금까지 특별히 주목할 만한 연구성과를 내놓지 못하고 있다. 필자의 개인적 견해로는 타이완의 중화민국에게 있어 한국화교는 다른 지역의 화교·화인과 구별되는 특별한 존재감을 가지고 있다고 생각된다. 왜냐하면 한국화교사회는 중화민국과 분리되어서는 도저히 존재할 수 없을 만큼 밀접하고도 특별한 관계를 형성해 왔기 때문이다. 세계화교의 대부분이 거주국의 국적을 취득한 채 거주국 국민으로 살아가는 이른바 화인사회를 구성하고 있는 것과 달리, 한국화교는 현재까지도 대부분의 사람들이 중화민국 국적을 유지하고 있는 전형적이고 거의 유일한 화교사회를 형성하고 있다. 또한 한국화교사회의 조직 및 운영에 있어서도 중화민국정부의 방침 및 시책은 거의 절대적이라 할 수 있다.[66] 이렇듯 한국화교사회 전반에 걸쳐 미치고 있는 중화민국정부의 영향력을 보더라도 타이완의 한국화교 연구에 대한 개연성은 충분함에도 불구하고 한국화교가 타이완 연구자들의 관심을 불러일으키지 못하는 것은 여전히 의문이 아닐 수 없다. 타이완의 학술계에 여전히 불식되지 않고 잔존해 있다고 하는 이른바 소중화주의(小中華主義)나 서구적 편향의 학술적 풍토에서 그 이유를 찾고자 하는 것도 한국화교 연구의 낙후 원인에 대한 적절한 진단은 아닐 것 같다. 이에 대해서는 보다 세밀한 이해와 파악이 필요할 듯하다.

---

66) 물론 2000년 타이완 독립을 주창하는 민진당(民進黨)의 천수이비엔(陳水扁)이 총통에 당선된 이후로, 타이완의 한국화교에 대한 영향력은 급격히 줄어들고 있다.

4. 한국의 한국화교 연구

한국사회의 화교에 대한 인식이 그리 좋은 것은 아니었다. 청일전쟁 이전에는 공포의 대상이었고, 그 이후에는 공포와 더불어 조롱과 멸시의 대상이기도 했다. 또한 해방 이후에는 주로 경제적 차원에서 경계해야 할 집단으로 인식되었고 1950년대 이후에는 사실상 무관심이 화교를 대하는 한국사회의 전반적인 흐름이었다. 최근 들어 화교가 중국과 관련되어 또 하나의 활용대상으로 지목되고는 있지만 한국인들이 느끼는 화교 이미지는 여전히 부정적인 게 대부분이다. 화교에 대한 이러한 부정적 인식은 역사적으로 한·중 간의 역학관계에서 항상 열세에 놓일 수밖에 없었던 한반도 주민들의 종족적 피해의식과 근대 이후 식민주의에서 배태된 민족주의적 배타성이 결합된 결과라고 할 수 있다.

한국의 화교에 대한 관심은『조선왕조실록』,『총리교섭통상사무아문일기』 등에 일부 화교에 관한 기록[67]이 보이는 것처럼 19세기 말 20세기 초부터 시작되었다고 한다. 그러나 1920년대 화교노동자의 조선으로의 대량 이주 및 1930년대 초 완바오산사건에 대해 조선일보, 동아일보 등 당시 조선의 유력 신문들이 깊은 우려를 표하는 것에서도 알 수 있듯이, 한국사회의 화교에 대한 관심은 앞서도 말했지만 주로 민족주의적 배타성과 그에 따른 이민족에 대한 경계로 표현되었다. 해방 이후 한국화교 관련 문건으로는 최초라 할 수 있는 조선은행 조사부의『재한화교의 경제적 세력』 역시도 한국화교가 전후

---

67) 崔承現, 앞의 책, 7쪽 참조.

한국경제에 미치는 부정적 영향에 대한 경계심을 표출하고 있다는 점에서 그 연장선상에 놓여 있다고 볼 수 있다. 이러한 민족주의적 경계가 이후 한국의 한국화교 연구에도 직간접적으로 영향을 미치게 됨으로써 연구의 객관성을 담보하기가 매우 힘들었던 게 사실이다. 그렇지만 정작 한국화교가 한국 학술계에 연구대상으로 등장하게 되는 데에는 이후에도 상당한 시일을 거쳐야 했다.

한국화교가 연구대상으로 처음 등장하게 된 것은 1963년에 발표된 구효경·김신자의 「재한화교의 실태」[68]이지만 실질적인 연구가 이루어지기 시작한 것은 1972년 고승제의 「화교 대한(對韓) 이민(移民)의 사회사적 분석」이 발표되면서부터이다.[69] 고승제는 이 논문을 수정 보완하여 자신의 저서 『한국이민사연구』[70]에 싣기도 했다. 김경국 등은 이에 대해 화교이민의 시작, 화교에 대한 한국과 중국정부의 정책 그리고 화교의 각종 활동에 대해 초보적인 연구가 이루어지고 있다고 평가한다.[71] 이후 점차 연구의 틀을 갖추기 시작한 한국의 한국화교 연구는 국내대학에 진학한 젊은 화교세대들의 연구로 이어진다. 한국에서 태어나 교육을 받으며 성장한 젊은 3, 4세대 화교들이 이 시기에 들어 점차 자신의 정체성에 의문을 갖기 시작했고, 이것이 석사논문이라는 연구의 장으로 흡수되었던 것이다. 신문염의 「在韓華僑의 經濟에 관한 研究」(경희대학교석사논문, 1974. 2), 강덕지의 「韓國華僑의 經濟에 관한 고찰」(성균관대학교석사논문, 1974. 2), 추미

---

68) 구효경·김신자, 「재한화교의 실태」, 『綠友會報』, 제5호, 1963. 이것은 화교협회로부터 입수한 자료를 중심으로, 화교인구와 차이나타운에 관해 쓴 연구조사논문이다.

69) 고승제, 「화교 대한(對韓) 이민(移民)의 사회사적 분석」, 『백산학보』, 제13호, 1972. 12.

70) 고승제, 『한국이민사연구』, 장문각, 1973. 10. 王恩美, 앞의 책 26쪽에서 재인용.

71) 김경국·최승현·이강복·최지현, 앞의 논문, 503쪽 참조.

란의 「在韓華僑의 企業經營에 대한 實證的 연구」(단국대학교석사논문, 1976. 9), 담영성의 「朝鮮末期의 淸國商人에 관한 연구」(단국대학교석사논문, 1977. 2), 주봉의의 「화교들의 문화이식 과정에 있어서의 매체이용 패턴에 관한 연구」(서울대학교석사논문, 1985. 2), 담건평의 「재한화교의 사단조직에 대한 연구: 서울지역을 중심으로」(서울대학교석사논문, 1985. 8) 등이 그것이다. 이는 최근에 나온 사보혜의 「만보산사건과 인천 화교배척사건 연구: 재만한인과 재한화교의 관계사적 입장에서」(인하대학교석사논문, 2009. 2)로 이어지고 있다. 이 가운데 주목할 만한 것으로는 강덕지, 담영성, 담건평 등의 논문을 들 수 있다. 강덕지의 「韓國華僑의 經濟에 관한 고찰」은 요식업이 화교경제의 핵심으로 자리 잡게 되는 과정과 화교들이 1970년대 미주지역이나 다이원 등으로 재이민을 가게 되는 배경에 대해 논하고 있다. 담영성의 「朝鮮末期의 淸國商人에 관한 연구」의 요점은 세계 여타 지역의 화교사회와는 달리 한국의 화교는 초기부터 청국정부의 적극적인 지원과 비호하에 세력을 신장할 수 있었다는 것이다. 그리고 담건평의 논문은 광범위하고 긴밀하게 연결된 화교 네트워크가 결국은 한국화교의 에스닉 아이덴티티 유지에 커다란 역할을 했다는 점을 밝히고 있다. 이 밖에 학술연구서는 아니지만, 친위광(秦裕光)이 1979년 9월부터 12월까지 중앙일보에 연재한 「화교」[72]도 주목할 만하다. 이는 일찍이 한성화교협회 회장을 역임했던 자신의 이력에 비추어 다양한 화교 역사 및 경험들을 회고록 형식으로 이야기하고 있는데, 한국화교 연구에서 가장 많이 언급되는 것 중의 하나이다.

---

72) 이는 후에 타이완에서 『旅韓六十年見聞錄—韓國華僑史話』(中華民國韓國研究學會, 1983)이란 이름으로 출판되었다. 그러나 수정 및 가필을 거친 탓에 내용상에서는 다소 차이가 있다.

국내 한국화교 연구를 본격적인 궤도에 올려놓았다고 평가되는 박은경의 「華僑의 定着과 移動: 韓國의 境遇」(이화여자대학교박사논문, 1981)[73])는 일정 정도 이와 같은 1970, 80년대 화교들의 연구성과가 있었기에 가능했던 측면도 있다.

한국화교에 관한 국내 최초의 박사논문이라 할 수 있는 박은경의 「華僑의 定着과 移動: 韓國의 境遇」는 주로 에스니시티(ethnicity) 관점에서 한국정부의 화교에 대한 법적·제도적 차별, 한국사회의 화교에 대한 뿌리 깊은 편견과 그로 인한 화교의 소외 및 주변화 그리고 한국화교의 몰락과정과 타이완이나 미국으로의 재이민 등 한국화교의 정착과 이동과정을 총체적으로 고찰하고 있다. 따라서 그녀가 제시하는 이론적 틀 역시 이후 전개되는 한국화교 연구에 상당 기간 강력한 영향을 미쳤던 게 사실이다.

그러나 그녀의 논문이 한국화교 연구에 있어 가장 많이 거론되고 인용되는 것만큼 그에 대한 반성적 비판이 잇따르고 있다는 점도 간과해서는 안 될 것이다. 가령 이창호 같은 경우에는 박은경이 자신의 이론적 틀로 제시하고 있는 바스(Barth)의 논의를 임의대로 해석함으로써 에스닉 그룹 간의 경계설정의 주체가 되어야 할 행위자 즉 화교를 오히려 수동적이고 피동적인 존재로 인식하게끔 했고, 화교라는 에스닉 집단에 대응하는 또 다른 에스닉 집단으로 한국이라는 국민국가의 범주를 설정함으로써 에스닉 집단의 다양성과 복잡성을 주장했던 본래의 바스 논의에서 벗어나 있다고 비판한다.[74])

---

73) 이는 뒤에 수정 및 가필을 거쳐 『한국화교의 種族性』(韓國硏究院, 1986)이란 이름으로 국내에서 출판되었다. 본 논문에서는 주로 이 『한국화교의 種族性』을 중심으로 했음을 밝혀 둔다.

74) 이창호, 앞의 논문, 7~8쪽 참조.

이와 유사한 차원에서 필자가 박은경의 논문에 주목하고 싶은 것은 동화와 이화, 자아와 타자라는 이분법적 틀이다. 그녀의 주요 논조는 한국화교가 자신만의 에스니시티를 유지하게 된 데에는 한국정부의 배타적 화교정책으로 인해 동화가 허락되지 않았기 때문이며, 이것이 결국 한국사회를 떠나 다른 지역으로 재이민을 갈 수밖에 없는 상황으로 내몰리게 되었다는 것이다. 따라서 그녀의 결론은 한국정부가 보다 적극적이고 긍정적인 화교정책을 실시함으로써 화교를 우리 안으로 포섭해야 한다는 논리로 귀결된다. 여기에는 국민국가를 단위로 한 '남' 혹은 '나'라는 근대주의적 틀이 유지되는 가운데 차이는 도외시한 채 동화를 통한 국가적 동일성만을 강조하는 한계가 노정되어 있다. 이창호의 지적대로 에스니시티 내부에 존재하는 다양한 차이를 인성하고 그것을 통해 화교사회를 파악하는 것이 필요한 시점이다.

박은경의 논문 이후로 한국화교에 대한 대다수의 연구는 한국화교를 자아(한국인)와 엄격히 구별되는 타자(화교)로 규정하고 그들에게 동화와 이화 중에 선택을 강요하는 흐름이 주류를 차지하게 된다. 이와 관련해 여기서는 두 편의 석사논문을 거론하고자 한다. 먼저 남지숙의 「서울市 華僑의 地理學的 考察(1882~1987년)」[75]이다. 이 논문은 서울에 거주하는 화교들의 거주지 이동과 그 배경에 관해 다양한 그림과 도표 및 설문조사를 이용해 고찰하고 있다. 여기서 특히 흥미로운 점은 화교의 거주지가 본래의 중구 지역에서 서대문구 연희동, 연남동 지역으로 옮겨 가고 나아가 강남 등 서울시 전역으로 분산되

---

75) 남지숙, 「서울市 華僑의 地理學的 考察(1882~1987年)」, 이화여자대학교석사논문, 1987.

는 요인 중의 하나로 화교의 한국사회로의 동화와 적응을 들고 있는 부분이다. 즉 화교의 거주지는 주로 화교학교를 중심으로 분포되고 이동되는 게 일반적인데 오히려 서울시 전역으로 분산 배치되었던 것은 해외 이주의 증가로 인해 화교사회 내부의 결속력이 약화되면서 결과적으로는 화교가 한국사회에 동화되었기 때문이라는 것이다. 그런데 안타깝게도 이에 대한 논의가 논문 속에서는 더 이상 진전되지 못하고 있어 그 요인을 구체적으로 분석하기는 힘들다. 다음으로는 김기홍의 「在韓華僑의 Ethnicity에 관한 硏究-在韓華僑의 適應過程에 대한 事例를 中心으로」76)이다. 최승현은 김기홍의 이 논문을 한국화교 연구가 순혈적 민족주의 관념과 국민국가를 단위로 하는 사고에서 벗어나는 계기를 마련하는 것이라 평가77)하고 있지만 그렇게 주장할 수 있는 근거를 논문 속에서 발견하기란 쉽지 않다. 오히려 필자가 보기에, 이 논문 역시 한국화교의 한국사회 내에서의 적응 전략을 네 가지 타입으로 유형화하는 가운데, 마이너리티로서의 한국화교가 한국사회와 적극적으로 소통해야 함을 주문한다는 점에서 동화와 이화라는 문제 틀에서 크게 벗어나지 못하고 있기는 마찬가지이다. 물론 마이너리티이기는 하지만 화교를 한국사회의 당당한 구성원으로 인정하고 있고 한국화교가 당면한 각종 문제를 해결하기 위해서는 화교 역시 자신들이 가지고 있는 폐쇄성에서 벗어나 한국사회에 주체적이고 적극적으로 참여할 것을 요구하는 데에서 화교문제의 원인을 한국사회의 화교에 대한 차별이라는 외부적 요인에서 찾고자

---

76) 김기홍, 「在韓華僑의 Ethnicity에 關한 硏究-在韓華僑의 適應過程에 대한 事例를 중심으로」, 고려대학교석사논문. 1995.

77) 崔承現, 앞의 책, 8쪽 참조.

했던 기존 연구의 관성에서 어느 정도 탈피하고자 노력했다는 점은 분명 인정해야 할 것 같다.

90년대 후반에 이르면, 이른바 다문화사회를 지향한다는 차원에서 이주민집단에 대한 한국사회의 관심과 맞물려 한국화교에 대한 연구도 확대된다. 이러한 흐름에 부응하듯, 화교의 법적 지위와 인권문제에 관한 논문이 다수 발표되었다.[78] 그러나 이들 논문 역시 동화/이화라는 이분법적 틀을 크게 벗어나 있다고는 할 수 없다. 다만 화교를 외국인 노동자 등 새로운 이주민집단과 함께 거론하면서 한국사회에 팽배한 자민족중심주의 심지어는 인종주의적 편견 등 민족주의적 배타성을 적극적으로 비판하고 해명하는 기제로 한국화교 연구를 활용하고 있다는 점에서 일부 진전이 있었다고는 볼 수 있겠다.

화교를 차별적 구조 속에 위치한 수동적 피해자에서 능동적인 행위 주체로 인식하고, 화교집단을 동일한 에스닉 집단에서 다양성과 차이가 존재하는 세분화된 집단으로 이해함으로써 한국화교 연구를 국민국가의 한계로부터 해방시키는 계기를 마련한 논문들은 2000년대에 들어서 나타난다. 2005년에 제출된 김기호의 「초국가시대의 이주민 정체성-한국 화교의 사례 연구」(서울대학교석사논문, 2005)와

---

78) 안영도, 「화교의 법적지위와 영주권제도의 필요성」, 국제인권법학회 『한국내 외국인의 법적지위: 화교를 중심으로』(세미나자료), 2001; 장복희, 「국제법상 소수자의 보호-한국 화교 문제를 중심으로」, 『국제인권법』, 제4호, 2001; 이윤환, 『憲法上定住外國人의 地方參政權』, 『국제인권법』, 제4호, 2001. 이윤희, 「동북아시아 시대 인천 거주 화교의 인권 실태 및 정체성」, 『담론201』, 제6권 2호, 2004; 정인섭, 「화교에 대한 차별: 그들은 한국사회의 주민인가?」, 『사회적 차별과 법의 지배』, 박영사, 2004 등이 있다. 그리고 이와 더불어 『당대비평』(제19권, 여름호, 2002년)의 기획 '한국사회의 편견과 차별구조 5-화교'도 주목해야 한다. 그중에는 왕춘식의 「한국 화교2세의 질곡과 소망」, 장수현의 「한화(韓華), 그 배제의 역사」, 오명석의 「화교 교육과 젊은 세대의 문화적 감수성」, 박은경의 「한국인과 비한국인: 단일 혈통의 신화가 남긴 차별의 논리」가 포함되어 있다. 이 밖에도 양필승, 「한국화교의 오늘 및 내일: 새로운 희망의 시대를 맞이하여」, 『국제인권법』, 제3호, 2000; 장수현, 「한국화교의 사회적 위상과 문화적 정체성」, 『국제인권법』, 제4호, 2001; 이재광, 「한국화교의 역사와 문화정체성: 화교교육을 중심으로」, 『중국학연구』, 제30집, 2004; 박경태, 「화교, 우리 안의 감춰진 이웃」, 『황해문화』, 통권 47호, 여름, 2005 등이 있다.

2007년에 나온 이창호의 박사논문 「한국 화교의 사회적 공간과 장소: 인천 차이나타운을 중심으로」가 대표적이다. 전자는 참여관찰과 인터뷰조사를 중심으로 현 단계 한국화교의 정체성을 구명하고 있다. 그에 따르면 한국화교는 어느 사회에도 속하지 못하는 삶의 조건에 적응하기 위해 한국, 중국, 타이완 사이의 국가 경계를 넘나들며 자신의 생존전략을 구상해야 했고 이로부터 국가정체성에 대한 새로운 인식을 갖게 되었다고 한다. 즉 한국에서는 중국인, 타이완에서는 한국인, 중국대륙에서는 타이완인으로 타자화됨으로써 그 어디에도 귀속될 수 없었던 한국화교의 국가정체성은 중화인민공화국도 중화민국도 아닌 이른바 '상상의 중국'에 기초한 '제3의 중국인'으로 표출되고, 이들이 주체적으로 만들어 가는 고유한 생활방식은 '제3의 문화'로 표현된다는 것이 김기호의 요지이다. 후자는 인천 및 차이나타운에 거주하는 화교들이 어떤 방식으로 공간과 장소를 인지하고 실천하는지에 대한 고찰을 통해 화교사회 변화의 구체적인 메커니즘과 문화적 정체성을 탐구하고 있다. 한국화교는 차이나타운이라는 구체적인 지리적 장소를 뛰어넘어 모국인 중국으로부터 연원한 자신들만의 고유한 생활원리 즉 꽌시(關係), 미엔즈(面子), 후이(會) 등으로 대표되는 정치·경제·사회적 실천방식이 유기적으로 작동되는 '사회적 공간'의 창출을 통해 '특별한 소수자'로서의 삶을 영위해 가고 있으며 이것이야말로 에스니시티의 다양성을 보여 주는 중요한 사례라는 것이 이창호의 주요 논지이다.

이들의 연구는 기존 한국화교 연구가 견지했던 동화/이화의 이분법적 틀로서는 한국에 거주하는 화교, 그들이 구성하고 있는 화교사회, 그들의 사회적 운영체계 및 네트워크를 제대로 해명할 수 없다는 고민과 반성에서 비롯되었다는 점에서 한국화교 연구에 새로운 방법론을 제시했다고 볼 수 있다.

식민주의 나아가 민족주의에서 그 파생적 연원을 찾을 수 있는 동화/이화라는 근대주의적 틀이 1990년대까지 한국화교 연구의 주류적 담론으로 위치 지어졌다면, 2000년대는 그에 대한 반성적 차원에서 국민국가의 범주로부터 벗어나 그 내부의 지역적·종족적·문화적 커뮤니티의 다양성과 차이를 강조하는 방향으로 한국화교 연구의 방법론을 재구성하고자 하는 시도가 이루어지고 있다고 할 수 있다.

Ⅳ. '한국화교' 연구의 진단과 전망

이상으로 일본, 중국, 타이완, 한국 등 동아시아 네 지역을 중심으로 한국화교 연구의 성과 및 동향에 대해 소략하나마 정리해 보았다. 이들 지역의 한국화교 연구는 세계질서의 급변과 국내정세의 변동에 따라 각기 다른 이데올로기적 배경 속에서 이루어졌다. 따라서 한국화교를 바라보는 그들의 시선과 지향에도 일부 차이가 존재하는 게 사실이다. 그럼에도 불구하고 그동안 동아시아의 한국화교 연구는 정치, 경제, 사회, 문화 등 다방면에 걸쳐 적지 않은 성과를 이룩했고, 그에 따라 한국화교의 삶의 지형도 점차 그 모습을 갖추어 가고 있다. 다만 동아시아에서 진행되는 한국화교 연구가 화교 자체를 연구목적으로 삼기보다는 주로 국민국가를 단위로 한 연구 주체의 정치·경제적 이익에 봉사하기 위한 하나의 수단으로 활용되어 왔다는 비판도 존재하고 있음을 간과해서는 안 된다. 이러한 혐의에서 자유로워지기 위해서는 앞으로 한국화교 연구자들의 보다 심도 있는 논의와 보다 많은 노력이 필요하다. 당시의 시대정신과 현실적 관심에서 연구의 동기를 제공받는 것은 극히 자연스러운 일이고 따라서 이를 부정할 필요는 없겠지만 그것이 자칫 연구 주체의 개별적 기호에 따라 소장기복을 거듭한다면 연구의 횡적 나열에서 벗어나지 못할 것이기 때문이다. 역사적 차원의 종적인 이해와 체계화된 이론적 보완이 필요한 이유가 여기에 있다. 종횡으로 교차되는 고차방정식 그래프를 완성하는 일이 우리에게 숙제로 남아 있는 셈이다.

소수민족의 신분으로 전 세계에 산재해 있는 화교를 하나의 동일한 집단으로 해석하는 것이 불가능한 것처럼, 한국화교도 균질적인 집단으로 이해하고 접근할 수는 없다. 그 안에는 자신의 출생지(중국 내)·거주지(한국 내)에 따른 지역적 차이도 있고 세대 간에 존재하는 이념적 차이도 있다. 또한 직업이나 성별에 따른 사회적 이해에도 편차가 존재한다. 심지어 언어적 차이도 일부 있다는 것을 인정해야 한다. 이렇듯 다양한 층차 속에 상존하는 차이를 인정할 때 비로소 일반화의 오류에서 벗어날 수 있다.

지금까지 한국화교 연구는 다각적인 차원에서 다양한 주제들을 끌어안고 전개되어 왔지만, 보다 구체화되고 개척되어야 될 분야가 여전히 많이 남아 있는 것도 사실이다. 여기에서는 두 가지만 지적하기로 하겠다. 첫째, 화교들의 삶을 미시적인 생활사의 차원에서 구현하는 것이다. 그동안 한국화교는 때로는 한국사회의 법적·제도적 질서 밖에 존재하기도 했고 때로는 그 안에 포함되어 있기도 했다. 이러한 요동 속에서 한국화교사회가 안정적으로 외부사회와 소통하기 위해서는 우선적으로 자신들만의 고유한 공동체 원리를 통해 내부적 결속을 다져 나가야만 했다. 따라서 한국화교사회를 이해하기 위해서는 그 내면으로 파고들어가 그들의 삶의 원리를 면밀하게 파악하는 것이 무엇보다 중요하다. 전통적으로 신용, 지연, 혈연, 업연 등 다분히 관행적인 기제들을 통해 운영되어 온 한국화교사회의 작동원리를 구체적이고 세밀하게 파악할 때만이 그들의 고유한 네트워크와 가치체계를 이해할 수 있을 것이다. 이창호 등에 의해서 일부 그러한 시도가 있었지만 보다 많은 노력이 경주되어야 할 부분이다. 둘째, 신화교로 연구대상을 확대하는 문제이다. 그동안 한국화교 연구는 주로 누대에 걸쳐 한반도에 영구적 기반을 마련한 이른바 구화교(舊華僑)에 집중되어 있었다. 반면 1992년 한중수교 이후 유학, 결혼, 취업 등의 이유로 한국으로 건너온 이른바 신화교(新華僑)에 대한 연구는 거의 전무한 상황이다. 법무부 출입국 외국인 정책본부 자료에 따르면, 2009년 현재 한국에 거주하는 신화교의 수(조선족 포함)는 거의 60만 명에 이른다고 한다. 구화교가 대부분 중화민국 국적을 소지하고 있는 것과는 달리 대다수가 중화인민공화국 국적자들인 이들은 본국과의 네트워크를 유지하는 가운데 그 안에서 자신의 정체성을 유지하고 있다. 또한 이들 중에는 여전히 단순노동을 하는 비전문직 종사자가 대부분을 차지하고 있지만, 고학력 출신의 전문직 종사자도 갈수록 증가하고 있다. 이처럼 신화교는 정체성, 이주배경, 직업, 학력 등 많은 면에서 기존의 구화교와 대비되는 차별적 존재들이다. 따라서 신화교에 대한 우리의 관심과 연구는 극히 현실적인 문제이기도 하면서 한국화교사의 체계화를 이룩한다는 면에서 긴박하고 절실한 문제라 할 수 있다. 이들에 대한 연구가 향후 한국화교 연구의 대종을 이루게 될 날도 그리 머지않아 보인다.

　마지막으로 한국화교 연구가 안고 있는 또 하나의 한계를 지적하면서 논문을 매조지하고자 한다. 그것은 바로 화교를 여전히 해석의 대상으로만 인식하고 이해하고 있다는 점이다. 얼마 전 필자는 옴니버스 영화 <여섯 개의 시선>을 본 적이 있다. 그 가운데 마지막 여섯 번째 작품인 '믿거나 말거나, 찬드라의 경우(Never Ending Peace And Love)'는 우리가 '우리 안의 또 다른 우리'를 어떠한 시선으로 바라보고 있는지 명확하게 제시해 주고 있다는 점에서 화교에 대한 이해에도 반면교사가 된다. 서울의 한 섬유공장에서 보조 미싱사로 일하던 네팔인 여성노동자 찬드라는 공장 근처 노점에서 라면 값을 지불하지 못해 경찰에 체포된다. 한국말이라고는 고작 '사장님', '돈'밖에 할 줄 모르는 찬드라를 경찰은 행려병자로 취급해 정신병원에 수감한다. 그녀가 정신병원을 나와 자신의 조국 네팔로 돌아가는 데에는 무려 6년 4개월이라는 시간이 필요했다. 영화는 그 6년여의 시간 동안 우리(경찰, 의사, 간호사 등)가 그녀를 어떻게 바라보고 어떻게 인식하는지 그리고 결과적으로 그들에 대해 얼마나 무지한지를 보여 주고 있다. 그런데 이 영화 속에서 찬드라의 얼굴은 네팔로 돌아간 뒤의 모습을 보여 주는 처음과 끝에서만 잠시 등장하고 한국의 정신병원에 수감되어 있는 동안은 줄곧 카메라 밖에 위치해 있다. 그리고 그녀는 또 다른 타자인 한국인들로부터 일방적으로 해석되고 기억된다. 몽골리언으로 한국인의 외모와 구별되지 않는 그녀를 한국인 취급하는 것도 그들이고 한국말을 더듬는 그녀를 정신병자 취급하는 것도 그들이다. 그들은 그녀의 육성(肉聲)과 심성(心聲)에는 전혀 귀기울이지 않는다. 그렇게 그녀는 그들이 해석하는 대로 정신병자 취급을 당하고 실제로 정신병자가 되어 간다. 화교의 경우에도 우리에게는 일방적인 시선과 일방적인 해석만이 존재하는 것은 아닌지 반성해 볼 필요가 있다. 화교는 더 이상 해석의 대상만은 아니다. 화교는 자신들의 목소리를 가지고 있고 자신들의 기억을 그 목소리에 담아 외칠 권리가 있다. 우리가 할 일은 그 목소리에 귀를 기울이고 그 안에서 그들의 기억을 더듬는 것이다.

제5장

중국기업 연구의 동향과 쟁점

장윤미

Ⅰ. 서론
Ⅱ. 근대 시기 기업 연구
Ⅲ. 현대 시기 기업 연구
Ⅳ. 결론: 평가와 제언

I. 서론

사회에서 기업은 경제영역뿐만 아니라 공적 영역, 그리고 모든 사
람들의 일상에 매우 중요한 영향을 미치는 조직형태로, 많은 학문 분
과에서 중요하게 다뤄져 온 연구주제였다. 역사적으로 볼 때 근대기
업으로의 변신은 경제성장을 위한 조직 효율의 측면에서 중요할 뿐
아니라, 근대 국가로의 전환과정에서 나타나는 한 국가의 운명과도
관련이 깊다고 하겠다. 주지하듯 영국에서 미국으로의 헤게모니 이전
과정을 설명하면서 막강한 자본과 힘을 가진 기업조직의 요인을 빼
놓을 수 없다. 최근 중국 CCTV를 통해 방영된 <기업의 힘[公司的力
量]>이라는 프로그램은 기업을 근대화 과정의 중요한 부분으로 파악
하고자 하는 중국인들의 역사관을 잘 보여 준다.[1)

---

* 본 논문은 『중국학연구』, 제56집(2011)에 게재된 논문을 수정한 것이다.
1) 이 프로그램은 2009년 8월부터 CCTV-2를 통해 방영된 대형 다큐멘터리이다. 세계 근대화 과정을 배경으
로 기업의 기원, 발전, 변화, 혁신의 역사를 잘 정리하고 있으며, 회사조직과 경제제도, 사상문화, 과학기술
창조, 사회생활 등 여러 영역 간 상호 영향에 대해 다루고 있다. 프로그램의 목적은 기업이라는 시장경제의
주요 행위자의 변천과정을 통해 성장 중에 있는 중국의 기업발전의 길을 모색한다는 것이다.

역사적으로 기업의 발전은 각국의 근대화 과정과 밀접한 관계를 갖는다. 서구에서 근대성은 자본주의적 산업화와 더불어 등장하였고, 이러한 근대성이 자본주의 발전을 촉진해 왔다. 반면 식민지를 경험한 비서구 사회에서는 각 국가마다 근대화를 받아들이는 과정이 상이하긴 하지만, 제국주의 국가에 의해 강요된 타율적인 '식민지 근대화'를 경험하게 된다. 아편전쟁에서 패한 뒤 강압적 개방을 요구당한 중국 역시 전통사회가 해체되면서 근대사회로 서서히 변화하게 된다. 중국은 서구의 근대성을 기술이나 제도 등의 차원으로 이해하고, 체제개혁을 위해 서구로부터 산업 생산품에서 각종 제도와 조직에 이르기까지 거의 모든 것을 도입한다. 기업제도 역시 이러한 근대화의 물결 속에서 중국사회에 적극 도입된다.

그러나 서구에서 도입된 제도들은 서구에서의 방식이 그대로 운영되는 것이 아니라, 기존 중국문화와 접합되어 새로운 유형의 제도들로 변형되고 발전되었다. 전통적인 문화와 가치체계, 관습적 행위 유형, 가족제도 등이 그대로 유지되었고, 위계적이고 때로는 연고주의적인 전근대적인 사회적 관행들이 제도 속에 투영되었다. 새롭게 도입된 제도의 형식과 실행 과정에서 전통사회의 요소와 서구적 의미의 근대적 제도 요소가 혼재되어 있었으며, 전통적인 사회적 관계와 관습들이 근대적인 조직 속에 그대로 잔존하고 있었다. 요컨대 외부로부터 도입된 제도를 선택적으로 수용하고, 제도 자체를 변형시켜 온 것이다.[2]

---

2) 진관타오는 중국의 주요 정치 관념의 형성과정을 '선택적 흡수', '학습', '창조적 재구성'이라는 3단계로 나눈다. 즉 중국인은 특유한 이성구조의 지배 아래 외래의 현대적 관념을 재구성할 때 전통적 요소를 주입, 그것을 중국식의 현대적 관념으로 바꾼다는 것이다. 이러한 입장은 전환기 사회의 특징을 기존의 전통-근대라는 이분법적인 단절의 시각에서 파악하는 것이 아니라 전통과 근대의 상호 작용에 보다 주목한다. 진관타오·류칭펑 지음, 양일모 외 옮김, 『관념사란 무엇인가 1: 이론과 방법』, 서울, 푸른역사, 2010.

이러한 측면에서 중국기업에 대한 연구는 중국 자본주의 발전의 특징을 이해하는 데 중요할 뿐 아니라, 근대화라는 역사적 과정에서 중국이 보여 준 제도의 수용방식과 재창조 측면에서 매우 중요한 주제 중의 하나이다. 이러한 연구를 통해 근대화가 곧 서구화로 인식되는 기존의 단선적이며 서구 중심적인 시각을 교정할 수 있을 뿐 아니라, 기존의 이론으로 설명하지 못하는 다양한 현실세계에 대해 보다 풍부한 설명과 관점을 제공할 수 있다.

기업의 개념은 시공간에 따라, 즉 서로 다른 발전단계와 서로 다른 사회경제체제의 환경에 따라 서로 달리 이해되어 왔다. 경제적 행위자로서 기업은 일반적으로 제품 생산과 서비스 활동에 종사하는 독립된 경영단위를 의미한다. 그러나 사회경제사적 맥락에서 기업제도의 형성과 변천 과정을 고찰하고자 한다면 기업의 개념온 좀 더 확대되어야 한다. 역사학계에서는 주로 사회경제원리를 이해하기 위한 일환으로 근대 기업 연구에 치중해 왔다. 특히 전통에서 근대로의 전환시기에 주목하는 역사학자들에게는 경제의 주요 행위자인 기업의 경영과 조직의 역사발전을 분석하는 것이 꼭 필요한 작업이었다. 근대적 목표로 나아가는 과정에서 중국이 어떻게 근대적 제도를 전통적 요소와 결합시켜 왔는지 분석하기 위해 기업이란 소재는 매우 중요한 주제 영역이라 할 수 있다. 이 경우 기업을 단순한 경제적 행위자로 규정하지 않고 한 사회의 내적 동학 속에 묻어 들어 있는(embedded) 하나의 조직으로 파악하고 있으며, 이것이 역사적인 전환과정에서 어떻게 변천되어 왔고, 전통의 어떠한 요소가 지속적으로 남게 되어 근대기업제도와 결합했는지에 주목한다.

그런 의미에서 사회주의 시기는 또 다른 근대로의 전환적 시기로 볼 수 있다. 사회주의 시기에 기업에 부여된 임무가 사회주의체제의 특성에서 비롯된 것이라고 할 때 사회주의 시기의 기업은 다른 체제와는 다른 기능과 역할을 포괄하며, 이에 따라 경제적 행위자가 아닌 사회조직과 구조적 제약 속에서 확장된 기능을 맡는 하나의 사회조직이라고 할 수 있다. 중국 사회주의 시기에 기업은 바로 정치적 통제, 경제적 재화 공급, 사회적 복지와 신분 제공 등의 역할을 모두 포괄했던 기초적인 사회조직인 '단위(單位)'의 형태로 존재했었다.

이렇듯 중국에서 기업은 시대별로 각각 다른 특성을 보여 왔다. 전통사회에서 중국기업은 지역사회의 정치적 틀 속에서 사회적 네트워크를 연결하는 공동체적 성격이 강했으며, 사회주의 시기에는 삶과 일터가 하나로 통일된 사회조직단위였고, 개혁개방 이후에는 정치에서 분리되어 주로 경제적 활동에 종사하며 현대기업제도에 맞는 경제조직으로 탈바꿈하고 있다. 그러나 다양한 소유제의 틀을 유지하고 있는 중국에서 공유제 기업은 기존처럼 사회적 역할을 계속 맡고 있고 국가경제의 핵심적인 지위를 유지하며 여전히 정치적 우위를 점하고 있다. 이렇듯 중국에서 기업은 역사단계마다 조금씩 다른 의미를 갖는 역사적 개념이자 사회적 실체라고 볼 수 있다. 이 글에서도 기업의 개념을 일정한 체제구조와 사회적 맥락 속에서 끊임없이 변화되어 온 사회경제조직으로 파악하고자 한다.

이 글의 목적은 기존의 중국기업에 관한 연구사를 정리하는 것이다. 기업과 관련하여 학자들이 주로 어떠한 주제에 주목했고 기업을 통해 어떠한 문제의식을 드러내고자 했으며, 또한 시대적 변화와 함께 어떠한 이슈가 쟁점이 되었는지를 살펴봄으로써 기업이 갖는 사회경제적 의미를 되짚어 보고자 한다.

Ⅱ. 근대 시기 기업 연구

1980년대 중반 이미 일본에서는 역사학적 시각에서 근대 중국기업을 분석하려는 시도가 있어 왔다. 이러한 연구활동은 일본에만 머무르지 않고 가오자룽(高家龍)이 "Big Business in China"를 발표한 1980년대 이후 구미의 중국기업사연구 역시 점차 확대되었고 중국, 홍콩, 대만 등지에서도 넓어졌다. 최근 20여 년간 일본, 영어권의 중국기업사연구가 풍성한 성과를 거두었는데, 이러한 배경 중의 가장 큰 변화는 중국기업사와 관련된 원시 사료의 정리와 공개가 빠른 속도로 진행되었다는 점에 있다. 이에 따라 중국연구자들 역시 주목할 만한 연구성과를 계속해서 발표했다. 특히 경제개혁과 함께 중국기업의 형성, 발전, 변화과정이 매우 중요한 위치를 차지하면서 중국경제사를 연구할 때 중국기업사는 매우 중요한 연구영역의 하나가 되었다. 최근에는 이러한 현실적 요구에 따라 통시적 관점에서 중국기업사를 집대성한 연구서가 출판되기도 했다.[3]

중국학계에서 근대 중국기업에 관한 연구의 시작은 1990년대 중반으로 그리 오래되지 않았다. 그 배경으로 1990년대 이후 중국에서 현대기업제도가 확립되면서 경제학계에 소개된 신경제사학[4]과 제도경

---

3) 1996년 중국기업연합회와 중국기업가협회에서는 두 차례에 걸쳐 모두 30여 명의 학자가 참여한 좌담회를 열고, '중국기업사'를 편찬하기로 토론한 바 있다. 연구결과물은 다음의 책들로 출판되었다. 郑学檬编),『中国企业史(古代卷)』, 企业管理出版社, 2002; 吴承明, 江泰 主编『中国企业史: 近代卷』, 企业管理出版社, 2004; 本书委员会 编著,『中国企业史·现代卷(上中下)』, 企业管理出版社, 2002; 刘海燕 主编『中国企业史·典型企业卷(上, 中, 下)』, 企业管理出版社, 2002.『中国企业史』시리즈는 개별 기업 사료와 달리 중국기업의 전체를 연구대상으로 삼아 주로 각각의 역사 시기와 다른 역사발전단계에 있었던 기업들의 기본적인 상황들을 분석했다. 여기에는 경영방식을 포함하여 기술상황, 기업문화, 기업의 업종별·지역별 분포 및 전체 국민경제발전에 미친 공헌 등을 다루고 있다.

4) 신경제사학(new economic history)은 역사적 과정으로서의 경제 변화를 이론에 입각해 분석하고자 하는 새로운 방법론을 말한다. 경제 변화를 그 자체로서 서술하기보다는 이론에 근거하여 설명하고 인과관계를 밝

제학의 이론과 연구시각의 영향을 꼽을 수 있다. 그 이전의 관련 연구는 주로 근대 중국기업사나 행업사(行業史) 연구에 치중되어 있었고, 대부분 기업 발전이나 경험에 관한 연구로 제도 문제에 주목한 경우는 매우 적었다. 1990년대 후반에 진행된 기업 연구의 연구영역도 크게 보면 기업사 혹은 기업제도사의 범주에 속하지만, 연구의 시각이나 쟁점이 본격적으로 기업제도 측면으로 집중되기 시작했다. 기존의 기업사 연구가 주로 기업의 사례연구에 주목했다면 기업제도연구는 제도 측면에서의 일반 법칙과 보편적 연구에 주목했다고 볼 수 있다.

기존의 근대기업에 관한 연구들을 전체적으로 평가해 볼 때 공식적인 제도(법령, 규장, 조직) 연구에서 비공식적 제도(관계망, 윤리, 습관, 가치관)로 발전하게 되었고 인문적 요소와 기업문화에 관심을 갖게 되었다. 이로써 기업사 연구영역을 크게 넓히고 현재 중국기업의 근대화의 경로를 탐구하는 데 도움을 주었다고 평가해 볼 수 있겠다.

1. 근대 기업제도 연구[5]

근대 중국기업제도에 관한 대표적인 연구저서로는 더우젠민(豆建民)의 『中國公司制思想硏究』, 왕추후이(王處輝)의 『中國近代企業組織形態的變遷』, 리위(李玉)의 『晚淸公司制度建設硏究』, 왕룽(汪戎)의 『晚淸工業産權制度的變遷』, 장충민(張忠民)의 『艱難的變遷: 近代中國公司制度硏究』 등을 꼽을 수 있다. 기본적으로 근대 기업제도의 발전과

힘으로써 그동안의 실증주의적 경향의 경제사 연구를 보완하고자 한다.

5) 이 분야에 관한 연구 동향을 체계적으로 정리한 글로는 다음을 참고할 것. 李玉, 「中國近代企業史硏究槪述」, 『史學月刊』, 2004, 第4期; 張忠民, 「近代中國公司制度硏究的回顧與展望: 有關文獻介紹與評述」, 中國企業史硏究會, 『中國企業史硏究的成果與課題: 中國企業史硏究の成果と課題』, 汲古書院, 2007.

정과 주요 발전단계와 특징, 제도발전의 특징 등에 대해 총괄하고 있다. 기업제도와 관련해 학자들이 주목해 온 몇 가지 주제 영역은 다음과 같다.

청말 기업제도연구는 최근에 진행된 근대기업 연구 중 가장 집중적으로 이루어진 영역 중의 하나이다. 청말은 학술적인 축적이 비교적 많이 되어 있는 시기로 학계에서는 주로 양무기업이나 근대기업, 1870년대부터 나타난 각종 대형 항운, 광공업 기업 등을 연구해 왔다. 근대 중국기업제도는 청말 시기부터 이미 시작되었고, 북양정부와 남경정부 시기에 오면 기업제도에 관한 연구저술이 현저하게 증가된다.6) 최근의 대표적인 연구로 리위의 『晚淸公司制度建設硏究』에서는 양무기업, 관독상판(官督商辦) 기업제도의 흐름, 기업제도 건설 등의 내용을 쏘괄하고 있다. 왕룽의 『晚淸工業産權制度的變遷』에서는 청말 민영기업의 재산권제도분석을 통해 현대기업제도의 문제를 다루고 있다. 최근에는 근대기업제도연구라는 커다란 틀 아래 '주식제' 혹은 '주식제 기업'을 다루는 연구가 많아졌는데, 대표적 연구로 주인구이의 『近代中國的第一批股份制企業』을 꼽을 수 있다.

근대 중국의 '기업법'과 관련해서는 대부분 청말 시기 '공사율(公司律)' 연구에 집중되어 있다. 그중 장충민은 비교적 체계적으로 근대 중국 공사법의 제정과 내용, 계승, 변천에 관한 내용을 총괄하고 있다.7) 기업법 관련 연구는 대체로 근대 중국기업제도의 변화와 함께

---

6) 당시 기업에 관한 조사나 통계가 실렸던 간행물로는 『商務官報』, 『東方雜誌』, 『國風報』, 『銀行周報』, 『工商半月刊』, 『日用經濟』, 『總商會月報』, 『中國工業月刊』 등을 꼽을 수 있다. 또한 대표적인 경제사 저작인 龔駿의 『中國新工業發展史大綱』(商務印書館, 1933)에서는 기업제도의 내용을 포함하고 있다.

7) 張忠民, 「近代中國的'公司法' 與公司制度」, 『上海社會科學院學術季刊』, 1997年, 第4期. 이 밖에도 다음과 같은 연구가 있다. 李玉, 熊秋良, 「試論淸末的'公司律'」, 『湖南師範大學社會科學學報』, 1994年, 第4期; 「論淸末的公司法」, 『近代史硏究』, 1995年, 第2期; 張銘新, 王玉潔, 「略論淸末'公司律'的産生

다뤄져 왔다.

근대기업제도연구 중 가장 많은 성과를 낸 영역 중의 하나는 바로 '관리(官利)'제도 연구이다.[8] 그 원인으로는 이 문제가 매우 중요하기 때문이고, 또한 비교적 뚜렷한 중국 특색이 두드러지는 자료가 집중되어 있기 때문이다. 이 분야의 연구는 대체로 관리의 구체적인 내용과 분포 및 구체적인 실시상황, 그리고 관리의 형성원인과 그 성격에 대한 평가에 집중되어 있다. 대체로 관리는 근대 중국기업제도의 변천과정에서 중국의 전통적 특색을 가장 많이 보이고 있는 제도배열로 인식된다. 그러나 그 형성원인과 특성에 대한 평가는 논자마다 서로 다르다. 상대적으로 많은 문헌을 보유하고 있지만 대부분의 연구결과가 대동소이하다는 점에서 앞으로 새로운 연구방법과 자료, 새로운 관점이 필요한 영역이라고 평가할 수 있겠다.

이 밖에도 기업유형 및 기업사례연구가 있다. 기업사례연구는 1990년대 초 주식제기업인 윤선초상국(輪船招商局)에 대한 연구로 시작된다. 기업유형이나 사례연구는 풍부한 당안 사료와 구체적인 실증 연구의 동원이 가능해 잠재력이 큰 분야로 주목받는다.[9]

及特點」, 『法學評論』, 2003年, 第3期; 정지호, 「청말 회사법의 형성에 관한 일고찰: '공사율(公司律)'의 분석을 중심으로」, 『중국학보』, 2004, 50권.

8) 관리제도(官利制度)에 따르면 기업의 이윤 여하를 막론하고 매년 주주에게 정액의 배당을 했는데 일반적으로 배당률은 8% 이상이었다. 관리를 지불한 뒤 만약 잉여가 있으면 다시 이익을 나누었다. 관리제도는 서구 주식제 기업제도가 중국에 도입되는 과정에서 중국 사회구조에 적응하고 변화되는 과정에서 나타난 하나의 경제제도라 할 수 있다. 다양한 분석이 있지만, 대부분의 연구들은 근대 중국 사회경제구조의 환경조건, 중국 근대자본시장의 고리대금 성격과 중국의 유구한 상거래 관행 등을 관리제도가 형성되고 장기적으로 존재했던 근본적 원인으로 꼽는다. 대표적인 연구로는 다음과 같다. 朱蔭貴, 「引进与变革: 近代中国企业官利制度分析」, 『近代史研究』, 2001年, 第4期; 邹进文, 「近代股份制的'中国特色'之一: 试论清末股份企业的'官利制'」, 『中国经济史研究』, 1996年, 第4期; 李玉·熊秋良, 「论中国近代的官利制度」, 『社会科学研究』, 1996年, 第3期; 杨华山, 「中国早期现代化建设的二难困境: 晚清专利与官利制度述评」, 『安徽史学』, 2002; 施友佃·楊波 「中國近代股份制企業的發展與'官利制'」, 『福建財會管理幹部學院學報』, 1995年, 第2期; 李玉, 「中國近代股票的債券性: 再論'官利'制度」, 『南京大學學報』, 2003年, 第3期.

9) 대표적인 연구는 다음과 같다. 薛毅, 『國民政府資源委員會研究』, 北京, 社會科學文獻出版社, 2005; 趙興勝, 『傳統經驗與現代理想: 南京國民政府時期的國營工業研究』, 齊魯書社, 2004; 卢文莹 「中國最

2. 기업 네트워크 연구

기업의 공식적인 제도 이외의 요인에 주목하는 연구경향도 중국 근대기업 연구의 하나의 커다란 줄기를 이루어 왔다. 그중 네트워크 연구는 최근 20년간 경제학, 사회학, 역사학에서 뜨거운 주제였다. 아시아 경제 부상의 내적 동인 탐구, 그리고 제도변화이론과 사회자본 이론이 이러한 연구경향의 이론적 배경이 되었다. 신제도경제학파 노스(North)가 제기한 제도변화이론은 주류경제학의 경제성장모델을 비판하면서 기술혁신과 규모경제, 교육과 자본축적 등 비경제성장 요인을 제시하였다. 요컨대 제도 변화가 경제성장의 원천이라는 것이다. 이 이론으로 많은 학자들이 제도요인과 경제성장에 영향을 미친 문화적 요인에 관심을 기울였고, 지연과 혈연을 기초로 하는 네트워크는 비공식적 제도의 배열로 형성된 비공식조직으로 연구자들의 주목을 받았다.[10]

사회자본이론 역시 네트워크에 대한 관심을 불러일으켰다. 이 이론은 사회자본이 사회 네트워크 속에 배태되어 있고 사회관계를 통해 획득한 자본이라고 본다. 사회자본이론은 상업 네트워크로 동아시아와 동남아 경제 성공을 설명하는 이론적 토대를 제공한 한편, 중국과 아시아, 세계와 다른 지역의 상업 네트워크의 비교연구를 가능하게 해주었다. 이러한 경향의 연구들은 서구 중심론에 대한 성찰을 반

早實行股份制的企業: 輪船招商局」, 『財貿研究』, 1992年, 第5期; 陳爭平, 「試論中國近代企業制度發展史上的'大生'模式」, 『中國經濟史研究』, 2001年, 第2期; 張忠民, 「近代中國公司的類型及其特點」, 『上海經濟研究』, 1999年, 第2期; 宋美云, 「中國近代企業制度與公司治理結構: 以天津爲例」, 『文史哲』, 2004年, 第3期; 박정현, 「榮家企業을 통해 본 中國 '近代企業'의 成長方式」, 『중국사연구』, 2006, 제43집.

10) 道格拉斯·C·诺斯, 陈郁, 罗华平 译, 『经济史中的结构与变迁』, 上海三联书店, 上海人民出版社, 1994, 7쪽.

영하며 중국과 아시아 자체 역사에 대한 학술적 관심을 내포하고 있다. 요컨대 동아시아 경제가 부상하면서 아시아의 문화 전통에서 아시아 근대화의 내부 동인을 찾으려는 노력이 있었고, 그러면서 네트워크 연구가 주목받게 된 것이다.[11]

네트워크 관점에서 진행된 연구는 기업을 직접적인 연구대상으로 삼지 않지만 중국기업사 연구와 밀접한 관련이 있다. 1990년대 이후 지금까지 '네트워크'라는 관점에서 중국 상업조직과 동향단체, 초국적 무역, 기업경영과 관련된 논저들이 대량으로 쏟아지고 있다. 또한 일부 학자들은 상업 네트워크, 동향 네트워크, 초국적 무역 네트워크, 가족 네트워크, 개인 네트워크 등을 중국기업사의 틀 안에 두고 종합적으로 고찰하기도 한다.

많은 학자들이 네트워크를 상인단체의 성공적인 운영 비결로 보는데, 이러한 관점에서 진행된 연구들은 대체로 상방(商幇)이나 상회(商會) 등과 같은 상인단체에 주목하거나, 회관(會館) 등 동향조직에서 특징을 찾아내고자 한다. 이렇게 다양한 조직네트워크 연구를 통해 관계망, 혈연과 지연에 기초한 네트워크, 비제도적 인적 네트워크, 동향조직 등의 존재가 어떻게 상업 활동이나 신용제도에 영향을 주고 거래비용을 감소시키는지 등에 주목하고 있다.[12]

---

11) 皇甫秋实, 「'网络'视野中的中国企业史研究述评」, 『史林』, 2010(1), 167~174쪽.

12) 이러한 시각에서 진행된 연구로는 다음의 성과들이 있다. 高家龙·程麟荪 譯, 『大公司與关系网: 中国境内的西方, 日本與华商大企业(1880~1937)』, 上海社科院出版社, 2002; 汪雷, 「明清时期徽商集团拓展壮大原因探析」, 『学术月刊』, 2001年, 第6期; 黎志刚, 「近代廣东香山商人的商业网络」, 王远明 編, 『香山文化: 历史投影與现实镜像』, 廣东人民出版社, 2006; 李培德, 「早期香港买办的人际网络」, 朱燕华·张维安 編, 『经济與社会: 两岸三地社会文化的分析』, 臺湾生智文化事业有限公司, 2001; 应莉雅, 「网络化组织于区域市场交易成本: 以天津商会为个案(1903~1928年)」, 『南开经济研究』, 2004年, 第5期; 应莉雅, 「近代商会研究新视角: 商会网络运行机制以清末民初天津商会网络为个案」, 『天津社会科学』, 2004年, 第6期; Bryna Goodman, *Native Place, City, and Nation: Regional Networks and Identities in Shanghai, 1853~1937*, University of California Press, 1995; 王玉茹, 张玮, 「流通市场分级

그러나 '네트워크' 개념은 비유나 분석 도구로서의 편리함과 효용성, 탄력성 때문에 바로 편재성이나 공론(空論)의 위기에 직면하기도 했다. 즉 개념 정의가 명확치 않으며 모든 것을 포괄하는 동시에 아무것도 의미하지 않는 이른바 개념의 '공동화' 현상을 지니고 있는 것이다. 대체로 네트워크에 대한 엄격한 개념 정의 없이 대부분의 연구들은 중국 상업 네트워크의 특징이 친연(親緣)이나 지연(地緣)에 의존해 결성되고 신임과 호혜경제이익을 기초로 한다고만 지적하고 있다.[13]

이에 따라 네트워크 그 자체가 아니라 행위의 능동적인 요인을 좀 더 강조한 연구들이 있다. 예컨대 펑샤오차이(馮筱才)는 '닝보방(寧波幇)' 연구에서 혈연, 지연 이외의 업연관계망이 상업활동에서 갈수록 중요한 역할을 한다고 지적하고, 하마시타 타케시는 근대 중국에서 '고(股)' 건립을 통한 상업 네트워크가 갈수록 보편화되고 중요해진다고 지적하면서 종족, 행업 간 경제활동의 새로운 연결점이라고 지적한다. 페이샤오퉁(費孝通)은 '동심원구조[差序格局]'란 개념을 통해 중국인은 사회관계를 중시하는데, 모든 사람이 자신을 중심으로 신축적인 사회 네트워크 안에 있으며, 사람의 행위 역시 이러한 관계 네트워크 속에서의 상대적인 지위에 따라 다르게 나타난다고 주장한다.[14] 진야오지는 중국사회에서 가정 이외의 관계망을 구축하는 개인의 자주성을 강조한다.[15]

與尖系网络的构建: 近代上海绸缎业商人行业组织研究(1900~1930)」, 张忠民·陆兴龙·李一翔『近代中国社会环境與企业发展』, 上海社会科学院出版社, 2008.

13) Gary G. Hamilton, "The Organizational Foundations of Western and Chinese Commerce: A Historical and Comparative Analysis", Gary Hamilton Centre of Asian Studies, Business Networks and Economic Development in East and Southeast Asia, University of Hong Kong, 1991; 顾德曼「民国时期的同乡组织與社会尖系网络: 从政府和社会福利概念的转变中对地方, 個人與公众的忠诚谈起」,『史林』, 2004年, 第4期

14) 費孝通『乡土中国生育制度』, 北京大学出版社, 1998, 28쪽.

그러나 이렇게 구성된 네트워크의 '귀속적 특징'의 범위가 넓기 때문에 중국관계망의 특징과 경계를 점차 모호하게 만든다. 또한 사회 자본이론은 사회관계를 통해 얻는다는 보편적인 특성 때문에 아시아 혹은 화교 네트워크 특수성에 의문을 던진다. 즉 신용이나 관계 같은 인적 관계 모델은 비단 중국이나 동아시아에서만 독특한 게 아니기 때문에 화교 혹은 아시아 네트워크를 하나의 이론이나 방법으로 특수화할 필요가 없다는 것이다. 이 모두가 바로 네트워크에 대한 명확한 개념 정의가 없기 때문이다. 네트워크의 정의 문제, 화교 혹은 아시아 네트워크가 독특하냐의 문제는 많은 실증연구와 비교연구를 필요로 한다. 인적 관계망이 서로 다른 형식과 특징이 있느냐, 대기업과 중소기업의 사회관계망은 어떤 차이가 있느냐, 서로 다른 지역의 기업 관계망의 차이는 무엇이냐, 해외 화교관계망과 중국 지방관계망의 연계 등은 어떠한가에 좀 더 주목할 필요가 있다.

III. 현대 시기 기업 연구

1. 국유기업 연구

경제학에서 기업이란 "생산요소를 투입하고 이를 자신이 소유하는 다양한 자원을 사용하여 가공, 생산물과 서비스로 전환하며 시장에서 그 생산물·서비스를 판매하여 이익을 얻는 조직"을 의미한다.[16] 이

---

15) 金耀基, 「关系和网络的建構: 一个社会学的诠释」, 『金耀基自选集』, 上海教育出版社, 2002.

162   제2부 중국관행연구의 추세와 이론적 검토

러한 개념 정의는 시장과 사적 재산권을 기초로 하는 자본주의 경제 시스템을 전제로 하기 때문에, 이러한 시각에 따르면 사회주의 시기의 기업은 기업으로 볼 수 없다. 그러나 기업의 존재를 하나의 사회조직 형태로 파악한다면, 사회주의라는 당국(黨國) 체제 아래에서 활동하는 기업 역시 경제적 행위자로 볼 수 있으며, 이는 국가나 지역 공동체에서 소유하고 경영하는 형태로 나타났다.

그러나 국가 소유 기업의 기원이 신중국 이후에 새롭게 등장한 것은 아니며, 현대적 의미에서의 국가기업은 근대 시기에서 비롯된다. 근대화 시기 서구 열강의 침략에 맞서기 위해 군사기업인 관판(官辦) 기업들이 나타났고, 이후 관상합판(官商合辦)이나 관독상판(官督商辦)과 같은 다양한 형태의 근대적 기업들이 출현했다.[17] 관독상판 기업의 자본금은 대개 국가자본으로 이루어졌고, 경영체제는 국가가 민간인에게 경영을 '의탁'하는 형태로 이루어졌다. 경영자들 대부분이 퇴직 관료거나 일반인이라 하더라도 관방과 직간접적 유착관계를 맺고 있었고, 이는 오늘날의 국유기업과 매우 유사한 구조를 갖고 있다. 근대 시기나 신중국 성립 시기 모두 외부에서 비롯된 위기감으로 인해 국가가 기업의 소유권과 경영권을 독점하는 제도 모델을 만들었다.[18] 이러한 위기감은 중일전쟁 시기와 냉전 상황이었던 1950년대 중공업 위주의 국영기업을 확장하도록 만들었고, 주로 국유 중공업 영역에서

16) 나카가네 카츠지 저, 이일영·양문수 역, 『중국경제발전론』, 나남, 2001.

17) 여기서 '관독(官督)'이란 국가가 보호 지원한다는 의미와 국가가 대표를 파견하여 기업에 대해 감독 관리를 실시하는 의미를 모두 뜻하며, '상판(商辦)'이란 경영을 민간인이 맡아 기업의 실적 결과에 대해 책임을 지는 체제를 말한다. 張忠民, 『艱難的變遷: 近代中國公司制度研究』, 上海社會科學院出版社, 2002.

18) 근대 시기 국유기업에 관한 대표적인 연구로는 다음을 참고할 것. 張忠民, 朱婷, 『南京国民政府时期的国有企业(1927~1949)』, 上海财经大学出版社, 2007; 朱荫贵, 「试论南京国民政府时期国家资本股份制企业形成的途径」, 『近代史研究』, 2005.

의 제도자원의 혁신과 확장, 집중을 초래했다. 뿐만 아니라 이러한 위기감은 기존 국가 소유와 경영 모델을 강화시켰고, 기업 내부적으로는 관료조직방식을 고착시켰다.

그러나 자본과 기술력을 중심으로 하는 소비에트모델은 당시 중국의 사회경제적 조건과 맞지 않았고, 기업관리 시스템 역시 당 규율을 우선으로 하는 중국 현실에 맞지 않았다. 이에 따라 기업조직형식, 기업영도기제, 기업관리, 노동관계 측면에서 중국에서의 독자적인 기업모델을 추구하게 된다.[19] 그중 '단위(單位)'는 중국의 독특한 특성을 보여 주는 조직형태로 많은 사회과학자들의 관심을 끌었다. 대표적으로 왈더(Walder)는 '단위'를 중국 사회조직 및 제도를 분석하는 기본틀로 삼아 중국기업 내부의 권위관계 분석을 통해 중국 사회주의 특유의 사회구조를 분석했다.[20] 거시적 구조 측면에서 국영기업 '단위'라는 독특한 제도형식을 분석한 이러한 연구들과는 달리, 조직 내 관계나 행위를 강조하는 신제도주의 시각에서 단위를 분석한 연구들도 있다. 이들은 단위를 재분배체제하의 '제도화된 조직'으로 정의한다. 즉 중국의 단위는 직접적 예속관계로 자원이나 단위 간부에게 제도적으로 의존할 뿐만 아니라 복지 제공이나 통제, 종신고용 등을 유지하기 때문에 높은 수준의 제도화를 갖춘 조직이라는 것이다.[21]

한편 사회주의 개혁 과정에서 국유기업제도의 변화는 이행경제와

19) Andors, Stephen, *China's Industrial Revolution: Politics, Planning, and Management, 1949 to the Present*, Pantheon Books, 1977; Bettelheim, Charles, *Cultural Revolution and Industrial Organization in China*, Monthly Review Press, 1974.

20) Andrew G. Walder, *Communist Neo-Traditionalism: Work and Authority in Chinese Industry*, University of California Press, 1986.

21) 李猛, 周飞舟, 李康, 「单位: 制度化组织的内部机制」, 『中国社会科学季刊(香港)』, 1996年, 秋季卷; 백승욱, 『중국의 노동자와 노동 정책: 단위 체제의 해체』, 문학과 지성사, 2001.

전환사회의 구조 변화를 살펴보기 위한 매우 중요한 주제 중의 하나로 다양한 학문분과에서 연구되어 왔다. 중국은 구소련이나 동유럽과 같은 '충격요법'이 아니라 기존의 사회주의체제를 그대로 유지한 채 실험적이고 점증적인 개혁 방식을 채택했기 때문에 국유기업 개혁을 둘러싸고 딜레마에 빠지게 된다. 이러한 국유기업 개혁의 현실을 반영하며 국유기업 연구 역시 제도 변화와 연속성 측면에서 연구되어 왔다. 핵심적인 이슈는 주로 기업을 둘러싼 내적·외적 제도들, 즉 소유구조의 변화와 기업관리제도 등에 집중되었다. 구체적으로는 재산권이나 기업법, 기업의 자주권 확대, 기업지배구조, 기업관리 및 조직구조 등으로 주요 쟁점은 내부인 통제 문제, 재산권 개혁, 국유자산유실문제, 국유자산관리체제, 기업지배구조, 기업 내 노동관계 변화 등으로 나타났다.

국유기업의 내부인 통제 문제는 1994년 미국 스탠포드 대학의 아오키(青木昌彦)와 첸잉이(錢穎一) 교수가 전환경제현상의 특징을 연구하면서 처음으로 제기한 개념이다. '내부인 통제(insider control)'란 이전의 국유기업 경영자 혹은 노동자들이 기업 회사화 과정에서 상당한 통제권을 획득하는 현상을 말하며, 이렇게 획득한 통제권으로 경영자들은 종종 노동자와의 공모를 통해 이익을 취한다는 것이다.[22] 아오키 이후 중국 국내의 많은 학자들이 내부인 통제 개념과 본질에 대한 연구를 진행해 왔다.[23] 이러한 국유기업의 문제를 해결하기 위

---

22) 연구자들은 소동구의 전환 시기 경제 상황을 조사·분석하면서 중앙정부의 분권 정책 시 많은 통제권을 획득한 경영층이 계획경제가 해체된 이후의 공백상황을 이용하여 자신의 권력을 강화하고 확대하여 내부인통제 문제를 만든다고 보았다. 青木昌彦, 钱颖一, 『转轨经济中的公司治理结构: 内部人控制和银行的作用』, 北京: 中国经济出版社, 1996.

23) 张承耀, 「'内部人控制'问题與中国企业改革」, 『改革』, 1995; 廖智, 「浅议主办银行制度对解决内部人控制问题的作用」, 『金融与经济』, 1997; 王一民, 周吾灿 「关于'内部人控制'问题的探讨」, 『资料通讯』,

한 3단계 개혁에서는[24] 국유기업개혁의 방향을 다음과 같이 정한다. 첫째, '누가 국유기업의 소유자인가'라는 문제를 해결하기 위해 국유자산관리체제를 건립하기로 한다. 즉 국유자산관리위원회(이하 국자위)를 통해 기업에 속한 국유자산을 관리하는 체제를 정립하는 것이다. 둘째, 국유기업의 주식회사화, 셋째, 기업집단화, 넷째는 경영이 부진한 중소 국유기업에 대한 민영화 방침이다. 이는 '큰 것은 쥐고 작은 것은 풀어 준다'는 이른바 '조대방소(抓大放小)'로 정리되지만, 방(放)은 실질적 사유화를 의미한다고 볼 수 있다.[25]

전체적으로 국유기업 개혁에 관한 경제학계의 논의는 개혁의 단계마다 국유기업 개혁 관련 연구주제가 변화되는 특징을 보였다. 1980

1997(2); 周刚, 「委托问题與国有经济的公司治理」, 『东南大学学报(哲社版)』, 2001(4); 刘斌, 李东, 「国有企业'所有者缺位'问题及对策」, 『学术丛论』, 2003(1).

24) 국유기업 개혁 과정은 크게 경영형태 전환과 소유형태 전환 두 단계로 나누어 볼 수 있고, 경영형태 전환 과정은 다시 두 단계로 나누어 볼 수 있다. 우선 국유기업의 개혁 1단계는 1979~1986년까지로, 이 시기는 방권양리(放權讓利, 자주권 확대와 이윤의 유보 사용)를 중심으로 진행되어, 모든 이윤을 국가에 상납하던 기존 방식에서 벗어나 일부 이윤을 유보하여 보너스, 투자, 복지기금으로 돌리는 것을 허용한다. 1987~1993년 2단계에서는 소유권과 경영권의 분리가 주요한 과제가 된다. 기업에게 각종 권한을 부여했고, 주로 사용한 방법은 승포제(承包制)였다. 즉 정부와 기업이 도급계약을 맺고 그 계약을 실행하기만 하면 생산방법과 이윤의 사용법은 기업의 자유에 맡기는 방식이다. 1994년 이후 3단계의 핵심은 현대기업제도의 수립으로 재산권 개혁을 포함한 국유기업제도 운영체제 그 자체의 변혁을 지향하게 된다. 이러한 방침에 따라 국유기업의 개혁이 보다 실질적이고 본격적으로 이루어진 것은 1998년 이후라고 볼 수 있다. 1998년 재정체제개혁을 진행, 경영이 부실한 기업에 대한 문제 해결의 돌파구를 국유기업의 정책적 파산에서 찾았다. 이에 따라 국유기업 경영 적자에 대한 보조금을 끊자 문제가 첨예해졌다. 또한 최근의 10년 개혁은 다시 국자위의 설치에 따라 국유경제 배치구조에 근본적 변화가 생겼다는 점에서 2003년을 기점으로 나누어 볼 수 있다. 2003년 이후에는 국유자산관리체제개혁과 대형 국유기업에 대한 개혁이 이루어졌다.

25) 15차 당대회에서는 전체 국유경제에 주목하면서 큰 기업은 쥐고 작은 기업은 놓아 주는 '조대방소' 방식을 제안한다. 시장을 통해 경쟁력을 갖춘 지역·업종·소유제·국적을 초월한 대기업집단을 강조하고, 개조, 연합, 합병, 임대, 승포경영, 주식합작제, 매각 등 형식을 통해 소형국유기업의 활로를 가속화한다는 것이다. 또한 1999년 15기 4중전회에서 통과된 "중공중앙 국유기업개혁과 발전에 관한 중대 문제 결정"에서는 국유경제배치를 전략적으로 조정하고 국유기업을 구조조정하며 현대화된 생산법칙의 경영방식과 조직형식을 대담하게 받아들여 생산력 발전과 공유제 다종형식을 실현해야 한다고 제안한다. 2003년 16기 3중전회에서 통과된 "중공중앙 사회주의 시장경제체제 개선에 관한 약간 문제 결정"에서는 국유자본, 집체자본, 비공유자본 등 주식 출자의 혼합소유제 경제를 발전시킬 것을 명확히 제안한다. 주식제를 공유제의 주요 실현형식으로 하고 귀속이 명확하고 책임권한이 분명하며 엄격한 보호를 받고 자금회전이 순조로운 현대재산권제도를 건립한다고 명시하였다.

년대에는 주로 개혁과정에서의 재산권 개혁론과 시장경쟁론의 논쟁이 있었으나 1990년대부터는 각국의 경제체제 개혁의 실제 소재를 이용하여 개혁성과에 대한 실증연구를 진행해 왔다. 또한 국유기업 개혁과정에 관한 이론연구는 대체적으로 국유재산권이 기업효율에 영향을 미치는지 문제를 둘러싸고 진행되었다.[26] 그러나 이러한 이론적 논쟁과는 달리 실증 연구는 일치된 결론을 도출하지 못하고 있으며, 무엇보다 국유경제와 다른 경제성분 간의 관계와 영향은 고려하지 않고 있다.[27] 또한 국유기업과 민영기업 성과의 횡적 비교연구에서는 재무지표를 단순하게 평가하여 중국 국유기업이 갖고 있던 역사적 사회책임을 간과하고 있다.

주로 기업 관리의 미시적 수준과 거시적 제도환경에 대해 논의하는 경제학계의 경향과는 달리 사회학·정치학 분야에서는 국유기업 개혁을 둘러싼 중국사회 성격에 대한 논의, 그리고 중국의 개혁이 어떤 방향으로 갈 것인가라는 체제 변혁과 관련하여 논의되고 있다. 대표적으로 2004년 8월 홍콩 중문대학 량셴핑(郞咸平) 교수의 문제 제기에서 시작된 국유기업 개혁을 둘러싼 논쟁을 꼽을 수 있다. 이는 이론계뿐

---

26) 재산권 개혁론자들은 위탁대리, 래칫효과, 불완전계약 등의 이론에 기반을 두어 국유재산권이 기업 실적에 부정적인 영향을 미친다고 주장한 반면, 시장경쟁론자들은 위탁대리 등 문제는 사적 재산권에서도 마찬가지로 존재하며 시장경쟁만이 기업 실적에 영향을 미치는 중요한 요인이라고 본다. 중국학자들이 이후 제기한 자생능력론, 초재산권론 등은 근본적으로 시장경쟁론의 확장된 버전이라 하겠다. 구조조정론은 상대적으로 종합적인 관점을 채택하여 국유재산권은 일정한 조건 아래 기업 실적에 영향을 미치기 때문에 국유재산권은 일부 영역에서 퇴출되어야 하고 일부 영역에서는 진입해야 한다고 본다. 국유경제통제력론의 현재 성과는 대부분 구조조정과 관련이 있으며, 국유경제발전의 중점은 국유경제의 통제력을 확보하는 것이라고 본다.

27) 예컨대 새롭게 창출된 비국유기업은 '투입 요소의 공급(imput supply)'이나 '생산물 시장(output market)' 자체를 국유기업에 의존, 기존의 국유기업들과 긴밀한 연계를 구축하며 성장하였다. 즉 소유권 개혁의 중국 모델은 국유부문을 한꺼번에 해제하는 대신에 국유부문을 대체할 수 있는 비국유경제가 제대로 구축될 때까지 국유부문을 유지하는 방식을 선택한 것이다. 국유부문과 비국유부문의 상호 긍정적인 연계체제를 강조한 연구로는 다음을 참고할 것. Cao, Lan, "Chinese Privatization: Between Plan and Market", Law and Contemporary Problems, 63, No.4, Aut, 2000.

만 아니라 국유기업 개혁과 관련된 사회적 관심을 불러일으켰고, 이를 계기로 국유기업 개혁의 시장화 방향, 공평과 효율문제, 개혁과정에서 국유자산유실 문제 등 광범위한 영역에서 토론되었다.[28]

이상에서 국유기업에 관한 연구사를 고찰해 볼 때 근대 시기나 신 중국 성립 시기, 개혁 시기 모두 전쟁이나 냉전, 국제경쟁 등 일정한 외부적 환경에서 비롯된 위기감으로 인해 국유기업의 형식이 반복적으로 강화되어 왔음을 알 수 있다. 근대 시기 다양한 형태로 소유권과 경영권을 독점하던 국유기업 제도모델은 혁명역사를 거치고 전통적인 지역 공동체적 성격이 그대로 이어져 사회주의 시기의 독특한 단위체제를 형성하게 되었다. 한편 개혁과정에서는 국유기업을 소유권과 경영권이 분리된 현대적 기업으로 전환시키려는 제도적 노력이 진행되는 동시에, 기업 내부의 관료조직방식과 사회주의 기업에 남아 있는 단위체제적 속성이나 공동체적 문화 특성이 현대기업제도에 일정 부분 반영되어 왔음을 알 수 있다.

---

28) 발단의 계기는 2004년 8월 9일 홍콩중문대학 교수 랑셴핑이 복단대학에서 "그린쿨: 국퇴민진(國退民進)의 연회에서 흥청거림"이란 제목의 연설을 발표, 그린쿨 이사장 구추쥔(顧雛軍)이 7가지 수법으로 국유자산을 횡령한다고 비판하면서이다. 이 연설 이후 랑셴핑 교수는 국유기업 재산권개혁을 국퇴민진 행동이라 부르고 국유기업의 재산권 개혁, 특히 MBO(관리자 수매)에 대해 매섭게 비판했다. 그의 문제 제기는 재계·학계뿐 아니라 사회적인 광범위한 논란을 가져왔다. 2004년 9월 16일 ≪北京晨報≫에 줘다페이(左大培) 등 10명의 학자들은 "랑셴핑 교수의 재산권이론에 대한 질의와 국유자산 횡령문제에 관한 학술 성명"을 발표, 랑셴핑에 대한 지지를 선언한다. 또한 홍콩과기대학 딩쉐량(丁學良) 교수는 2005년 10월 26일 국유기업개혁을 지지하는 대륙의 주류 경제학자들을 직접 겨냥하며 ≪中華工商時報≫와의 인터뷰에서 국내 경제학자들은 이익집단의 대변인들로 진정한 의미의 경제학자는 5명을 넘지 않는다고 지적했고, 이들의 문제 제기는 특히 네티즌의 지지를 받았다. 이에 대한 경제학자들의 대대적인 반격도 있었다. 장원쿠이(張文魁)는 "국유기업의 재산권개혁을 멈출 수 없다"고 강조(2004. 9. 3. ≪國際金融報≫)했고 자오샤오(趙曉)는 "국유자산유실은 개별적인 사안일 뿐 전체적으로 성립하지 않는다"(2004. 8. 28. ≪南方都市報≫)고 주장했다. 장웨이잉(張維迎)은 "정부와 부자를 욕하는 일을 능사로 안다"고 비판하면서 국유자산보호를 명목으로 중국기업가 집단을 요괴화한다고 비판했다. 그러나 인터넷과 각 언론매체를 통해 알 수 있듯이 이러한 논쟁은 랑셴핑 교수가 네티즌들의 절대적인 지지를 받고, 주류경제학자들의 목소리는 여론의 흐름 속에 묻히고 말았다.

2. 향진기업 연구

향진기업(鄕鎭企業)은 중국의 개혁개방에 따라 각 지역 특성에 맞게 육성되기 시작한 소규모 농촌기업을 말한다. 1980년대 중국 경제성장의 견인차 역할을 했던 향진기업은 소유구조나 운영방식이 사회주의 시기의 사대기업(社隊企業)을 이어받은 것이면서도, 전통적인 중국 농촌의 사회경제구조를 기반으로 하여 등장한 독특한 형식의 기업이라 할 수 있다.

1978년 중국정부는 농촌의 발전을 위해 '향진기업의 발전과 그것을 통한 농업지원'이라는 농업·공업 간의 순환적 모델을 제시하며 농촌 자체를 소도시로 건설하는 '내발적 발전' 정책을 고안했다. '내발적 발전론'을 기초로 향진기업을 긍정적으로 평가한 연구는 페이샤오퉁이 대표적이다.[29] 이들 연구는 중국과 같은 인구대국에서는 기존 도시의 과도한 확대를 피하고 도시 빈민가의 출현을 방지하기 위해 농촌의 소도시[小城鎭]를 기초로 향진기업을 적극 발전시켜 소도시에서 농촌의 잉여노동력을 흡수하는 저수지 임무를 맡게 해야 한다고 강조한다. 이로써 농촌 내부의 '내발적 발전'을 동력으로 하여 많은 중소 규모의 지역경제발전중심을 창출해 내야 한다는 것이다. 페이샤오퉁은 서구 국가에서 공업화는 종종 도시의 불균등한 발전과 농민의 몰락을 수반해 진행되었지만, 중국에서는 '공업의 농촌화', '농촌의 도시화'와 같은 발전의 길을 선택해야 한다고 주장한다. 이러

---

29) 费孝通, 『小城镇四记』, 北京, 新华出版社, 1985; 江苏小城镇课题组, 『小城镇大问题-江苏省小城镇研究论文选第1集』, 南京, 江苏人民出版社, 1984; 江苏小城镇课题组, 『小城镇新开拓-江苏省小城镇研究论文选第2集』, 南京, 江苏人民出版社, 1986; 宇野重昭, 朱通华, 『农村地区的现代化和内发的发展』, 国际书院, 1991; 宇野重昭, 鹤见和子, 『内发的发展與外向型发展』, 东京大学出版会, 1994.

한 '내발적 발전'이 후발국가의 경제환경과 전통문화에도 적합하며, 서구의 근대화와는 완전히 다른 형태의 발전방식이라는 것이다.

사회학자들이 주로 전통적인 중국 농촌의 사회경제구조에 주목하며 향진기업 연구를 중국의 농촌공업화 전략이나 도시화 전략과 연결 지은 것과는 달리 경제학자들은 주로 향진기업의 효율성 분석에 집중한다. 향진기업의 효율성에 관한 분석은 기업조직론, 생산함수론, 소유권이론 등을 활용한 실증 분석이 대다수를 이루었다. 초기 향진기업 성장 설명의 주요 변수로는 시장경쟁, 인센티브기제, 효율 개선 등이 주류를 이루었다.[30]

향진기업의 성장 비결로 많은 관심을 받았던 것은 이른바 '모호한 재산권 이론(Ambiguous Property Rights)'이다.[31] 즉 시장이 불완전한 조건에서 많은 거래행위가 잠재적으로 비합법적이고 막대한 거래비용이 들기 때문에 향진기업가들이 모호한 재산권의 형태를 선택했다는 것이다. 어떠한 제도 배열을 선택할지는 거래비용에 달려 있기 때문에 이는 중국 경제제도의 과도기라는 제한된 시기 동안 상대적으로 효율적인 제도 배치라 할 수 있다.

그러나 1990년대 들어 향진기업의 성장속도가 감소하고 대규모의 재산권 개혁이 이어지자 연구초점은 점차 향진기업 개혁의 원인으로 옮겨지게 된다. 또한 지방정부의 퇴출에 따라 '모호한 재산권'이라는 향진기업의 상징적인 특징도 점차 퇴색하게 된다. 1990년대 후반부터

---

30) Naughton Barry, "Chinese institutional innovation and privatization from below", *American Economic Review*, Vol.84, No.2, 1994; 田国强, 「中国乡镇企业的产权结構及其改革」, 『经济研究』, 1995, 第3期; 「内生产权所有制理论與经济体制的平稳转型」, 『经济研究』, 1996, 第11期.

31) David D. Li, "A Theory of Ambiguous Property Rights in Transition Economies: The Case of the Chinese Non-State Sector", *Journal of Comparative Economics*, Volume 23, Issue 1, 1996.

향진기업의 재산권 개혁은 기본적으로 완성되었고 이에 따라 주로 향진기업 재산권 개혁에 대한 연구가 이루어진다. 주로 개혁과 관련된 서술과 각 주체에 관한 논의,[32] 주식 문제와 관련된 논의,[33] 경영자 지위와 관련된 문제,[34] 제도전환원인에 관한 해석[35] 등의 관점에서 진행된 연구들이 있고, 그밖에 향진기업 재산권개혁에 관한 상세한 연구 보고서가 있다.[36] 개인기업으로 개혁한 이후의 향진기업의 경제적 효율이 집체기업보다 높은가의 문제는 여전히 논쟁적이라 볼 수 있다.

3. 사영기업 연구

사영기업 연구를 분류해 보면 크게 제도적 측면과 문화적 측면을 강조한 연구로 나눠 볼 수 있다. 개혁 이후 중국의 불균형 성장전략에 따라 연해 지역의 사영기업이 주목을 받게 되면서 문화적 요인으로 사영기업의 성장을 설명하는 연구들이 늘어났다. 즉 중국 전통시대의 상업문화가 어떻게 현재 중국의 기업문화나 시장문화에 계승되어 왔는가에 주목하는 연구들이다.[37] 또한 개혁 시기 특정 지역 출신

---

32) 邹宜民・戴澜・孙建设「苏南乡镇企业改制的思考」,『经济研究』, 1999年, 第3期.

33) 范从来・路瑶陶・欣盛志・雄袁静「乡镇企业产权制度改革模式與股权结构的研究」,『经济研究』, 2001年, 第1期.

34) 谭秋成「乡镇集体企业中经营者持大股: 特征及解释」,『经济研究』, 1999年, 第4期.

35) 张军・冯曲「集体所有制乡镇企业改制的一個分析框架」,『经济研究』, 2000年, 第8期; 支兆华「乡镇企业改制的另一种解释」,『经济研究』, 2001年, 第3期; 姜长云「乡镇企业产权改革的逻辑」,『经济研究』, 2000年, 第10期.

36) 秦晖「十字路口看乡企: 清华大学乡镇企业转制问题调查研究报告(上)」,『改革』, 1997年, 第6期; 秦晖「十字路口看乡企: 清华大学乡镇企业转制问题调查研究报告(下)」,『改革』, 1998年, 第1期.

37) 박기수,『중국 전통상인과 근현대적 전개』, 한국학술정보, 2010.

의 기업가들이 많은 점에 주목하여 각 지방의 전통적인 문화적 배경에서 등장한 상인집단에 주목한 연구들이 있다. 문화적 측면에서 관찰한 사영기업주의 관계망 연구도 주요한 연구경향 중의 하나이다.[38] 그중에서 '온저우(溫州) 모델'과 관련된 연구가 대표적이다. 많은 학자들이 온저우 경제의 부상 원인을 경제학적 요인 외에 이 지역이 갖고 있는 문화적 전통 및 인문정신과 관련지어 분석하고 있다. 대표적으로 장런셔우(張仁壽) 등은 대대로 내려오는 온저우 지방의 '상업 중시' 지역문화전통으로 인해 온저우 사람들이 상공업 경영에서 독특한 장점을 발휘한다고 보고 있다.[39]

지역문화를 배경으로 한 이러한 '네트워크(꽌시, 關係網)'에 주목하여, 경영학적 측면에서 중국 사영기업의 운영방식과 전략관리의 특징을 이해하고자 하는 연구들도 있다. 즉 '꽌시'를 운용한 기업이 더욱 좋은 판매수입과 발전을 거두었다는 것을 실증 분석을 통해 입증하는 연구들이다.[40] 네트워크를 의미하는 꽌시는 직접 'Guanxi'로 번역되어 중국의 성공적인 기업의 중요한 요인 중의 하나로 정의되고 있다.[41] 다양한 네트워크 요인 중에서도 혈연을 기반으로 한 '혈연 네

---

38) Seung Ho Park and Yadong, Luo, "Guan Xi and Organizational Dynamics Organizational Networking in Chinese Firms", *Strategic Management Journal*, 2001(22); 李路路, 「私營企業主的個人背景與企業成功」, 『中國社会科学』, 1997(2); 秦海霞, 「关系网络的建构: 私营企业主的行动逻辑: 以辽宁省D市为个案」, 『社会』, 2006(5); 唐丽, 「网络的生产: 以一个地方性黑市经济的演化为关键案例」, 『社会学研究』, 2003(5); 石秀印, 「中国企业家成功的社会网络基础」, 『管理世界』, 1998, 第6期.

39) 张仁寿・李红, 『温州模式研究』, 中国社会科学出版社, 1990.

40) Park, S. H., & Luo, Y. "Guanxi and Organizational Dynamics: Organizational networking in Chinese firms", *Strategic Management Journal*, 2001, 22(5); Davies, H., Leung, T. K. P., Luk, S. T. K., & Yiu-Hing Wong, S. T. K. "The Benefits of 'Guanxi' The Value of Relationships in Developing the Chinese Market", *Industrial Marketing Management*, 1995, 24(3); Michailova, S., & Worm, V. "Personal Networking in Russia and China: Blat and Guanxi", *European Management Journal*, 2003, 21(4); Luo, Y. "Guanxi: Principles, philosophies, and implications", *Human Systems Management*, 1997, 16(1).

41) Yeung, I. Y. M., & Tung, R. L. "Achieving Business Success in Confucian Societies: The Importance

트워크'는 사영기업의 발전에 매우 커다란 요인으로 작용한 것으로 보인다. 중국 사영기업 중에서 약 75%의 기업은 모두 가족경영방식으로, 이러한 혈연 네트워크 구조가 사영기업 발전에 매우 중요한 역할을 한다는 것이다.[42] 사영기업의 지배구조는 대부분 가족지배구조로 되어 있는데,[43] 일부 학자들은 가족지배구조가 주주권 구조나 정책결정 방식, 조직구조 측면에서 사영기업의 합리적인 선택이라 평가한다.[44]

한편 개혁 초기 사유화에 대한 논의가 금지되고 부분적인 시장화 방식으로 개혁이 이루어졌기 때문에, 제도적 측면에서 사영경제는 오랫동안 차별을 받아 왔다. 은행대출이나 소득세 측면뿐 아니라 정치적 측면에서도 외자기업이나 향진기업보다 못한 대우를 받아 왔다. 따라서 많은 사영기업들은 모두 '붉은 모자를 쓰는' 방법을 선택해 국유 혹은 집체단위를 찾아 이들에게 예속된 방식으로[挂靠] 전민소유제기업 혹은 집체기업으로 등록했다.[45] 사영기업이 가집체를 선택

of Guanxi(Connections)", *Organizational Dynamics*, 1996, 25(2); Abramson, N. R. & Ai, J. X., "Canadian Companies Doing Business in China: Key Success Factors", *Management International Review*, 1999, Vol.39.

42) 胡军·王霄·钟永平, 「华人企业管理模式及其文化基础: 以港 臺及大陆为例实证研究的初步结果」, 『管理世界』, 2002(12); 储小平, 「社会关系资本與华人家族企业的创业及发展」, 『管理世界』, 2003(6); 王晓毅·朱成堡, 『中国乡村的民营企业與家族经济: 浙江省仓南县项东村调查』, 太原, 山西经济出版社, 1996.

43) 张厚义, 『中国私营企业发展报告2004』, 社会科学文献出版社, 2005.

44) 吴静芬·吴文洁, 「中国家族企业存在的合理性研究: 博弈论视角的分析」, 『科技情报开发與经济』, 2007年, 第17卷 7期; 程书强·李慧, 「家族企业的成因分析」, 『唐都学刊』, 2003年, 第19卷 第2期; 刘迎秋·徐志祥, 『中国民营企业竞争力报告 No.2』, 社会科学文献出版社, 2005; 蒋伏心·潘勤, 「论中国民营企业第三次创业的核心问题」, 『江海学刊』, 2001年, 第6期; 钟朋荣, 「家族企业生而有道」, 『中外管理』, 2002(01); 周立新, 『转轨时期中国家族企业组织演进研究』, 经济管理出版社, 2005; 罗晓扬, 「私营企业'家族式'治理结构变革研究」, 『经济师』, 2004(04).

45) 1989년 세계은행의 위탁을 받아 중국사회과학원 경제연구소가 장쑤, 저장, 광동 등 향진기업 발전이 비교적 빠른 지역에서 진행한 조사에 따르면 1/3 이상의 기업이 향진기업의 간판을 내건 개인기업이었다. 중국사회과학원 민영경제연구센터와 전국공상련정보센터의 공동 조사에 따르면 1993년 사영기업주들은 '붉은 모자' 기업이 집체기업의 50~80%를 차지할 것이라고 보았다. 1994년 국가공상국 표본조사에서는

한 이유는 국가가 제공하는 각종 특혜정책과 정치적 보호 때문이었고, 각 지방정부 역시 사영기업의 '의존'을 받아들임으로써 집체재산을 늘릴 수 있었기 때문에 사영경제를 집체경제로 유도하기도 했다.[46)

1988년에는 개인기업의 공상등록을 허용하였고, 특히 1992년 남순강화(南巡講話) 이후 붉은 모자 기업들이 등록변경을 요구하고 붉은 모자를 벗으려는 상황이 나타나 각종 분쟁이 커지기도 했다. 1997년 15차 당대회에서 개체사영경제를 사회주의시장경제의 중요 구성 부분으로 인정하면서 모자를 벗는 속도가 가속화되었고, 이후 국가가 개체경제와 사영경제의 합법적인 권리와 이익을 보호하고 이들에 대해 지도, 감독, 관리를 해야 한다는 방향으로 정책이 제정되었다.[47) 이로써 사영경제는 정치적으로나 법적으로 그 성격과 지위, 역할에 대해 긍정적인 평가를 받았다.

한편 정치학 분야에서는 주로 사영기업과 정부와의 관계에 주목해 왔다. 주로 사영기업주의 정치참여에 대한 영향에 주목해 왔고 여기에는 공식적 정치 참여와 비공식 간의 상호 작용을 포괄한다.[48) 전체

항진기업 중 83%가 실제로는 사영기업이며 같은 해 저장성 둥양(东阳)시 관련 부서의 통계에 따르면 가 집체에 속하는 사영기업이 전체 집체기업의 70% 이상을 차지하는 것으로 나타났다. 戴园晨, 「迂回曲折的民营经济发展之路: '红帽子'企业」, 『南方经济』, 2005年. 第7期.

46) 郭振英 等, 「关于我国所有制结构的幾个问题」, 『经济研究』, 1992年. 第2期.

47) 전인대 9기 2차 회의에서 통과된 헌법 수정안에서는 "법률이 규정하는 범위 내에서 개체경제, 사영경제 등의 비공유제경제는 사회주의시장경제의 중요한 구성 부분이다"라고 규정하였다. 2002년 16차 당대회에서는 두 개의 '조금도 흔들림 없이[毫不动摇]'가 제기되었다. 즉 조금도 흔들림 없이 공유제경제를 공고화하고 발전시키자는 것과 조금도 흔들림 없이 비공유제경제를 지원하고 인도하자는 것이다. 2004년 10기 인대 2차 회의에서는 헌법수정안이 통과되어 "국가는 개체경제와 사영경제 등 비공유제경제의 합법적인 권리와 이익을 보호한다", "공민의 합법적인 사유재산은 침범받지 않는다", "국가는 법률 규정에 따라 공민의 사유재산권과 계승권을 보호한다" 등의 규정을 두고 있다.

48) 李强, 「政治分层與经济分层」, 『社会学研究』, 1997(4); Kraus, Willy, *Private Business in China: Revival Between Ideology and Pragmatism*, traslated by Erich Holz, Honolulu, University of Hawaii Press, 1991; 托马斯 海贝勒, 吴志成 等 译, 『作为战略群体的企业家: 中国私营企业家的社会與政治功能研究』, 北京, 中央编译出版社, 2003; Hudgens, David G., *Emerging Cultural Markets and Private Enterprise in China: Managing Change in Values, Family and Futures*, University of Pittsburgh, 2001;

적으로 사영기업주는 아직 독립적인 정치세력을 형성하지 못했고 대다수의 정치적 관심은 단지 자아보호의 반응일 뿐이며 완전한 정치적 요구를 자각하지 못했다고 평가된다. 이러한 관점은 대부분 중국 학자들의 견해에서 나타나고 있다.

비공유제 경제제도의 변천에 주목하는 연구들은 비공유제 경제의 기원, 변화 과정, 제도개혁과 사영기업의 관계분석, 정책 변화 등을 다루고 있다. 그중에서도 제도변화와 사영기업 발전 간의 상관관계 분석이 주류를 이룬다.[49] 지방정부와 사영기업 간의 관계 연구는 개혁과정에서 지방정부의 중요한 위치를 분석, 실제 중국 개혁의 가장 큰 특징 중의 하나가 지방관리경제라는 점을 밝혀낸다. 대표적으로 몇몇 연구들이 '지방정부 코포라티즘(Local State Corporatism)'이라는 개념으로 지방 개발국가의 특징을 설명하고 있다.[50] 사영기업과 정부의 비규범적 상호 관계도 쟁점 중 하나인데, 그중에서도 주로 '꽌시' 개념에 집중된 연구가 다수를 차지했다.[51] 그러나 이러한 연구들

杨龙, 「80年代中国民众政治参與的阶级分析」, 『當代中国史研究』, 1998(4); 时宪民, 『体制的突破: 北京市西城区個体户研究』, 北京, 中国社会科学出版社, 1993; Unger, Jonathan, "'Bridges': Private Business, the Chinese Government and the Rise of New Associations", The China Quarterly, 1996(September); Nevitt, Christopher Earle, "Private Business Associations in China: Evidence of Civil Society or Local State Power", The China Journal, 1996(July); 敖带芽, 『私营企业主阶层的政治参與』, 廣州, 中山大学出版社, 2005.

49) Nee, Victor, "Organizational Dynamics of Market Transition: Hybrid Forms, Property Rights, and Mixed Economy in China", Administrative Science Quarterly, 1992, Volume 37, Issue 1; Oi, Jean C., "The Role of the Local State in China's Transitional Economy", The China Quarterly, 1995, No.144; 任杰M 梁凌 『中国政府與私人经济』, 北京, 中华工商联合出版社, 2000; 邹铁力, 『中国共产党與私营经济』, 北京, 中共党史出版社, 2003; 陆学艺, 「中国私营经济, 私营企业主阶层产生, 发展的实践和理论演变」, 『中国社会科学院研究生院学报』, 2003(1).

50) Goldstein, Steven M., "China in Transition: The Political Foundations of Incremental Reform", The China Quarterly, 1995, No.144(December); Oi, Jean C., "Fiscal Reform and the Economic Foundations of Local State Corporatism in China", World Politics, 1992, Vol.45, No.1(Oct.); Blecher, Marc, and Vivienne Shue, "Into Leather: State-led Development and the Private Sector in Xiji", The China Quarterly, 2001, No.166(June).

51) Pieke, Frank N., "Bureaucracy, Friends and Money: The Growth of Capital Socialism in China",

은 대부분 제도 측면의 변화에 집중, 경제적 성과의 원인을 제도적 선택의 문제로 돌린다. 요컨대 경제제도를 경제사회관계의 산물이 아니라 창조자로 보는 입장으로, 정부와 사영기업과의 상호 작용과 제도 변화를 함께 구체적으로 분석하지 못하는 한계를 보이고 있다. 이 밖에도 사영경제의 사회적 성질에 관한 논쟁,[52] 사영기업 당 조직 건설 문제, 사영기업주의 사회적 성격과 지위,[53] 사영기업주의 정치참여와 입당문제[54] 등이 관심을 모았다.

사영기업에 관한 연구사를 살펴볼 때, 많은 학자들이 주로 전통적으로 상업이 발달해 온 지역의 상관행 전통과 이러한 전통이 어떻게 현재 중국의 기업문화에 계승되어 왔고, 또한 현대적 기업제도와 어떻게 결합되어 왔는지에 주목하고 있다는 점을 알 수 있다.

Comparative Studies in Society and History, 1995, volume 37, 3, July; Young, Susan, *Private business and economic reform in China*, M. E. Sharpe, 1995; Wank, David L., "The Institutional Process of Market Clientelism: Guanxi and Private Business in a South China City", *The China Quarterly*, 1996, September; Wank, David L, "Bureaucratic Patronage and Private Business: Changing Networks of Power in Urban China", in Andrew G. Walder ed. *The Waning of the Communist State: Economic Origins of Political Decline in China and Hungary*, University of California Press, 1995.

52) 黄乾,「我国现阶段私营经济的性质分析」,『郑州纺织工学院学报』, 1997; 王悦欣,「非公有制经济再认识」, 『半月谈』, 1997(9); 王爱敏,「當代中国私营经济社会性质再认识」,『理论与现代化』, 2000(6); 卢嘉瑞,「再论现阶段我国的私营经济」,『河北学刊』, 1999(3).

53) 张厚义, 刘文璞『中国的私营企业与私营企业主』, 北京, 知识出版社, 1995; 高健生,「关于认识私营企业主社会地位的三个问题」,『求索』, 1995(6); 葛丁,「中国的私营企业主是否已经形成一个资产阶级」, 『真理的追求』, 1991(4); 何祚庥,「我国私营企业主属于非完整阶级范畴, 还是属于受限制的资产阶级范畴」,『當代思潮』, 1992(1); 黄光辉,「试析私营企业主的社会属性」,『河池师专学报』, 1997(1).

54) 成伟,「关于私营企业主政治参與的理性思考」,『探索』, 2002(06); 周师,「论我国私营企业主政治参與的理论根据, 意义與限度」,『沙洋师范高等专科学校学报』, 2005(05); 敖带芽,「私营企业主阶层的政治参與」,『理论與改革』, 2002(05); 毛明斌,「略论私营企业主阶层的政治参與方式及其特點」,『兰州学刊』, 2004(05); 朱光磊・杨立武,「中国私营企业主政治参與的形式, 意义和限度」,『南开学报哲学社会科学版』, 2004(05); 张荆红・黄家猛「我国私营企业主政治参與的现状及对策」,『江汉石油学院学报(社科版)』, 2003(04).

Ⅳ. 결론: 평가와 제언

이 글에서는 중국기업에 관한 기존의 연구성과를 주로 제도와 문화 측면에서 정리해 봄으로써 학문 분과별, 시기별로 변화되어 온 연구주제의 쟁점과 문제의식, 연구과제 등의 흐름을 이해하고자 했다. 또한 기업연구사 정리를 통해 중국이 전통에서 근대로, 다시 탈사회주의 체제로의 전환이라는 과정 속에서 어떻게 전통적인 문화요인을 근대적 제도와 결합시켜 왔는지, 중국적 사회맥락에서 수용·변형되어 온 과정에 주목했다. 이렇게 함으로써 기업을 효율이나 발전이라는 경제적 관점에서만 파악하려는 시각에서 탈피해 역사적·문화적 맥락 속에서 변천되어 온 사회경제조직으로 이해하고자 했다.

기업 연구를 진행하면서 방법론적으로 어떻게 역사연구와 사회과학적 이론을 유기적으로 결합시킬 것인가가 앞으로 놓인 과제라 할 수 있다. 기업은 한 사회의 체제나 역사적 조건의 변화에 따라 사회적으로 부여된 기능과 역할, 그리고 제반 권력관계 역시 달라져 왔다. 이러한 역사적 과정과 사회경제적 제도 변화에 따라 기업의 기능이 달라져 왔다는 점을 인정한다면 기업 자체만을 분석하는 '기업학' 시각에 매몰되지 말고 기업을 사회 속에서 분석하려는 노력이 뒤따라야 하겠다. 이를 위해서는 통합적 시각에서 기업을 분석할 수 있는 학제 간 연구가 필요하다. 이는 단지 학문 분과별 연구의 총합이 아니라 '기업연구회'와 같은 초분과적 연구회를 통해, 기업을 연구하는 새로운 분석 틀을 모색해 보는 노력이 필요하다. 이러한 총체적 관점에서 기업의 역사, 기업제도화 과정, 기업의 권력관계 등에 관한 연구를 진행하면 중국의 제도혁신 과정뿐 아니라 사회경제적 조건에 따라 굴절되어 온 근대화 방식까지도 파악할 수 있다.

우리는 일상적으로 서구 사회를 논의의 준거 틀로 삼아 왔고, 낮은 수준의 제도적 합리성, 권위주의적 국가, 낮은 시민의식 등을 아시아의 특징으로 보아 왔다. 이러한 시각에서 기업에 대한 연구 역시 서구의 선진적인 제도를 어떻게 뿌리내리게 할 것인가, 어떻게 효율을 극대화할 것인가라는 관점에서 기업을 연구해 왔다. 그러나 기존의 중국기업 연구를 통해 알 수 있듯 제도는 각 사회의 조건과 맥락 속에서 다르게 수용될 뿐 아니라, 현지 문화와 접목되어 변형된 제도 자체는 한 사회의 발전과정 역시 다르게 만들 수 있다. 요컨대 제도와 문화가 상호 영향을 미치면서 그 사회에 안착함으로써 또 다른 근대로의 길을 가능하게 만들 수 있는 것이다.

또한 기업은 현대를 사는 우리의 삶을 지배하는 매우 중요한 존재이다. 이러한 시대에 기업 연구의 역사를 고찰함으로써 기업의 사회경제적 의미를 다시 돌아보는 것이 필요하다. 기업이 과연 이윤 획득의 동기로만 존재해야 하는지, 초국적 존재로 활동하며 헤게모니 국가의 첨병 노릇을 하는 것이 과연 세계인에게 좋은 일인지, 어떤 기업지배구조가 좋은 기업이라고 할 수 있을지, 기업이 사회 속에서 어떠한 위상을 가져야 하는지, 또한 정부는 어떠한 역할을 해야 하는지 등 물음을 통해 끊임없이 성찰하며 보다 많은 사람에게 혜택이 돌아가는 제도 혁신을 위해 매진할 필요가 있다. 오늘날 기업의 역사를 되짚어 보고 기업을 사회 속에서 파악해 보려는 시각이 필요한 이유다.

제3부

중국관행연구의 재구성과
새로운 모색

제 6 장

중국 민간종교 연구에 대한
새로운 패러다임의 모색

송요후

Ⅰ. 들어가는 말
Ⅱ. 중국에는 순수한 종교 신앙이 존재하는가?
Ⅲ. 민간종교의 개념 문제
Ⅳ. 민간종교에 대한 인식과 백련교(白蓮教)
Ⅴ. 맺는말

I. 들어가는 말

중국정부는 종교[1]는 사회주의와 공산주의의 장기적 발전을 통해서, 모든 객관적인 필요조건들이 맞추어졌을 때 자연스럽게 인간역사에서 사라질 것이라는 입장을 견지해 오고 있다. 종교적 정신상태의 최초 출현에는 낮은 생산수준과 원시인들의 자연현상에 대한 두려움이 반영되어 있고, 그 뒤에 계급사회가 전개되면서 종교가 존재하고 발전하게 된 사회적 근거는, 아편으로서 종교를 이용하려는 압제자 필요에 의한 것이었다. 따라서 사회주의 사회에서는 억압체제와 압제자 계급의 제거로 인해 종교가 존재할 계급적 근거가 실질적으로 사라졌다는 것이다. 다만 인민들의 의식은 사회적 현실에 뒤떨어져 있기 때문에 옛 사고와 습관은 단기간 내에 철저하게 일소될 수 없고

---

* 본 논문은 『明淸史硏究』 第34輯(2010. 10)에 게재된 논문을 수정한 것이다.

1) '宗敎'라는 용어는 중국 六朝 시기 이후의 불교 典籍에서 최초로 출현했는데, 그 뜻은 '宗旨', '敎派'였다. 19세기 말, '종교'는 영어 'Religion'을 번역한 말로 일본어를 경유해서 근대 중국어에 편입되었다(孫江, 「在中國發現宗敎-日本關於宗敎民間信仰結社之硏究」, 『第二屆中國秘密社會史國際學術硏討論文集』, 中國國際友誼促進會·山東大學, 2009. 8, 198쪽: 이하에서 『第二屆論文集』으로 약칭함).

장기에 걸친 투쟁과정이 요구된다고 한다.[2]

이러한 입장에서, 중국 헌법 36조에는 5개 종교(도교, 불교, 가톨릭, 기독교, 이슬람교)만 공식적으로 보호한다고 명시되어 있다. 그러나 민간종교는 헌법 제36조에 의해 공식적으로 보호되는 5개 종교 중에 포함되지 않기 때문에, 이것은 각 지역에서 公共 질서를 유지할 책임을 지고 있는 지방 관리들에게 문제가 되고 있다. 중국에서의 민간종교는 농촌 지역 방문자들이 발견하고 있는 것처럼 살아 있으며 번성하고 있다. 지방 관리들이 처한 이와 같은 상황은 명・청대의 지방관의 경우와 매우 비슷한 점이 있다.

따라서 국가의 인정을 받고 있는 제도권 종교들과 구분되는 민간종교를 어떻게 규정짓고 다루어야 하는가는, 비단 오늘날에 있어서뿐만 아니라, 중국의 전통시대 이래로 늘 문제시되어 왔다. 중국에서는 국가의 지원을 받고 있던 도교나 불교 사원들은 물론, 지역사회에 근거를 두면서 官과 紳士의 통제를 받았던 寺廟와도 다른 종교집단들이 있었다. 이들의 발흥은 민중들 내에서 代案的 종교에 대한 욕구와 관계가 있다. 이들 종교집단들은 정부의 탄압을 피하기 위해 잠복해 있었으므로 비밀 집단을 이루었는데, 그들의 발생과 流傳 상황은 대단히 복잡하고 비밀스러웠을 뿐만 아니라, 교리에 있어서 諸說混合的 성격 때문에 어떠한 계통을 세워 설명한다는 것은 아주 어렵다[3].

---

2) 중국공산당의 종교에 대한 기본적 관점과 정책에 대해서는 Donald E. MacInnis, *Religion in China Today: Policy and Practice*(Orbis Books, 1989), pp.10~26을 참조. 최근에 중국공산당의 宗教觀에 관해서는 吳在環 「中國 共產黨의 宗教觀 變遷」(『中國史研究』 第38輯, 2005, 225~255쪽)을 참조. 중국의 종교정책의 기본적 틀은 1982년 3월 31일 중국공산당 중앙위원회에서 발표된 「第十九號文件: 關於我國社會主義時期宗教問題的基本觀點和基本政策」에 잘 나타나 있다.

3) Hubert Seiwert는 明 中期 이후 宗派(sect) 발전의 일반적 경향을 "현존하고 있는 종파들의 분열을 통한 새로운 종파집단들의 출현과 상호 영향의 결과로서 믿음의 동질화"라고 규정하고 있다(Hubert Seiwert, *Popular Religious Movements and Heterodox Sects in Chinese History*, Brill, 2003, pp.6~10).

중국의 민간종교에 대해 학문적 연구가 시작된 것은 그 역사가 아직 오래지 않다.[4] J. J. M. de Groot를 비롯한 서양의 초기 중국학 학자들은 풍부한 문헌적 전통과 인류학적 현장조사 방식을 겸하고 있다는 점에서 큰 의의가 있는데, 이러한 점은 계승되지 못하고 이후 역사학자들과 종교학자들은 오로지 偏執的으로 문헌적 각도에서 민간종교의 내재적 발전의 맥락을 찾는 데 집중하였다. 이에 반해 인류학자들은 현장조사를 강조하는 民族誌學(ethnography)의 방향으로 나아갔다[5].

역사학에서의 민간종교사 연구가 주로 의거한 문헌은 檔案과 寶卷이었다. 보권에 대해 관심을 기울이기 시작한 것은 1950년대 이후로, 주로 일본을 중심으로 연구가 이루어졌다. 특히 역사학계의 민간종교에 대한 문헌연구에서 두드러진 현상은 중국 내에서의 혁명 움직임과 관련하여 다소 혁명적 전통이라는 목적론적인 의도를 갖고 摩尼敎와 白蓮敎에 대한 연구가 주를 이루었다는 것이다. 이들 연구가 현지조사보다는 官側 문헌자료를 이용하게 되면서 관측의 민간종교에 대한 인식이 그대로 연구성과에 반영되어 민간종교에 혁명적 성격이 내재되어 있다는 주장이 일반화되었다.

위에서도 말한 바와 같이, 국가권력에 의해 공인된 '종교'의 밖에 존재하는 중다한 민간종교-중국 정부에서는 '민간신앙'이라 부르고 있다[6]-는 공인되지 않은 객관적 존재이면서, 일종의 공권력과 민간사

---

4) 그 시초는 네덜란드 학자 Jan Jacob Maria de Groot(1854~1921)에 의해 열렸다. 그는 1892년부터 1910년 사이에 *The Religious System of China*(E. J. Brill, Leiden, 1892~1910, 6vols)와 *Sectarianism and Religious Persecution in China*(Johannes Müller, Amsterdam, 1903, 2vols)를 저술했다(王慶德, 「中國民間宗敎史硏究百年回顧」, 『文史哲』 第262期, 2001-1, 30쪽).

5) 王慶德, 2001-1, 30쪽. 중국 민간종교 연구에서 역사학적 시각에서 인류학적 현장연구 전통에 관해서는, 王慶德, 2001-1, 35~36쪽을, 인류학적 입장에서, 문헌전통과 현장조사 전통에서 출현한 새로운 종합의 경향에 관해서는, 王銘銘, 「中國民間宗敎: 國外人類學硏究綜述」, 『世界宗敎硏究』, 1996-2, 131~132쪽을 참조.

회 사이에 張力 관계가 작용하는 하에서의 언어상으로, 국가의 인식이 표현된 존재이다. 바꿔 말하면, 국가권력이 어느 때, 어떻게 이들을 인정하고 또한 그들에 대해 통제를 가하는가가 늘 문제가 되고 있는 것이다.

민간신앙(종교)은 역사적으로 전승되어 온 유산으로서, 중국 역사와 문화의 본질적 성격을 지닌 민속학적 연구의 대상이라고 할 때, 종래의 연구방향이 어디에서 어떻게 중국문화의 본질을 찾을 것인가를 추구하는 순수한 학문적 방향과는 상당한 거리감이 있었던 것이 아니었나 한다.[7] 따라서 중국 역대 정부의 민간종교에 대한 처리가 시대의 흐름에 따라 변천되어 가는 방향과 그것이 갖고 있는 문제점, 그리고 이와 더불어, 이러한 속에서도 민간종교가 지금까지 살아남아 번성할 수 있었던 근원이 어디에 있는지[8]를 이제는 깊이 짚어 봐야 할 때가 아닌가 한다.

---

6) 전통시대에는 淫祀, 異端, 邪教 등으로 불렸는데, 신정권 수립 후, 反科學・反近代의 봉건미신으로 탄압과 파괴의 대상으로 삼았었다. 오늘날은 각종 민간신앙(종교) 활동이 다시 활발해져 사회적으로 민중 정신 생활의 중요한 구성 성분이 되었다고 한다. 그러나 여전히 명확하게 사회적으로 정해진 위치가 없고 관련된 법률의 보호가 없을 뿐만 아니라 사회, 특히 官方으로부터의 적극적인 인가를 얻지 못하였다(王存奎, 「民間信仰與新社會和和諧: 民俗學視角下的社會控制」, 『第二屆論文集』, 534쪽).

7) 橘樸이 1920년대 大正 시기 일본의 '支那學', '東洋學'을 비판하며, 중국의 본질성을 가진 민족성 종교 개념을 유교・불교・도교의 문헌 종교도 아니고, 迷信, 邪教도 아닌 '通俗道教'에서 발견하고 일본 학계의 중국 도교연구에 큰 영향을 끼쳤다는 것은 음미할 가치가 있다(孫江, 『第二屆論文集』, 205~211쪽).

8) 林國平, 「民間宗教的複興與當代中國社會─以福建爲研究中心」, 『第二屆論文集』, 2009. 8, 154쪽 참조.

Ⅱ. 중국에는 순수한 종교 신앙이 존재하는가?

중국문명을 여타 문명권과 구별 짓게 하는 중요한 특징 중의 하나가 신의 부재라는 현상이라든지 또는 중국인들이 사후 세계에 대해 깊이 생각하지 않았다는 것이 타당한 것인가? 1982년 3월에 중국공산당 중앙위원회에서 나온 "사회주의 시기 종교 문제에 관한 기본적 관점과 정책"이라는 문서에는 종교가 갖고 있는 기능에 대한 언급이 전혀 없다. 오늘날의 민간종교를 연구하는 중국의 학자들은 그 敎義가 갖고 있는 종교적 기능에 대해, 사회 통합, 心理適應, 倫理敎化와 社會交往의 기능, 좀 더 부연하면, '爲人治病, 敎友 간의 상호 부조, 有福共享, 有難共當을 취하여, 그들을 위해 잠시의 피난처를 제공했다든지, 평등, 특히 남녀평등'을 내세웠다든지 해서 주로 사회적인 측면에서의 기능을 제시하고 있는 데 그치고 있고, 종교의 본질적인 측면에까지 깊이 들어가지 않거나 아니면 그 자체를 인정하지 않고 있다.

그러나 李世瑜의 『現代華北秘密宗敎』에 실린 吳序(吳澤霖의 序文)를 보면, 종교의 動機를 제시하고 있다. 그 첫 번째가 '사람의 歸宿' 문제이고, 두 번째가 인간 자체의 淵源 문제, 그리고 세 번째가 善惡의 報應 문제이다.[9] 그는 민간종교를 유교·불교·도교에 대한 대안 종교로서, 종교의 본질적 문제와 깊이 결부시키고 있음을 알 수 있다. 따라서 오늘날과 과거의 중국에 있어서의 종교에 대한 시각에 커다란 단층이 놓여 있음을 알 수 있다. 결국 이는 시대에 따른 시각에 불과한 것이고 중국인들에게도 역시 종교적 본질에 대한 갈망이 있었

---

9) 李世瑜 『現代華北秘密宗敎』 吳序(上海文藝出版社, 1990년 影印本).

고 현재도 있음에는 틀림없다.

1840년 아편전쟁 이후, 서구에서는 중국인에게 순수한 종교 신앙이 존재하는가에 대한 논쟁이 있었다. 이 의문에는 적어도 두 가지 함의가 있다. 첫째는, 중국인의 지혜(품성)는 그리스도에 귀의하여 신의 이치를 알 수 있을 정도까지 아직 성숙하지 못하였다. 기독교의 순수성으로 논하자면, 중국인에게는 순수한 종교 신앙이 없다는 것이다. 둘째는, 설사 중국인에게 某種의 아직 미성숙한 종교 심정이 있다고 하더라도, 그것 역시 실리 취향적이고 경건한 것이 아니며, 세속에 얽매이고 超驗的인 것이 아니라는 것이다.[10] 이러한 의문은 베버의 비교 종교사회학의 해석을 거쳐, 중국에서 근대자본주의 정신의 결여 및 근대 중국의 쇠락과 결부되었다.[11] 이러한 견해는 문화결정론적 이론으로 오늘날에는 적절치 않은 면이 있으나 여전히 크게 영향력을 미치고 있다.[12]

민간 중국에 '종교'가 존재하는가 하는 문제에 대해서는 두 개의 시각이 있다[13]. 첫째는, 민간의 신앙, 儀式, 象徵을 종교로 인정하지 않는 것이다. 고전종교학적 분류 틀을 채용하는 학자들은 민간의 신앙에는 제대로 갖춰진 경전과 신의 계보, 의식이 없어 교회의 회중예배

---

10) 孫隆基는 중국인의 종교 신앙은 肉體化의 宗教觀이며 超越的 意向과는 관계가 없다고 한다(孫隆基, 『中國文化的深層結構』, 2004).

11) 막스베버 著, 이상률 譯, 『儒教와 道教』, 文藝出版社, 1996, 323~353쪽. Redfield는 작은 지역사회에서 생활한 농민이 품고 있던 것은 '小傳統'으로, 조상을 지나치게 존경하고, 지방에 대해 지나치게 심한 보호주의가 있어, 신문물에 대해 익숙하지 못해, 이 때문에 현대화를 가로막는 힘이거나 적어도 현대화의 피동적인 대상이었다고 한다(王銘銘, 「中國民間宗教: 國外人類學研究綜述」, 『世界宗教研究』, 1996-2, 133쪽). 최근 적지 않은 인류학자들이 실례를 들어 현대화 이론을 연구, 검증했는데, 여기에서는, 민간종교의 역할이 널리 강조되었다(Hill Gates, "Money for the Gods", Modern China, 1987, 13-1). 민간종교와 현대화의 관계에 대한 연구에 대해서는 王銘銘, 전게논문, 132~134쪽 참조.

12) 方文, 「中國宗教與民間信仰」, 李培林・李強・馬戎 主編, 『社會學與中國社會』社會科學文獻出版社, 2008, 473쪽.

13) 王銘銘, 「中國民間宗教: 國外人類學研究綜述」『世界宗教研究』, 1996-2), 125~126쪽.

(congregation)로 나타나지 못할 뿐 아니라, 상징은 아주 먼 옛날의 符號를 계승했기 때문에, 기독교, 이슬람교, 불교 등 제도화한 종교와 함께 논할 종교로 여겨질 수 없다. 따라서 중국의 大傳統 속에서의 유교·도교·불교 삼교 등과 같이 대우할 수 없다는 것이다. 제도화한 종교와 구분하기 위해, 보수적 고전 종교학자는 그것들은 '多神信仰', '萬物有靈論', '미신'과 '巫術'의 總和라고 주장하였다. 영국의 고전인류학자 Edward Burnett Tylor(Primitive Culture, 1871)와 James George Frazer(The Golden Bough: a Study in Magic and Religion, 1890~1915)는 중국의 민간의 신앙, 의식, 상징 등의 현상을 '원시적 문화'와 같은 부류에 두고 있다.

둘째는, 그것들이 하나의 민간종교(popular/folk religion)를 구성한다는 입장인데, 중국 민간의 신앙 행위를 종교체계로 간주하는 주장에는 두 개의 來源이 있다. 하나는, de Groot의 고전문헌과 의식의 관계에 대한 분석이다. 네덜란드의 중국학 학자인 de Groot는 福建 민간신앙에 대한 조사에 의거해, 민간의 신앙 및 의식과 고전의 문헌 전통을 연계시켜, 민간신앙체계는 중국 고전 문화전통의 실천 내용이며, 하나의 계통화한 종교로 여겼다. 그리고 그는 그것을 '宇宙神敎' 체계라 이름하였다.[14] 다른 하나는, 후에 社會人類學界에서 발전한 機能主義 학설이다. 기능주의가 유행한 1920~1950년대에 사회인류학계에서는 중국 民間儀式을 종교와 동등한 지위와 기능을 갖춘 체계로 여기는 것이 잠재해 있었다.

이렇게 de Groot의 중국학과 기능주의 인류학 사상의 영향으로 1960년대 이후에 중국 민간문화 연구에 종사하는 사회-문화인류학

---

[14] J. J. M. de Groot, *Religion in China-Universalism; a Key to the Study of Taoism and Confucianism,* New York, 1912, p.3.

학자들은 모두 중국 민간의 신앙과 의식과 상징을 체계가 없는 미신이나 原始巫術의 잔재로 여기는 것을 반대하고 이들 사회-문화현상을 하나의 제대로 갖춰진 종교체계로 여길 수 있다는 데 동의하였다. Maurice Freedman은 "중국에는 하나의 종교가 존재한다. 혹은 말하기를, 어떻든 간에 우리들은 아래와 같은 관점을 연구의 출발점으로 해야 한다. 중국인의 종교관점과 실천은 몇몇 우연한 요소들의 일치가 아니라… 표면적 다양성의 배후에서 중국(민간)종교에는 그 질서가 있다"[15]고 한다. 민간종교의 창조와 전파는 결코 피동적인 것이 아니며, 그것에는 그 강대한 원동력, 즉 민중 가운데 광범하게 존재한 신앙문화가 있다.[16]

李世瑜는 비밀종교의 발생문제에 대해 이야기하면서, 조직능력의 결핍이 門戶의 분화를 복잡하게 했다는 것과 과학관념의 결핍은 萬法歸一의 특성을 일으켰다고 한다. 또한 迷信 心理는 정통파 사상의 왜곡적 운용을 일으켰는데, 이러한 것들은 중국인의 근본정신에서 조성된 것이라고 한다.[17]

명대 이후 정통종교 발전이 이미 점차 쇠퇴해 갔지만, 군중 심리 속의 종교 정감은 이 때문에 감퇴되지 않았고 비밀종교의 유행이 이로부터 더욱 성해졌다고 한다. 이세유 씨는 역대 당국이 비밀종교와 적대적 위치에서 그것들의 만연을 제거했기 때문에 邪說의 유포를 막고, 敎匪 부류가 사건을 일으키는 것을 방지한 것을 긍정적으로 보면서도 종교 정감이 극히 농후한 민중들을 위해 그 대안을 제시해 줄

---

15) Maurice Freedman, "On the Sociological Study of Chinese Religion", edited by Arthur P. Wolf, *Religion and Ritual in Chinese Society*, Stanford University Press, 1974, pp.19~41.

16) 王慶德, 2001-1, 30쪽.

17) 李世瑜, 『現代華北秘密宗教』(上海文藝出版社, 1990년 影印本), 6~9쪽.

수 없었다는 문제를 제기하고 있다. 그는 비밀종교 자체의 가치와 중국사회에서의 지위를 인정하고, 민속학적 방법을 써서 실제 조사에 종사할 것을 제의하고 있다.

Ⅲ. 민간종교의 개념 문제

민간종교(신앙)가 동아시아(일본과 중국)에서 큰 문제가 된 까닭은 근대 민족국가 건설과 밀접하게 상관된 것이기 때문이다. 서구에서는 근대 국가를 수립하는 과정에서 천주교와 신교가 세속권력 밖으로 배척되었고, 근대 국가는 이로써 정·교 분리를 중심으로 전개되었다. 그러나 일본과 중국에서는, 근대 국가의 틀 아래 중다한 민간신앙과 결사를 어떻게 적절한 위치를 찾아 주는가 하는 것이 대단히 까다로운 문제였고, 실제로 오늘날 광범하게 사용되는 '종교(新興宗敎, 類似宗敎, 準宗敎 등)', '미신' 등의 개념들은 모두 이 까다로운 문제로부터 나온 것이다.

현재 민간신앙의 개념 및 그 성질 등의 문제에 대해서 학자에 따라 견해가 달라 정론을 세우기가 어렵다. 많은 학자들이 종교학, 인류학, 역사학, 사회학 및 민속학 등 여러 학문적 각도에서 민간신앙의 성질 및 특징 등에 대해 다른 해석과 논술을 진행하였다. 그중에 몇 학자들은 서방 종교학 이론의 영향을 받아 민간신앙을 종교의 범주에 넣는 것을 반대하는데, 어떤 학자들은 비록 제도화된 종교와 많은 방면에서 차이가 존재하고 있지만, 민간신앙을 실질적으로 종교라고 여긴

다. 또한 어떤 사람들은 연구에 유리한 각도에서 민간신앙의 성질에 대해 모호하게 처리하고 있다.[18]

林國平은 민간신앙에 대해 준종교론을 주장한다. 그것은 일반종교와 신앙 형태의 사이에 끼어 있는 것으로, 어떤 종류의 또는 몇몇의 초자연적 힘을 믿고 숭배한다. 또한 복을 기원하고 재앙을 쫓는 등 현실적 이익을 기본 요구로 하여, 자연히 민간에서 발생하고 流傳했는데 제도화되지 않고, 조직화되지 않았다고 한다.[19]

方文은 종교 연구자마다 나름의 종교에 대한 정의가 있는데, 가장 대표적인 것으로 Emile Durkheim의 정의를 들고 있다. "종교란 신성한 것, 다시 말하면 구분되거나 금지된 것과 관련된 신념과 행위의 단일화된 체계-그것을 따르는 모든 사람들을 교회라 불리는 단 하나의 도덕 단체에다 통합시키는 신념과 행위의 체계인 것이다."[20] 그는 이로부터 종교를 구성하는 기본 요소로 ① 宗敎原典, ② 신도, ③ 종교의식, ④ 신도가 종교의식의 실천 중에 부단하게 생산하고 재생산한 도덕공동체 혹은 교회를 들고 있다. 그리고 종교가 발전, 변화하는 과정 중에, 어떤 종교는 점차 조직화・제도화하며, 또한 명확한 합법적 지위를 획득하나, 어떤 것은 분산된 상태에 처하고, 심지어 비밀로 숨겨진 상태에 있는데, ① 전자가 제도화된 종교, ② 후자가 민간신앙(馬西沙, 王銘銘) 혹은 分散宗敎(C. K. Yang)이며, ③ 우연적 예측 불가의 구체 사건에 대한 신앙이 迷信(이것이 관심을 쏟는 것은 단지 세속적 禍福이고 神聖과 무관)이라고 분류하고 있다[21].

---

18) 王存奎, 『第二屆論文集』, 534~535쪽.

19) 林國平, 「關於中國民間信仰研究的幾個問題」, 『民俗硏究』, 2007年 第1期.

20) Emile Durkheim, *The Elementary Forms of Religions Life*, New York, The Free Press, 1954, p.47(루이스 A 코저 지음, 愼鏞廈・楔明圭 옮김, 『社會思想史』, 一志社, 1986, 211쪽에서 재인용).

李世瑜는 비밀종교가 민간에서 세력이 강대하다는 것과 이 문제의 중요성을 생각할 때, 정확한 개념을 써서 연구할 필요가 절박하다고 하였다. '비밀종교'는 혹은 '秘密敎門'이라 칭하며, 민간에서는 '교문' 혹은 '道門'이라 속칭한다. 과거에 학자들은 이들 종교에 대한 명칭이 심히 통일되지 못했다(비밀교파, 비밀교, 비밀사회종교, 비밀종교회사, 비밀종교사회, 비밀종교결사, 종교적 수양결사, 秘密經會, 비밀종교단체, 비밀적 종교, 심지어 하등종교, 저급종교, 미신집단, 이단종문, 僞會, 邪敎, 魔敎, 左道, 歪道 등).

그는 비밀종교를 "'일종의 중국 민간에서 비밀리에 流傳된 非知識人 계급의 종교'이며, 그 발생과 유전 상황은 대단히 복잡하고 또 비밀스러우며 자료를 얻기가 절대적으로 쉽지 않다"고 정의하고 있다.[22] 그는 현대 일반 비밀종교에서 유행하는 내용을 대강 열거하였다. 이들의 내용은 모든 교파들 간에 상통하며, 明代로부터 전해 내려오기 시작한 것으로, 중국 4백여 년의 종교사상에 영향을 준 것이라고 한다. ① 교의-'無生老母'가 숭배의 중심이다. 그녀는 만물을 창조한 主宰者, 인류가 태어나기 이전(先天)의 母親이며, 신도들의 최종적 귀향처이다. ② 修持와 의식-指訣, 眞言, 附體(扶乩), 坐功, 誦經, 行功, 採補, 茹素 등 방법이다. ③ 경전-교의를 피차 유통해서 경전도 서로 차용하는데, 이러한 사실은 각 교에서 아주 많이 발견된다. 그들은 불교, 도교의 교의에 반대하지 않으므로, 어떤 때는 또한 불교, 도교의 경전을 차용한다.[23]

---

21) 方文, 2008. 472쪽.

22) 李世瑜 『現代華北秘密宗敎』(上海文藝出版社, 1990년 影印本), 1쪽.

23) 李世瑜 『現代華北秘密宗敎』(上海文藝出版社, 1990년 影印本), 4~5쪽.

Catherine Bell은 서양에서는 종교와 문화 사이의 관계를 분석함에 있어서, 세 가지 뚜렷하게 구별되는 분석 입장과 단계를 보여 주고 있다고 한다. 첫 번째 단계의 입장은, 유럽사회는 사회적으로 관료 엘리트(official elite)와 농민(민중: peasantry, das Volk) 두 수준으로 나누어져 각각 수준의 종교가 있는 것으로 보았다. 두 번째 단계의 입장은, 이들 관료 엘리트 종교와 민간종교(folk religion)의 구분에 대한 반발로, 그 둘 사이에 다양한 통일체들을 인정하려고 시도한다. 그 결과 'popular religion'이라는 용어가 사회적 통합체들에 대한 강조를 지적하기 위해 사용되었다고 한다. 세 번째 단계에서 역사가들은, 그 문화 범주들과 사회 조직들 간에 어떻게 차이들과 통일체들을 만들어 내는가를 인식하는 문화에 대한 관념을 추구했다(religious cultures). 역사가들은 두 번째 시각의 초점이었던 민중 관행이라는 제도적 틀보다는 상징적 활동들(儀式, 성지순례, 그리고 축제 등)에 초점을 맞추는 경향이 있어 왔다.

그녀는 이것들이 보다 복잡한 논쟁들을 크게 단순화시키고 있지만, 중국 종교에 대한 다양한 접근 방법들을 정리하는 데 도움이 된다고 한다.

중국 종교에 대한 제1세대 학문의 틀을 구성했던 것이 중국의 문화와 사회를 이분법적으로 보는 것이었다. '엘리트(elite)인 官과 민간(folk) 종교', Robert Redfield의 '大傳統(great tradition)과 小傳統(little tradition)', '이성적 종교(rational religion)와 미신적인 초자연주의 신앙(superstitious supernaturalism)' 등이다.[24] 이러한 이분법에 대한 도전으

---

24) 이것은 "합리적인 不可知論이 엘리트를 특징짓고 있고, 무분별한 迷信은 대중을 특징짓고 있다"는 말에 잘 표현되고 있는 것처럼, 두 계층 사이의 사회적 차이에 대한 엘리트의 입장을 대변하고 있다.

로, C. K. Yang은 '확산된(diffused: 종교 요소가 一種 혹은 多種의 세속 사회제도 속에 차별 없이 확산되어 확산형 종교의 관념, 儀式 및 구조의 일부분으로 변하였으나 결코 뚜렷한 독립존재는 없다. 종교성분이 중국의 모든 주요한 사회 제도 내 및 모든 향리의 유조직적 생활 중에 삼투한 것은 확산형태를 통해서이다)' 그리고 '제도적(institutional: 우주·인생에 대해 독립적 신학이나 우주론적 해석이 있고, 상징물인 신, 영혼 및 그 형상과 의식이라는 독립적 숭배 형식을 포함해, 독립적 성직자 조직이 있어 신학관념에 대한 해석을 도울 뿐만 아니라 교파의 숭배 활동에 종사한다)'이라는 두 측면을 가진 것으로서 중국 종교에 대한 분석을 제안했다. Maurice Freedman은 이 새로운 접근방식에 대해 엘리트 문화와 농민 문화는 다른 것들이 아니었고 그것들은 서로를 설명해 주는 것(versions of each other)이었다고 해석했다. Freedman은 중국 종교는 통일성과 차별성을 갖고 있으면서, 광대한 정치 조직체라는 통일체 속에 들어갔다고 주장했다.[25]

Yang과 Freedman은 종교를 사회적으로 다양한 문명의 기초를 이루었던 문화적 통합의 원천으로 승격시켰다. Yang에 따르면 종교의 본질적 기능은 경제적 利害, 계급적 지위 그리고 사회적 배경이라는 다양성을 초월하는 집단적 상징을 제공해, 아주 많은 다수를 하나의 공동

---

25) J. J. M de Groot는 현장조사자로서 '민중으로부터 엘리트로'라고 하는 民族誌學에 근거한 설명을 제안했는데, 이는 엘리트 형태의 종교가 어떻게 농민종교에서 관찰할 수 있는 조잡한 모습으로 악화되었는지를 보이고자 한 것이었다. 중국 고전문헌으로부터 시작한 Marcel Granet는 이와 반대로, 농민에서 기원한 것들이 엘리트 종교로 발전했다는 것을 설명하기 위해 '엘리트로부터 민중으로'를 주장했다. 이 둘은, Freedman에 따르면, 비록 이들 사상들에 대해 엘리트나 농민에서의 기원을 인정하면서도, 중국사회의 다양한 사회계급 간에 사상들의 근본적 통합체가 존재함을 인정했다고 보고 있다. Yang은, 이러한 통합체를 하나의 역사적 기원이나 단 하나의 사회계층에서가 아니라, 엘리트와 농민들 사이에 사상과 관행의 정규적인 교환에 의해 양육된 종교사상들의 공동체계에서 찾은 것이다(Maurice Freedman, "On the Sociological Study of Chinese Religion", edited by Arthur P. Wolf, Religion and Ritual in Chinese Society, Stanford University Press, 1974, pp.24~41).

체 속에 통합시키는 것을 가능하게 하기 위한 것이다. Freedman은 "중국만한 크기와 정치적 결속력이 있는 나라는 그 모든 국민들 사이에서의 종교적 假定들에 대해 상당한 일치를 입증할 것이다"라고 했다.

두 번째 단계의 입장에서는, Yang과 Freedman의 언급처럼, 문화적 통일성을 강조하여, 민중종교(popular religion)라는 용어를 이러한 통일성의 기초를 가리키기 위해 사용하고 있다. 민중종교는 근본적인 가치들, 전통적 관행들, 모든 계급이나 지역을 포괄하는 태도들의 묶음으로서 또는 엘리트와 농민의 세계관들을 매개했던 사회적 조직들로 특징지어질 수 있다. 이러한 특성들에서, 민중종교는 공동 가치가 다양한 하위집단들로 확산되도록 하기 위한 매개체로서 기능하고 있는데, 그 하위집단들 각각은 독특한 방식으로 공동 가치들을 轉用할 수 있다. 따라서 두 번째 단계에서 민중종교라는 용어를 만들어 낸 것은 사회문화적인 체계로서 종교의 역동적인 역할에 대한 공감이 내포되어 있다. 즉 종교는 사회적 동질과 분열을 반영하고 강화시킬 뿐만 아니라 사회적 경계를 초월하며 가로지르는 통일을 위한 매개로서 작용한다는 것이다.

세 번째 단계의 입장은 선험적인 이분법들은 물론 그것들을 매개하는 합성체들(synthetic entities: 제도, 관행 또는 가치의 한 묶음으로 민중종교를 구체화한 것)을 거부한다. 여기에서 문화의 전체론(the holism of culture)은 공유라는 사회적 상호 작용이 아닐 뿐만 아니라, 확산된 규범적 사상들도 아니다. 문화는 다양한 공동체들을 통합시키기 위해 사회 전반에 유포된 단일 이념도 아니고 단일한 사회적 집단 정체성도 아니다. 문화는 차이와 일치의 내적 발생을 내포한다고 생각된다. 이러한 시각에서, 문화는 부분들의 전체와의 관계, 의미의 생산 또는 역사와 공동체의 건설로 묘사된다. 통일과 다양성이 문화적 전체론의 역동성에 固有하게 된다. 세 번째 단계의 접근방법은 종교제도들 또는 종교 그 자체를 분석자료로서 고립시키지 않고, 문화의 역동성을 유발시킨다고 보고 있는 상징들과 의식들에 초점을 맞추고 있다. 이러한 세 번째 단계의 접근 방식은 종교 현상에 대한 정의와 이해를 위한 특별한 시각을 상정하고 있는데, 하나의 문화체계(a cultural system)[26]로서의 종교에 대한 이론을 함축하고 있다고 한다. 문화를 하나의 통합된 전체나 또는 모든 사람들에 의해 공유된 소유물로서가 아니라, 차이와 분쟁을 내포하고 있는 과정으로 보고 있다. 중국 민중종교는 실체로서보다는 활동이나 충돌의 장으로서 이해되어야 한다고 제의하고 있다.[27] 현재 역사학, 종교학, 인류학, 민속학에서의 민간종교에 대한 연구는 위에서 제시된 틀 중의 어느 하나나 그 이상과 관련되어 있음을 알 수 있다.[28]

　　馬西沙와 韓秉方은 민간종교의 존재는 사회계층 차이의 원인으로 인

---

26) 문화체계는 "相互 관련된 인식적 및 규범적 진술들로 구성되어 있는 상징들의 체계"로 정의될 수 있다. 보통 인간과 신의 세계의 일정한 측면들을 설명하고 있는 인식적 진술은 물론 이 세상에서 어떻게 행동해야 하는가를 설명하고 있는 규범적 진술을 포함하고 있는 高等宗敎의 敎理는 하나의 문화체계를 형성한다. 문화체계들은, 비록 완전하게 사회구조(social structure)로부터 독립해 있지는 않지만, 그것에 의해 규정되지 않는다(Hubert Seiwert, 2003, p.494).

27) Catherine Bell, "Religion and Chinese Culture : Toward an Assessment of Popular Religion", *History of Religions* vol.29 no.1, 1989, pp.35~57. Hubert Seiwert는 사회구조(social structure)로부터 '문화'라는 개념을 분리시킴으로써(강조 필자) 민중문화와 상층 계급들의 사회적 환경 사이에 모순이 없다는 것을 이해하는 것이 가능하다고 한다(Hubert Seiwert, 2003, pp.498~501).

28) 歐大年(Daniel Overmyer) 著, 劉心勇 外 5人 譯, 『中國民間宗教教派研究』, 上海古籍出版社, 1993. 그는 민간종교는 非官方의 秘密敎派를 가리킬 수 있으며, 또한 正規 문헌 전통이 있는 道敎, 儒家 哲學과 佛敎의 민간에의 散布 형태를 가리킬 수도 있다고 한다. 王銘銘은 '중국민간종교'가 가리키는 것은 중국 일반 민중 특히 농민 중에서 유행하고 있는 ① 神, 조상, 鬼에 대한 신앙, ② 廟祭, 年度祭祀와 生命週期(life cycles) 儀式, ③ 血緣性的 가족과 地域性 廟宇의 儀式組織, ④ 세계관과 우주관의 상징체계이고, 방법론적 각도에서 보면, Freedman이 이야기한바, 역사와 현대의 社會時空 중에서 중국인의 종교문화체계를 探討하는 계통방법론을 가리키거나 혹은 종교문화의 層面과 중국사회의 기타 층면의 관계에 대한 분석을 가리킨다고 한다(王銘銘, 「中國民間宗教: 國外人類學研究綜述」, 『世界宗教研究』, 1996-2).

한 것임을 인정하여, 민간종교는 사회의 하층에서 유행하고 당국의 인가를 거치지 않은 여러 종교의 통칭이라고 한다. 종교적 의의로 말하면, 민간종교와 정통종교 간에는 뛰어넘을 수 없는 큰 도랑으로 갈려져 있는 것이 아니며 양자의 위치가 바뀔 수 있다는 것을 지적하고 있다.[29]

秦寶琦와 譚松林은 명·청대의 통치계급이 이들 민간종교 집단들에 대하여 '邪敎'라고 칭했는데 오늘날에는 이를 이어받아 사용할 수 없다고 하고 그 이유로 다음 두 가지를 들고 있다. 첫째, 이들 조직은 현재 중국역사의 관점에서 보았을 때, 부정적이며 소극적인 측면도 있었지만 원말의 백련교의 大起義나 청 중엽 五省白蓮敎大起義에서 보듯이 적극적인 요소도 있었다. 둘째로, '사교'에는 시대마다 각기 다른 의미가 내포되어 있다. 현재 국제적으로 '사교(cult)'라 부르는 것이나 중국의 『刑法』에서 '사교'라 칭한 것에 의거해 전통시대에 민간종교 집단들을 '사교'라고 부른다면, 그 적극적 의의를 부정할 수 있을 뿐만 아니라 개념상의 혼란을 야기할 수 있다는 것이다. 그들은 이들 집단을 종교(민간종교, 비밀종교)로 보는 것에 반대하고 陶成章이 『敎會源流考』에서 중국의 비밀사회를 '會黨'과 '敎門'으로 분류한 것에 따라 封建迷信으로써 유대를 맺은 민간비밀결사를 '비밀회당'과 구별하여 '비밀교문'이라 하고 있다. 그리고 民國 이후의 것들에 대해서는 적극적인 의의가 없다는 점에서 그것들은 '비밀교문'이라 칭할 수 없다고 한다. 따라서 그것들은 1940년대 이래 解放區 인민정부와 中共 건립 후에 불렀던 방식에 따라 '會道門'이라고 해서 민국 이전의 '비밀교문'과 구별하고 있다.[30]

---

29) 馬西沙·韓秉方, 『中國民間宗敎史』, 上海人民出版社, 1992, 10쪽.

30) 秦寶琦·譚松林, 『中國秘密社會』 제1권 總論, 福建人民出版社, 2002, 1~11쪽.

위에서 보는 바와 같이 중국학자들의 민간종교에 대한 정의는 현실 정치와 관련된 인식이 반영되어 있고, 명·청대 민간종교에 대한 연구에서 이러한 관념이 잘 드러나 있다. 그들은 대부분 민간교파를, 사회하층 즉 민간에서 유전한 각종의 교파들의 총칭이며, 이들 교파의 사상신앙은 사회의 정통관념과 저촉되는 바가 있고, 그 조직은 一體化한 사회체제에서 독립해, 어떤 교파는 반정부적 민중운동 역할로 官方과 법률의 금지를 받아 공개적 활동이 불가능하였다. 장기적으로 비밀활동 상태를 유지하여, 이로 인해 더욱 많은 명칭을 얻게 되었는데, 민간비밀종교, 비밀종교결사, 비밀교파, 비밀교문, 신흥민간종교, 하층종교 등등이 그것으로, 명·청대 통치자는 이들 모두를 칭해 '邪教'라 하였다.

이렇게 민간종교의 개념을 국가, 정부와 대립하는 정치조직으로 보는 것은 서구 학자들 사이에서도 현저하다. 여기에서는 '민간종교'라는 용어가 정치색채를 갖춘 '宗派(sect)'로 대체되는데, 이 용어는 기독교 신학 분류에 기초하고, 기독교와 대립하는 이단에서 기원하는 것이다. 교파(sect)는 意識형태의 운동으로, 명확하게 선언한 목표 즉 어떠한 의식형태를 옹호하고, 심지어 전파한다는 관점을 갖고 있다. 여기에서 파생된 '宗派主義(sectarianism)'는 Richard Shek의 해석에 따르면, "官方의 神職傳統의 주류 이외에서 활동하는, 一系列의, 범위가 광범한, 다른 견해를 갖고 있는 종교단체를 가리킨다"고 한다.[31] de Groot는 종파라는 표현법을 중국 종교 연구에 응용하고 있고 막스 베버는, "중국이 19세기만 하더라도 거의 10년마다 邪教를 박해하는 데

---

31) 王慶德, 2001-1, 31~32쪽(Richard Shek, "Sectarian Eschatology and Violence", *Violence in China: Essays in Culture and Counterculture*, New York, 1990).

모든 수단을 사용했다. 한편 거의 모든 반란은 사교와 긴밀하게 결부되어 있었다. …정통의 유교가 모든 이단을 반란을 기도한 것으로 취급하였다는 사정이 종파의 대부분으로 하여금 종종 폭력을 사용하게 하였다. 꽤 많은 종파가 500년 이상 존속해 왔으며, 그중 몇몇은 박해에도 불구하고 그보다 더 오랫동안 존속해 왔다"[32]고 하여 종파들에 내포되어 있는 이단성과 종교성을 강조하고 그것들의 정치운동을 정부의 박해와 깊이 결부되어 있는 것으로 보고 있다.

　Danial Overmyer, Susan Naquin은 명·청 시기에 하층 민간에서 유행한 종교를 지칭하는 데 이용하고 있다. Danial Overmyer는, 자신이 종파(sect)라는 용어를 사용하는 것은 목적하는 바가 개인구원에 있는 기존의 自發結社를 가리키는 데 있다고 하고, 普渡衆生을 宣稱하는 民間宗派는 허다한 문화 중에 존재한다. 그 교주는 하늘의 뜻을 받든다고 자칭해서, 통속의 언어로써 창도하고, 儀式·經文 및 집합조직제도를 간소화해서 각각의 민간종파의 독특한 풍모를 형성했다. 가장 저명한 민간종파 운동은 13세기 일본의 淨土宗, 16세기 유럽의 루터교 그리고 中世紀 印度의 守貞專奉派이다. 중국 역사상에서도 마찬가지로 유사한 단체가 출현했다고 한다. 몇몇 학자들은 일찍이 이미 중국에 민간종교 종파가 존재했다는 것을 승인했으나, 왕왕 그것들을 秘密會社 같은 몇몇 自願結社 및 불시에 폭발한 농민기의 등과 섞어서 한꺼번에 이야기한다[33]고 하면서 '종파'라는 용어를 사용할 때, 대단히 신중해야 할 것을 주장하고 있다.

---

32) 막스베버 著, 이상률 譯, 『儒敎와 道敎』, 文藝出版社, 1996, 300~307쪽.

33) 歐大年(Daniel Overmyer) 著, 劉心勇 外 5人 譯, 『中國民間宗敎敎派硏究』, 上海古籍出版社, 1993, 1~2쪽.

Ⅳ. 민간종교에 대한 인식과 백련교(白蓮敎)

중국의 종교 발전에서 하나의 특징은, 유교, 불교, 도교가 동일한 생태공간과 문화 포용하에서 점차 일치되어 갔다는 것이다. 이러한 제설혼합적인 三敎合一의 경향은 지식인 계층을 중심으로 하는 기성 종교에서도 나타났지만, 민간종교에서도 나타났다. 다만 민간종교에서의 이러한 경향을 쉽게 기성종교의 통속화 경향이라고 단정하기는 어렵다. 오히려 이러한 제설혼합주의적 경향으로 민간종교가 나름대로의 특성을 가진 '제4의 종교'로 나타나게 되었다는 것이다. 그런데 이것은 '명・청의 민간종교가 하나의 공동의 기원을 갖고 있는가?' 그리고 '동일한 민간종교 체계에 속하는가?'라는 문제를 제기하였다.

특히 명・청대에는 혼란스럽다고 할 정도로 다양한 비밀종교 집단들이 나오는데, 오늘날 학자들은 대부분 그것들을 모두 백련교로 보고 있다. 곧, 오랜 역사적 전통을 가진 실체로서의 백련교가 명대에 들어와 정부의 탄압을 피하기 위해 다양한 이름들을 취하면서 나타난 현상이라는 것이다. 이러한 가정을 기초로 백련교에 대한 연구가 진행되어, 현재까지 백련교에 대한 연구업적은 일일이 다 열거할 수 없을 정도로 그 양이 방대하다. 그러나 그것의 기원이나 본질에 대하여 아직도 합의가 이루어져 있지 않은 것이 사실이다.

또한 그것의 성격에 대해서도 각 시기의 지배층의 정치적 의도가 개입되면서 그것이 갖고 있던 민중들의 消災祈福的 종교로서의 본질적인 측면이 무시되어 왔다. 따라서 신도들은 지배층과 늘 긴장 관계에 있었고 경우에 따라 가혹한 탄압이 행하여지곤 하였다. 명・청대 지배층이 민간 비밀종교에 대하여 품고 있던 부정적인, 정치적 의미상에서의 인식은 현재에 이르기까지도 영향을 주고 있다.

　백련교의 원류에 대해서는, ① 전설상 東晉의 慧遠法師가 창시했다는 '白蓮社'에서 기원을 찾는 것과, ② 南朝 梁武帝 때 傅大士가 개창한 彌勒敎에서 기원했다는 것, 그리고 ③ 南宋 高宗 紹興 초년 吳郡 延祥院의 승려인 茅子元(1130년경 활동)이 개창한 '白蓮懺堂(白蓮荣)'에서 기원했다는 것 등이 있다. 그런데 이러한 기원 문제에서 출발하여 더 큰 문제로 다가오는 것이, 첫째는 아미타불을 암송하며 서방 극락에의 왕생에 전념하기로 맹세했던 결사조직이 어떻게 명·청대 이후에 언제나 종교반란 집단의 이름으로 제기되어 온 백련교로 轉化되었는가 하는 것, 둘째는 첫째 문제와 밀접하게 결부된 것인데, 백련교는 필연적으로 반란과 관련되어 있는가 하는 것, 셋째는 명말 이래 민간종교의 교의에서 시대를 획하는 새로운 것으로 등장한 것이 無生老母 신앙과 '眞空家鄕, 無生父母'라는 8字眞言인데, 이것이 백련교와 어떠한 관계가 있는가 하는 것이다.

　먼저 명·청대 이후에 언제나 종교반란 집단의 이름으로 제기되어 온 백련교가 어떻게 형성되었는가? 원래 백련사라는 것은 阿彌陀佛의 이름을 암송했던 평불교도들의 조직들에 대한 일반적인 이름이었다. 아미타 淨土宗 추종자들은 이러한 관습의 기원을 廬山 東林寺에서 402년 慧遠이 결집한 일군의 집단이 자신들을 백련사라고 부르고, 아미타불의 서방극락에 왕생하는 데 전념하기로 맹세한 데서 찾았다. 그러나 실제에 있어서는 唐代 이후에야 비로소 백련사라는 이름들이 자료상에 나타나고 있어, 혜원의 백련사에 대한 이상을 모방하고자 하는 의도에서 이러한 이름이 사용된 것으로 보인다. 그리고 집단을 이루어 아미타불을 암송하는 관습은 宋代는 물론 元代까지도 계속 유행해 나갔다. 이때 茅子元이 이러한 경건주의적이며 귀족적인 불교 경향에 대해 통속불교 운동을 일으켜 스스로를 白蓮導師라 하고 白蓮懺堂을 세워 포교활동을 하였다.[34]

이후 송말·원대에 걸쳐 이러한 백련사가 번성하면서 다양한 종류의 신앙들과의 점진적인 통합이 이루어져 갔고, 이러한 변질의 과정은 元末 韓山童의 반란에서 절정에 달하여 백련교가 나왔다는 것이다. 이 이론은 거의 모든 학자들이 제기하여,[35] 원 말경에 새로운 방향으로 발전해 가고 있던 백련사가 미륵불을 추종하며 아마도 마니교적 집단들과도 융합하여, 새로운 類의 백련교가 큰 인기를 얻는 것을 가능하게 했다고 가정하였다.[36]

이들 이론에서는 원말에 白蓮社에서 白蓮會로의 변질(공통적으로 미륵 하생이라는 예언적 신앙의 추종으로 일어났다고 한다. 또는 그 밖에 마니교, 白雲菜를 수용하였다고 한다)이 일어나고, 그 뒤에 백련교로 되었다고 하는데, 그 시기는 명말 王森 때라고도 하고 분명하게 제시하고 있지 않다. 백련회와 백련교는 역사적으로 동일한 것이고

---

34) Daniel L. Overmyer, *Folk Buddhist Religion: Dissenting Sects in Late Traditional China*, Harvard East Asian Series no.83, 1976. pp.91~95.

35) 平山周, 『中國秘密社會史』(『中國秘密社會叢刊』第2輯), 臺北 古亭書屋, 1911, 1~12쪽; 宮原民平, 『支那の秘密結社』(『東洋講座』第4輯, 東洋協會, 大正15年, 40~42쪽; 重松俊章, 「宋元時代のと 紅巾軍元末の彌勒, 白蓮敎徒について」, 『史淵』第26輯, 1941; 吳晗, 「明敎與大明帝國」, 『讀史箚記』, 三聯書店, 1956, 235~270쪽; 鈴木中正, 「宋代佛教結社の研究」, 『史學雜誌』, 1941, 303~330쪽; 望月信亨, 『支那淨土敎理史』, 法藏館, 昭和42년 序文, 1975, 421~425쪽; 小笠原宣秀, 『中國近世淨土敎史の研究』, 百華苑, 1963, 95~98, 103~105, 131~137쪽; 野口鐵郎, 『中國史における亂の構圖』, 雄山閣出版社, 1986, 96~108쪽; 野口鐵郎, 『明代白蓮敎結社の成立と展開』, 雄山閣出版社, 1986, 86~96쪽; 楊訥, 「元代的白蓮敎」, 『元史論叢』 2, 1982, 205~206, 211~213쪽; Daniel Overmyer, 1976, 95~98쪽.

36) 戴玄之, 「白蓮敎的源流」, 『中國學誌』 5本, 1968, 116쪽. Christian Jochim, *Chinese Religions: A Cultural Perspective*, San Jose State University, 1986, pp.77~91.

이후 탄압을 받으면서 다양하게 이름만 바꾸었을 뿐, 모든 민간종교는 백련교라고 하였다. 그러나 여기에서 문제가 되는 것은 백련회에서 백련교로 바뀌게 된 경위에 대한 설명이 제대로 이루어지지 못하고 있어서 이에 대한 새로운 설명방법이 필요하다고 생각한다. 그 이유는 명·청대 지배층은 백련교의 기원에 대하여 다양한 주장을 하고 있으며 사료상에는 백련교와 더불어 다양한 教名들이 병기되고 있다. 또한 청 중기 이후에 가면 백련교라는 용어는 거의 안 보이고 邪教라는 용어가 주로 보이기 때문이다.

따라서 宋 이래의 종교 및 반란 집단들이 이따금씩 백련이라는 이름을 사용한 것이 백련교라는 종교의 비교적 늦은 발생을 모호하게 해 왔다고 하고, 사실 다양한 구성요소들은 16세기 중엽까지 명확한 종교적 전통으로 구체화되었던 것 같지 않아 보인다고 하는 주장도 나왔다. 이 이론은 무생노모 우주론과 천년왕국적인 종말론이 종파 조직 및 寶卷들과 결합되었던, 1500년 이후의 종파 활동에 대해서만 백련교라는 용어를 사용해야 한다고 하고 있다.[37] 결국 백련교가 1500년대 이후에 질적인 변화를 겪으면서 일관되게 지속되어 갔다고 하는 입장을 견지하고 있다.[38]

이 주장은 羅祖(羅淸)의 『五部六冊』이 출현한 명 正德 4년(1509) 이후를 기점으로 말하고 있는 것으로 생각된다. 그러나 무생노모라는 용어가 언제 나타났는지 아직 명확하지 않으며, 또 그것이 민간신앙

---

37) Susan Naquin, "The Transmission of White Louts Sectarianism in Late Imperial China", David Johnson, Andrew J. Nathan, Evelyn S. Rawski, edited, *Popular Culture in Late Imperial China*, University of California Press, 1985, p.255. 그녀는 명말에 발전한 백련교의 단계에 그 중심이 되는 신의 이름을 따라서 (無生)老母教(The Venerable Mother religion)라 부르기를 원하나, 명쾌함을 위하여 전통적인 이름인 백련교로 돌아갔다고 하고 있다.

38) Susan Naquin, 1976, p.8, p.286.

의 대상으로 신봉된 것이 언제부터인지도 아직 확립되어 있지 않다. 또한 16세기에 변질이 되었다면 그 이전에 종래 학설대로 백련교라고 여겨졌던 민간종교들과의 연결관계는 어떻게 되는 것인지가 불명확하다. 즉 백련회와 백련교의 관계가 확립되어 있지 않다.[39] 마찬가지로 청 중기 이후 邪敎라는 용어와의 관계는 어떠한 것인지도 언급이 미치고 있지 않다. 또한 실제 민간신앙 수준에서는 이념적인 것보다는 단순히 廟에서 祈福을 위해 무생노모를 神像으로 만들어 신봉했던 것으로 생각된다.

둘째, 이러한 주장들의 논리적 귀결로 백련교는 본질적으로 반란적 성격을 가진 것으로 인식되었고, 명 태조의 禁令 이후 그 집단들은 백련교라는 위험한 이름을 피하기 위해 다른 이름들을 취하였다고 하였다. 따라서 지금까지 역사가들은 명·청대에 나타난 혼란스러운 이름들을 가진 이단 종교집단들을 포괄적으로 백련교라 하고 시대에 대응해 간 살아 있는 전통으로 인식해 왔다. 즉 백련교가 송대로부터 청말에 이르기까지 다양한 상황에 적응하면서 영속해 옴으로써 단 하나의 사회적 운동으로 통합되지는 않았지만 신자들이 언어와 역사적 시각 및 공동체 조직형태를 공유한 시공을 가로질러서 확인할 수 있는 일관성을 갖고 있던 공동체 조직의 형태를 공유하였다[40]는 가정을 기초로 하여 연구를 행하였던 것이다.

위와 같은 가설들과 밀접하게 연계되어 있는 것이 비밀 종교집단들에 내재해 있는 반란에의 잠재 가능성 문제이다. 특히 일본 학자들의 경우, '宗敎結社'라는 용어를 사용해 명·청 민간종교를 지칭하는

---

39) 方慶瑛「白蓮敎的源流及其和摩尼敎的關係」, 『歷代農民起義論叢』下冊, 大東圖書公司, 1978, 43~47쪽.
40) Susan Naquin, 1985. p.291.

데, 이 용어에는 종교는 실제로는 단지 표면적 형식에 불과하고 본질은 정통정권에 대항하는 정치세력이라는 의미가 내포되어 있다. 참여자들은 모두 생존에 어려움을 겪는 窮人들이었기 때문에, 종교결사들은 생존을 위해 교도들 간에 互相幫助를 제창했다. 그들의 목적은 現象에 대한 불만에서 사회를 파괴함과 동시에 새로운 사회를 건립하고자 하는 것이었다. 그러므로 종교결사 활동은 모두 농민운동 형식으로써 출현하였고 종교결사는 농민운동의 한 고리였다. 종교결사는 국가권력에 직접 대항했기 때문에, 유교를 통치이념으로 한 官府에 의해 불법조직으로 여겨져 비참하게 진압당했다는 것이다[41].

이렇게 이들을 통칭하는 백련교 집단들이 반란적이었다는 인식은 또한 계속 지속되어 왔다. 무엇보다도 '약속된 구세주의 도래나 또는 우주적인 시대의 변화를 통한 구원에의 기대를 공유하였던 집단들은 잠재적으로 반란적이었다'고 가정하는 경향이 있어 왔다. 이러한 반란에의 잠재적 가능성에 대하여 불교에서 나오는 미륵 하생 신앙과 기독교 세계의 천년 왕국 신앙과의 유사성을 찾고자 하는 시도가 이루어졌다.[42] 이것은 Norman Cohn의 기독교 세계에 있어서의 천년 왕국 운동에 관한 이론[43]을 중국사에 적용하고자 했는데, 불교 사상에

---

41) 王慶德, 2001-1, 31쪽. 특히 20세기 初 明治 末期, 일본의 중국 민간신앙/종교에 대한 인식은 중국의 비밀결사에 대한 관찰을 통해 얻은 것으로, 비밀결사가 '謀叛', '革命'에 대한 서술의 틀 속에 놓임으로써 자연스럽게 민간종교 결합체로서의 白蓮敎 등은 모반의 전통을 지녔다고 인식하였다. 이러한 인식은 反淸排滿의 革命黨과 깊은 교제를 하고 있던 일본인들의 중국 비밀결사에 대한 주관적인 기대를 반영한 것이었다. 이 경향은 일본에서 중국의 민간종교는 늘 반란과 결부되어 있다는 인식의 연구경향을 지속하게 했다고 한다(孫江, 『第二屆論文集』, 202~203쪽). 平山周는 일본 外務省의 調査員으로 활동했는데, 서양의 'secret society'가 '秘密結社'라는 용어로 일본과 중국학계에 도입된 것은 그를 통해서였다고 한다(孫江, 같은 책, 203~204쪽; Barend J. ter Haar, 1998, pp.36~37).

42) 鈴木中正 編, 『千年王國的民衆運動の硏究』(東京大學出版會, 1982)에서 특히 第1部 總論-千年王國運動の世界史的展開 부분을 참조할 것.

43) Norman Cohn 著, 김승한 譯, 『천년왕국운동사』, 한국신학연구소, 1993, 서론 참조.

있어서 우주 세계의 時間觀에 근거한 미륵 하생 신앙에서 그 가능성을 찾았다. 이들 이론에 있어서의 도식은 三期 末劫說에 따른 劫難의 도래와 구세주의 출현 그리고 그로 인한 세계의 변환으로 구성되어 있다.[44)

그러나 三佛 三世 末劫 사상은 중국의 민간 비밀종교 집단에 공통하는 세계관·종교관으로 그들의 종교 경전인 寶卷에 늘 보이는 것이다. 따라서 백련교에 속하는 많은 집단들이 기본적으로 목적한 바는 종교적·사회적인 것이었지 정치적인 것이 아니었으며 종교 관습에 있어서도 한결같이 평화적이었다는 것을 분명히 하고자 하는 시도가 있어 왔다.[45) 다만 이 경우에 있어서 지배층의 민간 비밀종교에 대한 탄압이 그들의 비밀종교에 대한 부정적인 인식에서 나왔다고 할 때, 그 인식의 구체적 내용과 시대에 따른 변천 그리고 그에 의거한 지배층의 대응 등에 대해서는 거의 연구가 이루어져 있지 않았다. 예를 들어 대체로 法典을 비롯한 사료상에서 청 중기 이후에 가면 邪敎라는 용어가 민간종교를 포괄적으로 지칭하는 용어로 널리 사용되

---

44) 鈴木中正, 1982, 194~204쪽; 淺井紀, 「明淸時代における聞香敎と淸茶門敎-灤州石佛口王氏の系譜」(鈴木中正, 1982, 367~377쪽); 野口鐵郎, 1982, 1070~1071쪽; 相田洋, 「白蓮敎の成立とその展開-中國民衆の變革思想の形成-」, 『中國民衆反亂の世界』, 汲古書院, 1974, 209쪽; Susan Naquin, 鈴木中正 譯, 「諸反亂の背後の關係網-一十八世紀華北のセクトの家族の網の目」, 『近代中國』第7卷, 1980, 114쪽. 그녀는, 1813년의 八卦敎の亂과 1774년 王倫の亂은 농민들이 사회압박에 반항한 반란이라기보다는 類似千年王國運動의 종교반란이라고 해야 한다고 한다.

45) 澤田瑞穗, 「弘陽敎試探」, 『增補寶卷の硏究』, 國書刊行會, 1975; Daniel Overmyer, 1984; Daniel Overmyer, "Values in Chinese Sectarian Literature: Ming and Ch'ing Pao-chüan", David Johnson, Andrew J. Nathan, Evelyn S. Rawski, edited, Popular Culture in Late Imperial China, Unversity of California Press, 1985; J. J. M de Groot 著 牧尾良海 譯, 1980. 1940년대에는 북중국에서 벨기에 선교사 Willem Grootaers의 제자인 李世瑜에 의해 현장 연구가 수행되었으며(李世瑜, 1990), 타이완에 대해서는 일본 점령 기간인 1895~1945년 동안 일본인 학자들에 의해 연구가 이루어졌다. 이 조사들은 모두 이들 집단들의 매우 평화적인 성격과, 그들 측에서 주변 사회에의 상당한 정도의 적응을 증명하였다. B. J. ter Haar 는 편견이나 선입견들에 의해 야기되는 인종 차별에 관한 사회학적인 연구를 바탕으로 백련교를 분석하여, 백련교에 대한 탄압이 민간 비밀종교의 실제와는 무관한 부정적인 편견이나 선입견에 의해 야기된 것이라고 하였다(B. J. ter Haar, 1992).

었다는 것과 관련하여, 그렇다면 사교라는 용어 속에는 어떠한 의미가 내포되어 있는지, 그리고 백련교와 사교라는 용어가 당시 지배층의 인식을 반영하고 있다고 할 때, 그러한 인식이 민간종교들에 대한 대책에 구체적으로 어떻게 반영되어 나왔는지 등에 대한 연구는 아직 이루어지지 않았다.

다른 한편으로, 중국에서 종교적 상징들은 고유하게 그 해석상에 있어서 다양한 해석을 가능하게 하는 유연성을 갖고 있으며, 많은 종파의 이념들이 여타 종교들로부터 차용한 상징들을 수정한 것들이라는 것이다. 이들 사상들은 세속적인 정치 세계에 대한 대안을 제공했지만, 그것들은 본질적으로 반란적인 것이 아니었다. 즉 종파 신앙들의 유연성과 독립성은, 종파들(sects)이 불교나 민간신앙과 같은 여타의 전승들보다도 정부에 대항하는 데 사용될 수 있는 잠재적 가능성을 크게 했지만, 역시 보수적인 사용에도 개방되어 있었기 때문이다. 다만 이러한 점에서 종파들은 중국정부는 물론이고 점령 중인 일본정부에 대해 때로는 지지하기도 하고 저항하기도 했는데, 이러한 잠재력이 중국정부의 두려움을 일으키기에는 충분했다고 한다.[46]

이와 유사하게 농민 반란은 그들이 처한 文化條件, 그중에서도 宗教要素를 광범위하게 차용했는데, 종교·미신이라는 外衣에 巫術符呪·五行·八卦·氣功武術 등 문화요소를 더하여 농민이 반란자로 변하는 데 교량을 놓았을 뿐만 아니라 반란자로 하여금 반란과정 중에 거대한 용기와 역량을 분출하게 했다고 해서 종교가 상징으로서 농민반란의 발생에 적극적 역할을 수행할 수 있음을 제시하기도 하

46) Robert P. Weller, "Sectarian Religion and Political Action in China", *Modern China*, vol.8 No.4 1982, p.481.

였다.[47)]

위에서 제시한 바와 같이 민간종교가 갖고 있는 이념이나 상징 등이 종교집단이 종교 반란으로 나아가는 데 있어서 중요한 동력이나 잠재적 가능성으로서의 역할을 할 수 있다고 할 때, 생각해야 하는 것이 종교지도자들의 역할이다.[48)] 종교지도자들과 반란의 발생을 강하게 결부시키는 경향은 종래 학계의 종교 반란 원인에 대한 전통적 관점에서 벗어난 것이라 할 수 있다. 카리스마형 교주가 교도들을 반란이라는 극단적 행위로까지 몰고 갈 수 있었던 근거로, 자신을 정신 지도자, 救世主로 내세우며, 조직 내부에 대한 절대적 통제권을 장악할 수 있었던 것에서 찾고 있다.[49)]

셋째는 명 중기 이래 청대에 걸쳐서 민간 비밀종교 敎義上 시대를 획하는 새로운 것으로 등장한 것이 무생노모에 대한 숭배였다. 그리고 민간종교들에서 주문으로 널리 염송했던 것이 '眞空家鄕, 無生父母'라는 8字眞言이었다. 羅祖의 『오부육책』에서 다룬 주요한 개념들은 '眞空', '家鄕', '無生'이라는 것들이었으므로 이 8자진언과 무생노모라는 말이 나조의 『오부육책』에서 나왔다는 것이 일반적으로 인정되어 왔다.[50)]

그러나 무생노모라는 말이 『오부육책』에서 연원하였다는 주장에 대하여 정면으로 반대하는 주장이 있고,[51)] 그 말의 출현 시기에 대해

---

47) 劉平, 『文化與叛亂-以淸代秘密社會爲視角』, 北京 商務印書館, 2002.

48) 이 경우 특히 예로 들 수 있는 것이 王倫의 淸水敎亂이다. 이 반란에서 특이한 사회적 모순이나 관의 압박을 발견할 수 없고, 왕륜의 경제적 상황도 부유했다는 점이 관심을 갖게 한다. 劉平은 종교 지도자의 개인 의지와 사회 활동이 자주 반란의 前奏曲이 되었다고 한다(劉平, 2002, 342~349쪽). 梁家貴・張雁南은 한 걸음 더 나아가, 종교 領袖의 역할 기능은 반란의 전체 과정을 관통하였다고 한다(梁家貴・張雁南, 「從王倫起事看敎門首領角色功能」, 『第二屆論文集』, 60쪽).

49) 武雲, 「魅力權威與當代邪敎敎主崇拜」, 『第二屆論文集』, 130~131쪽.

50) 喩松靑, 「明淸時代民間的宗敎信仰和秘密結社」, 『淸史硏究集』第一輯, 中國人民大學出版社, 1980.

서도 아직 학자들 간에 합의가 이루어져 있지 않은 상황이다.

무생노모라는 민간신앙의 대상이나 8자진언이 나조의『오부육책』에서 다루어진 주요한 개념들로 구성되어 있기는 하지만, 그 연원이나 그것이 성립된 시기에 대해서는 아직 명확하게 학자들 간에 합의가 이루어진 것이 없다고 보아야 할 것이다. 또한 문제가 되는 것이 진공가향·무생부모라는 용어가 가진 의미나 신앙대상으로서의 무생노모가 갖고 있는 역사적 의미와 역할이다. 이것에 대해서도 학자들 간에 큰 시각차가 있음을 알 수 있다.

대다수 학자들은 무생노모 신앙이 현실의 지배체제를 부정하는 역할을 했다고 주장하고 있는데,[52] 이에 반해 명·청 시대의 비밀교문들이 믿은 天盤三副說이 무생노모가 인류의 시조이며 주재자임을 선양하고자 한 것으로, 무생노모와 관련된 교의는 주로 신도들을 모으고자 한 것이기 때문에 명백하게 반사회·반정부적 내용이 없으나, 교주들의 정치적 야심에 의해 이 설이 이용될 수도 있었다고 한다.[53] 무생노모 신앙의 성행은 하층 사회의 천년왕국의 이상적인 경지에 대한 동경과 갈망을 충분히 반영하고 있다고 하면서도 그것이 정치적 운동으로 발전될 수 있는지에 대해서는 분명하게 의견을 제시하

---

51) 徐小躍,『羅敎·佛敎·禪學』, 江蘇人民出版社, 1999, 129~149쪽; Daniel Overmyer, 1976, p.115; 馬西沙·韓秉方,『中國民間宗敎史』, 上海人民出版社, 1992, 210~211쪽; 秦寶琦,「明淸時期秘密敎門信仰體系與基本敎義的形成與發展」,『邵陽學院學報』, 第1卷 第1期, 2002.

52) Susan Naquin은 무생노모 宇宙論과 천년왕국적인 종말론이 종파 조직 및 보권들과 결합되었다고 보고 이로부터 혁명성을 인정하고 있다. 安野省三,「淸代の農民反亂」,『世界歷史』, 12 中世6, 岩波講座, 1974, 200~201쪽; 相田洋, 1974, 206쪽; 相田洋,「羅敎の成立とその展開」,『續民衆反亂の世界』, 汲古書店, 1983, 209쪽; Richard Shek, Religion and Society in Late Ming: Sectarianism and Popular Thought in Sixteenth and Seventeenth Century China, Ph.D. Disseratation, California Univ., 1980, pp.9~13; 酒井忠夫,『中國善書の硏究』, 國書刊行會, 1972, 437쪽; 溝口雄三·伊東貴之·村田雄二郎 著, 동국대 동양사연구실 譯,『중국의 예치시스템』, 계, 2001, 232~242쪽.

53) 秦寶琦, 2002, 65쪽.

지 않는 주장도 있다.[54] 더 나아가 명말 이래 보권류의 편찬과 무생노모 신앙의 결합과 관련하여, 백련교 형성 이후 시간이 경과함에 따라 백련교 중에 來世救濟的 사고가 혼입해 간다고 하는 종교성의 심화과정으로 보고자 하는 경우도 있다.[55] 인류학적 측면에서, 觀音, 媽祖 신앙과 함께 無生老母 신앙은 국가종교, 지역 寺廟信仰, 그리고 조상숭배라는 계급적이며, 관료적인 正統들에 대해 중요할 뿐만 아니라 대조를 이루는 것들이다. 그것들은 공식적으로 인정된 父系的 또는 地域的 결속에 의해 결합되지 않은 숭배자들 사이에 통합을 위한 儀式的 초점을 제공함으로써, 중국 종교로 하여금 사회적 질서를 구현하는 것 以上의 것이 되게 했다고 하여, 그들 신앙에 있어서의 종교성에 긍정적 견해를 보이기도 한다. 특히 女性神들에 대한 숭배에는 對抗文化(counterculture)가 제현되어 있다고 하고 이 점은 중국 종교에 대한 인류학적 연구에서 경시되어서는 안 된다고 하는 주장도 있다.[56]

위에서 본 바와 같이 오늘날 학자들은 백련교에 대해 미륵 신앙의 존재 여부나 무생노모 신앙의 존재 여부를 그 기준으로 하고 있다. 그리고 민간 비밀종교 집단들은 반란과 깊이 결부되어 있으며, 백련교라는 종교집단이 언제 또 누구에 의해 성립되었는지는 명확히 확인할 수 없지만 일관된 하나의 종파로 역사적으로 연속성을 갖고 계속 이어져 왔음을 지적해 왔다. 이러한 인식은 명·청대 지배층의 그것과 별다른 차이가 없는 것으로 생각된다. 다만 명·청대의 유교적

---

54) 莊吉發, 「淸代民間宗敎的寶卷及無生老母信仰(下)」, 『大陸雜誌』, 第74卷, 1987, 222~223쪽.

55) 野口鐵郎, 「元代宗敎結社の諸相-白蓮敎の形成にかかわる臆論-」, 野口鐵郎 編 『中國史における亂の構圖』, 雄山閣出版社, 1986, 121쪽.

56) P. Steven Sangren, "Female Gender in Chinese Religious Symbols: Kuan Yin, Ma Tsu, and the 'Eternal Mother'", Signs: Journal of Women in Culture and Society, Vol.9, no.1, 1983, p.25.

이념을 공유한 관료, 지식층과 오늘날의 학자 사이에 차이점이 있다면, 전자가 민간 비밀종교 집단들에 대해, '성적 문란[男女混雜]', '밤에 은밀히 모였다가 새벽에 흩어진다[夜聚曉散]', '백성의 금전을 속여 빼앗는다[騙誘銀錢]'는 등 부정적인 의미가 내포된 판에 박힌 말들을 사용함은 물론이고, 지배체제에 도전하고자 한다고 생각하고 있음에 반해, 후자는 오히려 그러한 것들이 유교체제를 부정하고 근대사회를 지향하려고 하는 혁명적이라고 할 만한 긍정적 성격을 가진 것으로 보고 있다고 하는 것이다.[57]

위와 같은 연구사 정리를 통하여 나름대로 백련교 연구상의 문제점을 제시하면 다음과 같다.

(1) 백련사에서 백련교라는 명칭이 기원하였다는 것은 일반적으로 인정되는 것이지만, 백련교라는 명칭이 언제, 어떻게 이루어졌으며 또한 일반적으로 오늘날 학자들에 의해 인식되는 것과 같은 백련교가 나왔는가 하는 것은 재고되어야 한다.

우선 송·원대의 사료에서 백련교라는 용어를 사용한 예를 거의 볼 수 없다. 이들 사료에서는 白蓮·白蓮會·白蓮茶·白蓮道 등 용어가 사용되었을 뿐이다. 명초인 1370년 완성된 『元史』에서도 白蓮社·白蓮佛事·白蓮會·白蓮이라는 용어들만이 보이고 있다. 그리고 드물게 백련교라는 용어가 사용되었을 경우[58]라도, 반란과 관련되었다

---

57) 이러한 인식은 오늘날의 민간종교에 대한 인식과 관련해 연속성이라는 문제가 제기되지 않을 수 없다. **秦寶琦**의 다음과 같은 입장이 이를 잘 말해 주고 있다. "명·청 시대에, 비밀교문은 봉건사회의 하층 군중의 결사조직으로서, …비록 미신과 우매를 선양하고 있었지만, …이것을 사상적 무기로 해서 진행한 반항투쟁은 객관적으로도 봉건통치에 타격을 가해, 일정한 적극적 의의를 갖고 있었다. 그러나 현대 중국의 **邪敎**는 사회주의 시기에 처해 있는데, 광대한 인민이 중국공산당의 영도 아래 현대화를 실현하기 위해 분투하고 있다. 그들이 선양하는 '末世論' 등은 억지 **邪說**이며, 그 목적은 인민정부를 전복시켜, 중국의 역사를 후퇴시키려는 것이니, 완전히 역사의 조류를 거스르는 것이며 어떠한 적극적 의의도 없다. 따라서 단호하게 반대하고 엄숙하게 비판해야 한다."

는 등 부정적 의미가 그 안에 내포되어 있지 않았다. 둘째는 명 태조 30년(1397)에 반포된 『大明律』과 명말 萬曆帝 때(萬曆 38年版: 1610년) 나온 『大明律集解附例』에서도 白蓮社라는 명칭이 나오고 左道로 규정된 백련사를 해설하면서 (慧)遠公의 백련사를 妄稱하는 것으로 나와 있어 혜원의 백련사의 이상을 모방한다고 결사를 만들고는 그 뜻에 어긋난 행위를 펴는 것들이 있음을 가리킨 것이다. 또한 여기에서는 미륵불과 백련사가 별개로 다루어지고 있다. 셋째는 永樂 18년(1420)에 일어난 唐賽兒의 난과 正統 연간에 있었던 李福達의 난 등은 사건이 일어난 당대의 자료에서는 백련교라고 불리지 않았으나 대체로 1525년 이후에 그렇게 불리었던 것은 백련교라는 말이 하나의 확인할 수 있는 종교집단을 가리키기 위해서라기보다는 어떠한 종교 신앙 내용이니 미술들에 대한 하나의 標識(Label)으로서 사용되었다는 것을 보여 주고 있다.[59] 넷째는 이후 『明史』 趙彦傳에 나오는 기록에 의거한 것으로 생각되는데, 直隷 灤州 王森의 聞香敎를 백련교라 하는 자료들도 나타나고, 그 기원을 漢末 張魯 혹은 元末 紅巾賊에서 구하기도 하는데, 그 성격에 대해서는 문향교적인 것, '진공가향, 무생부모' 등 여러 가지 요소들이 뒤섞여 나타나고 있다. 이러한 요소들은 훨씬 후대에 부가되어 이루어진 것이어서, 백련교가 어떠한 실질적인 고유한 특징을 가진 집단을 말하는 것이라기보다는 단지 명목상의 이름을 나타내는 것으로, 필요하다면 언제든지 붙여질 수 있는 이름이었음을 추측하게 한다. 그리고 이러한 용어 사용의 경향은

---

58) 이에 대한 예외로 다음 두 경우를 들 수 있다. 명초에 葉子奇의 『草木子』에 白蓮敎라는 말이 사용되고 그것이 하나의 종파 집단으로 존재하고 있었음을 말하고 있다. 또 하나는 元代의 詔令 및 判例集인 『大元聖政國朝典章』에서 『草木子』에서와 마찬가지로 白蓮敎와 頭陀敎라는 용어가 나오고 있다.

59) B. J. ter Haar, p.168.

가경 원년에서 10년간(1796~1805)에 걸쳐 청 정부를 혼란에 빠뜨렸던 川·陝·楚·甘·豫 5省에 걸친 비밀 종교집단들의 반란에서 아주 일반화되었다고 생각한다. 여기에서 수많은 다양한 민간종교들에게 청 정부 관리들이나 우리들이 백련교라는 이름을 사용해 온 것은, 개별 민간종교 집단들에 대한 실명으로서보다는 하나의 대표성을 띠는 이름으로였던 것으로 생각된다.

(2) 청 중기 이후에 일반적으로 사용되기 시작하였던, 사교라는 말속에 내포되어 있는 정치적·사회적·종교적 의미는 무엇이며, 시간이 흐르면서 어떤 측면이 두드러져 갔는가 하는 것도 밝혀야 할 것이다. 사교라는 말이 사용되면서 그 속에 함축되어 들어간 의미들을 추출해 밝혀낸다면, 사교 즉 민간종교들에 대한 청조 지배층의 인식이 어떻게 변화되었는가를 이해하는 데 도움을 줄 수 있을 것이다. 우리는 이러한 문제들을 현재의 우리의 입장이나 가설에서가 아니라, 그러한 문제에 직접 직면해 있었던 명·청대 지식인들의 민간 종파들에 대한 인식을 통해서 확인해 본다는 것은, 그들의 현실 대처 방법을 이해할 수 있다는 것에서 더 나아가, 우리들의 중국 민간종파들에 대한 이해를 깊게 해 줄 것이다.

(3) 이러한 민간 비밀종교 집단들에 대한 명칭들과 처벌은 당시의 지배층들의 민간 비밀종교들에 대한 인식이 반영되어 나온 것이며, 민간종파들에 대한 정부의 탄압은 명대에서 청대로 갈수록 엄하여져 가는 상황을 보여 주었다. 그것은 민간종파의 교리 내용을 감소시키고 세속적인 목적들이 종교적인 것들을 대체하여 민간종파들이 반란을 일으키는 등 정치적인 성향을 강하게 띠는 방향으로 나아가게 했다.[60] 그러나 명·청대에 걸친 가혹한 종교 탄압이 그와는 반대로 종

교결사들에 있어서 종교성의 심화로 나아가게 했던 것은 아니었는가 한다. 이것은 가혹한 정부의 종교 탄압 속에서 민간 비밀종교의 생명력을 끈질기게 유지시켜 준 근원이 어디에 있었는가를 확인하는 계기가 될 것이다.

비밀종교 집단이 반란을 일으킨 사례들에서, 그 종교집단이 내세운 슬로건들을 분석하면, 새로운 정치권력 수립을 향한 명확한 명·청 대에 있어서 반정부 의지나, 사회·경제적 모순을 극명하게 드러내는 강령 등이 제시된 경우를 찾기가 어렵다.[61] 따라서 민간 비밀종교가 일으킨 반란을 정치·경제·사회적 모순과 지나치게 결부시켜, 농민 반항 투쟁과의 관계가 밀접하다고 한다든지 또는 유교적 이념과 지연적·혈연적 諸關係 위에 성립해 있는 현실의 지배체제를 부정하는 역할을 했다는 주장은 물론이고, 과거 명·청 정부처럼 체제 유지를 위한 의도에서 민간 비밀종교를 사교로 단정하고 금압시키려 했던 양극단에서 이제 벗어나 중국 민간 비밀종교 집단에게 정당하게 그 설 자리를 마련해 주어야 할 것이다.

V. 맺는말

중국 공산정권 수립 후 민간종교를 비롯한 여타 종교는 모두 봉건 미신으로 여겨져 활동이 금지되었고 그와 관련된 학술 연구도 타격

---

60) 相田洋, 1974, 209쪽에서, 종교결사에서 現狀의 변혁을 기대한 민중의 의식은, 근대에서부터 현대에 걸친 민중의 혁명 의식의 형성에 크게 공헌했다고 하여, 지나치게 종교를 정치나 혁명과 결부시키고 있다.

61) 小林一美,「齊王氏の反亂−嘉慶白蓮敎反亂硏究序說」,『續中國民衆反亂の世界』, 汲古書店, 1983도 그 한 가지 例를 보여 준 것이라 하겠다.

을 받았다. 개혁개방 후 종교·신앙 자유정책의 실행과 문화의 다원적인 발전에 따라, 각종 민간종교 활동이 다시 활발해져 사회적으로 민중 정신생활의 중요한 구성요소가 되었고 학술계의 관심을 받게 되었다. 다만 현재 민간종교의 성질, 내포된 의미 및 사회 기능 등에 관한 연구는 사회적 화합[和諧]의 촉진과 사회 안정의 유지[控制]라는 당면한 현실적 요구에서 나온 것으로, 이것은 앞으로 정부의 의도에 입각한 민간종교의 발전방향과 그 사회기능에 관한 연구가 강화될 것임을 시사하고 있다.[62]

민간종교는 현재 정부로부터 승인을 받지 못하고 있지만, 시대·사회와 계급의 한계를 뛰어넘어 넓은 時空 범위에 존재하며 사회에 대해 장기적인 영향을 끼쳐 왔으므로, 사회 통제에 중요한 機制의 하나로 주목을 받게 되었다. 이것은 계획경제에서 시장경제로 넘어가면서, 정치이념이 더 이상 종교 신앙을 대신할 수 없게 되어, 민간종교의 부흥과 발전이 일정 정도 정통종교의 결여로 인한 신앙의 진공 상태를 메워 주고 있다고 보고 있다. 결국 이러한 민간종교들이 전통의 계승과 사회통합 및 안정에 큰 역할을 할 수 있을 것이라는 점에서 그 적극적인 측면을 인정받고 있는 것이다. 따라서 중국정부는 이러한 민간종교 활동에 대해 신중하게 규제와 관리를 강화시킴으로써 정부의 통제를 벗어난 세력으로 발전해 나갈 가능성을 차단하고자 할 것으로 생각된다.

---

62) 최근 중국학계에서 비밀종교와 민간신앙을 비롯한 비밀결사에 관한 연구 동향의 一端을 보여 주고 있는 것이 『第二屆中國秘密社會史國際學術研討會論文集』(中國國際友誼促進會·山東大學, 2009. 8)이다. 이에 대한 아주 개략적인 소개는, 李平秀, 「제2회 中國 秘密結社史 國際學術討論會 참관기-天地會의 연구동향을 중심으로-」(『中國近現代史研究』, 제43집, 2009. 9)와 宋堯厚, 「제2회 中國 秘密社會史 國際學術討論會 참관기-秘密宗教와 民間信仰을 중심으로-」(『明淸史研究』, 제32집, 2009. 10)를 참조.

통제와 규제에 신중함이 필요한 이유는, 민간종교 집단들에 대한 적절치 못한 조치가 예기치 못한 결과를 발생시킬 수 있으니, 오히려 불안함 속에서 그 종교로 하여금 생존을 위한 새로운 방법의 창조와 조직의 유지, 강화 등으로 급격한 발전을 초래함으로써, 결국 종교의 신장에 유리한 계기를 제공해 줄 수도 있다는 것이다.[63]

보다 적극적으로 여기에서 더 나아가, 민간종교를 정치적 입장에서 정권에 대항하는 邪敎 집단으로 보는 시각에서 벗어나 민간종교를 합법화하여 공개적으로 전파하는 것을 허용하자는 주장도 나타나고 있다. 오히려 이러한 정책이 민간종교를 법률의 감독하에 主流 사회 속에 흡수해 들임으로써 그들의 사회 정치생활에 참여하고자 하는 욕구를 만족시켜 줄 것이고, 결국 민간종교로 하여금 현대 사회와 긍정적인 상호 작용을 유지하고 그 고유한 사회 기능의 발휘를 가능하게 할 수 있다고 보고 있다.[64]

이러한 주장들은 정부의 민간종교에 대한 인식이 오늘날 바뀌어야할 필요성을, 역사연구를 통해 얻은 경험들을 근거로 제기하고 있다고 하겠다. 다만 민간종교와 사회 간의 상호 작용의 二重性 중에서, 민간종교가 갖고 있는 사회 안정에의 긍정적 영향을 인정한 위에서, 신앙의 자유와 官 주도하에서의, 특히 법률을 근거로 한 통제라는 방책이 채택될 수 있을 것인지, 또한 채택될 경우 장기적으로 볼 때, 정부와 학계가 원하는 방향으로 나아갈 수 있을지는, 궁극적으로 아직도 그들의 인식 속에 내재되어 있는, 민간종교를 정치적 입장에서 보

---

63) 盧雲峰, 「苦難與增長: 一個比較歷史硏究」, 『第二屆論文集』, 34~43쪽.

64) 胡訓珉, 「中國歷史上的邪敎立法探索」, 『第二屆論文集』, 67~79쪽; 林國平, 「民間宗敎的復興與當代中國社會」, 『第二屆論文集』, 153~161쪽.

고자 하는 전통적 시각을 얼마나 불식시켜 나갈 수 있는가에 달려 있다고 생각한다. 중국이 개혁개방 이후 엄청난 변화를 겪고 있음에도 불구하고, 민간종교 분야에서는 정부의 그에 대한 인식이나 관심 영역에 있어서, 아직도 전통에서 크게 벗어나지 못하고 있는 것이 아닌가 한다.

제 7 장

청대 토지 전매(典賣) 관행과 분쟁

허혜윤

Ⅰ. 머리말

Ⅱ. 토지매매방식의 분화

Ⅲ. 전매(典賣)의 후속과정: 회속(回贖)과 조가(找價)

Ⅳ. 전매(典賣) 관련 분쟁

Ⅴ. 맺음말

Ⅰ. 머리말

 토지-田地, 택지, 산림, 묘지 등 다양한 형태를 포함하는-는 전근대 사회의 가장 기본적인 생산수단이다. 淸代 토지를 눌러싸고 벌어신 분쟁은 그 내용 면에서 매우 다양한데 분쟁해결의 지향점은 대부분 합법적 토지소유권을 보호하는 것이었다.[1] 물론 청대의 토지소유권은 근대적인 전면적 소유권을 함유하는 지배적 권리가 결여되어 있었고 一田兩主制 관행은 그에 대한 적절한 사례라고 인식되기도 했다.[2]

 명말 청초의 혼란기를 거치면서 청정부는 無主荒田의 개간을 독려 하고 이에 대한 토지소유권을 인정하였다. 이런 과정에서 전국적으로

---

* 본 논문은 『중국근현대사연구』, 50집(2011)에 게재된 논문을 수정한 것이다.

1) 1990년 이전의 사료와 연구동향에 관해서는 岸本美緖, 「明淸契約文書」, 滋下秀三 等 著, 王亞新, 梁治平 編, 『明淸時期的民事審判與民間契約』, 法律出版社, 1998, 280~326쪽; Buoye, thomas M(步德茂), 「司法檔案及淸代中國的法律, 經濟與社會硏究」, 『法制史硏究』, 2003年 4期, 217~242쪽 참조. 1990년 이래의 사료와 연구동향은 大島立子 編, 『前近代中國の法と社會: 成果と課題』, 東洋文庫, 2009 참조.

2) 仁井田陞, 『中國法制史硏究: 土地法・取引法』, 第四章 明淸時代の一田兩主慣習とその成立, 東京大學出版會, 1960, 164~215쪽; 明淸代 토지소유권법에 대한 개관은 李鳴, 『明代土地法制硏究』, 中國靑年出版社, 2000; 許光縣 『淸代物權法硏究』, 中國政法大學博士學位論文, 2009; 森田成滿, 『淸代土地所有權法硏究』, 勁草書房, 1984 참조.

토지소유권을 둘러싼 토지분쟁이 격화되어 심각한 사회문제가 되기도 하였다. 이러한 사회적 혼란을 없애기 위해 토지소유권의 소재를 명확히 하여 분쟁의 소지를 없애기 위해 장량사업이 실시되기도 하였다. 청초 무주황전 등의 개간에 따른 소유권 분쟁과 함께 토지매매와 관련된 토지분쟁도 淸代 전반에 걸쳐 지속적으로 증가하였다.[3] 또한 상품경제의 발전에 따라 토지소유권이 매매를 통해 거래되고 토지매매가 활발해지면서 일정한 형식을 갖춘 토지계약문서 등의 사용이 일반화되었다.[4]

청대의 토지매매방식에는 典賣와 絶賣 2가지가 존재했다. 典賣는 活賣라고도 불리며 回贖權[5]을 부가한 매매방식이다. 이는 回贖의 여지 없이 영구적으로 매매하는 絶賣와 반대되는 개념이며 典當과도 구별된다. 典賣는 明代 중후기부터 民國 시기까지 중국 농촌의 토지매매관계에서 널리 성행한 형식이다. 典賣는 그 속성상 분쟁이나 소송으로 확대되는 경우가 많았고 국가법령과는 다른 민간의 관행이란 측면에서 주목을 받아 왔다.[6] 청대의 토지분쟁에는 典賣분쟁 외에도

---

3) 『刑科題本』에 기록된 청대의 살인사건 관련 당안을 살펴보면 살인사건을 야기한 원인은 매우 다양하다. 토지, 商務, 채무, 혼인 등 분쟁, 종족과 가정분쟁, 절도, 폭력 등이다. 그중에서도 토지채무분쟁이 야기한 살인사건이 가장 많았다. 馮爾康, 杜家驥, 「序言-兼述 “一史館”土地債務檔案的史料價値」, 杜家驥 編, 『淸嘉慶朝刑科題本社會史料輯刊』(天津古籍出版社, 2008), 第一冊, 1쪽.

4) 명·청대 토지계약문서에 대한 개관은 陳學文, 「淸代土地所有權移轉的法制化-淸道光三十年山西徐溝縣王耀田契(私契 官契 契尾)的考釋及其他」, 『中國社會經濟史硏究』, 2006年 4期; 楊國楨 『明淸土地契約文書硏究』, 中國人民大學出版社, 2009; 岸本美緒 「明淸契約文書」, 滋下秀三 等 著, 王亞新 梁治平 編 『明淸時期的民事審判與民間契約』, 法律出版社, 1998; 天海謙三郎 『中國土地文書の硏究』, 勁草書房, 1966 참조.

5) 典賣人이 토지 典賣 시에 받았던 원가를 지불하면 토지를 다시 되살 수 있는 권리를 말한다.

6) 청대의 관습법, 민간관행과 관련된 연구는 梁治平, 『淸代習慣法: 社會與國家』, 中國政法大學出版社, 1996, 67~126쪽; 滋賀秀三 「法源としての經義と 禮 および慣習」, 『淸代中國の法と裁判』, 創文社 1984 참조; 토지법과 관련된 관행에 대해서는 張硏, 「關于中國傳統社會土地權屬的再思考-以土地交易過程中的“鄕規”, “鄕例”爲中心」, 『安徽史學』, 2005年 2期; 寺田浩明 「淸代土地法秩序における慣行の構造」, 『東洋史硏究』, 48권 2호, 1989; 艾仁民(Christopher Isset), 「淸代東北地區的非法土地賣買: 民間習俗與司法實踐」, [美]黃宗智, 尤陳俊 主編, 『從訴訟檔案出發: 中國的法律, 社會與文化』, 法律出

絶賣,[7] 盜賣, 토지의 경계[8]와 관련된 분쟁도 포함되어 있다. 이 중에서도 토지의 典賣와 관련된 回贖, 找價[9]관행과 관련된 분쟁은 매우 복잡한 양상을 띠고 있다.

본고에서는 먼저 명 중엽 이후 진행된 토지매매방식의 분화과정과 역사적 배경을 살펴보려고 한다. 다음으로는 典賣관행의 속성에서 기인하는 후속과정인 找價와 回贖의 내용과 특징을 살펴보고 典賣관행으로 야기된 다양한 분쟁형태의 내용과 특징, 그 영향을 분석하고자 한다.

II. 토지매매방식의 분화

典賣의 기원은 대략 六朝시대로 거슬러 올라간다.[10] 典賣와 找價

版社, 2009; 卞利, 『國家與社會的沖突和整合-論明清民事法律規範的調整與農村基層社會的穩定』, 中國政法大學出版社, 2008, 第5章 참조.

7) 토지를 絶賣한 경우에도 여러 가지 이유로 분쟁의 여지가 있다. 첫째, 토지의 경계가 정확하지 않을 경우이로 인해 분쟁이 발생한다. 한 지주와 그의 상속인은 여러 해를 지나면서 자신의 토지 경계를 대략적으로 파악하고 있다. 토지매매 시 통상적으로 중개인은 계약 당사자들과 매매대상 토지에 대한 측량을 실시하여 地契상에 기재하는 경계를 결정한다. 그러나 측량 결과 어떤 경우에는 地契와 실제 상황 간에 오차가 존재한다. 둘째, 토지 絶賣 시 납세를 회피하기 위해 관부에 등기(過割: 田土와 房屋의 매매, 전당으로 인해 소유권의 명의를 변경하거나 이전하는 제도)하지 않는 관행이 있었다. 이 경우 양자 모두 납세문제 때문에 분쟁이 일어나기 쉬웠다.

8) 田土와 山林 등의 경계 때문에 일어난 분쟁과 소송은 청대 민사분쟁과 소송의 중요한 내용이다. 이런 종류의 분쟁과 소송은 인근 지역 내에서 일어난다. 黃宗智의 통계에 의하면 順天府 寶坻縣의 23개 안건과 順義縣의 42개 토지안건 중 10건과 8건이 인접지역 간의 경계분쟁이었다. 黃宗智, 『淸代的法律, 社會與文化: 民法的表達與實踐』, 上海書店出版社, 2001, 33쪽.

9) 典賣人이 토지를 回贖하는 것이 힘들다고 보아 典權人에게 팔아 버리면서 해당 토지의 원가와 시세 간의 차액을 얻는 것으로 이를 找價, 找帖이라고 한다.

10) 戴炎輝, 『中國法制史』, 311쪽, Schurmann의 연구에 의하면 宋代와 元代의 토지 典賣 시에도 이를 '기한이 있는 보유권'이라고 불렀다. 典賣人이 지정된 기한 내에 토지를 回贖하지 않으면 그 토지의 완전한 소유권은 매입자에게 있었다. H. F. Schurmann, "Traditional Property concepts in china", Far Eastern Quarterly, 15.4, 513쪽, 1956(Thomas M. Buoye, Manslaughter, Markets, and Moral Economy: Violent Disputes over Property Rights in Eighteenth-Century China, Cambridge University Press, 2000, 93쪽에서 재인용).

는 명대 중후반부터 성행하기 시작하여 淸代 乾隆 이후 민국 시기까지 전통적 민간관행으로 널리 자리 잡았다. 명대에는 找價행위가 불법적인 것이었으며 시장을 혼란하게 만드는 '惡俗'으로 간주되어 각급 관청의 엄격한 규제를 받았다. 그러나 시간이 지날수록 광범하게 확산되어 청대 이후, 특히 강남지역 등 토지매매가 활발했던 지역을 중심으로 找價행위를 인정하는 다양한 鄕規와 俗例들이 생겨났다. 이 때문에 청대 雍正、乾隆시기 국가법률도 기층농촌사회의 질서와 토지시장의 안정을 위해 전매관련 법률을 조정하여 找價행위는 점차적으로 합법화되었다[11]. 비교적 이른 시기의 典賣계약문서는 明 崇禎 연간이다.[12] 또한 『乾隆刑科題本』에는 전국 각지의 유사한 사례가 기재되어 있다.[13] 지역적으로 보면 강남지역, 특히 복건, 절강, 강소 등지에서 더욱 성행하였다.[14]

일찍이 典賣현상에 대한 연구를 진행한 仁井田陞은 唐宋 이래, 특히 明淸代의 계약문서에 斷絕賣, 永賣 등 용어를 반복하여 강조하는 사례에 주목하였다. 이런 종류의 매매관계 배경에는 絕賣와는 다른 형식의 매매형식이 존재하는데 이가 곧 典賣 혹은 活賣라는 것이다. 典賣란 돈을 지불하여 다시 되사올수 있는, 즉 回贖이 가능한 매매이며 일반적인 매매, 즉 絕賣는 무조건적인 영구적 매매이다.[15] 또한 找

---

11) 卞利, 앞의 책, 140-160쪽 참조.

12) 明崇禎 6年(一六三三年)休寧縣夏源賣店屋交業重複割根文書(紅契), 張傳璽 主編, 『中國歷代契約匯編考釋』(北京大學出版社, 1995), 974~976쪽; 田濤, [美]宋格文, 鄭秦 主編, 『田藏契約文書粹編』(中華書局, 2001); 徽州 지역의 계약문서에 典賣와 找價가 등장하는 시기는 대략 청초이다. 康熙39年歙縣畢子玉賣田契『明淸徽州社會經濟資料叢編』, 第一輯, 中國社會科學出版社, 1988, 97쪽.

13) 中國第一歷史檔案館・中國社會科學院歷史硏究所 合編, 『乾隆刑科題本租佃關係史料之二 淸代土地占有關係與佃農抗租鬪爭』, 中華書局, 1988, 488, 562, 574쪽.

14) 楊一凡, 田濤 主編, 『中國珍稀法律典籍續編』(黑龍江人民出版社, 2002), 제7책, 182쪽; 『民事習慣調査報告錄』, 146, 175, 228, 252쪽.

價과정 중 나타나는 특수상황, 예를 들면 找價의 횟수가 정해져 있지 않거나, 1차에 그치지 않고 여러 차례에 걸쳐 나타나는 상황에 주목하였다. 더욱이 找價과정 중 典賣人은 가축을 대신 요구하거나 심지어는 상대방의 집에서 숙식을 하는 등 가능한 모든 방법을 사용하여 자신의 권리를 주장하였다. 仁井田陞은 "이러한 현상은 권리의무관계의 불확정성을 설명하며 이는 전근대 권리관계의 특징"이라고 평가하였다.[16] 이 같은 결론은 근대 이래 발전한 서구의 법이론에 따라 중국 전통사회의 특징적인 현상을 평가한 것이라고 볼 수 있다.

위와 같은 연구를 기초로 戴炎輝는 典賣와 典當, 絶賣에 대해 진일보된 구분을 시도하였다. 그는 매매를 典賣와 絶賣로 구분했다. 絶賣는 조건이 없는 매매로 回贖이 불가능한 반면 典賣는 回贖의 조건을 부기한 매매형식으로 六朝에서 唐宋 시기이 이른바 帖賣 혹은 貼賣이며 元 이후 明淸代에는 典賣 혹은 活賣라고 칭했다. 또한 典賣와 典當의 관계에 대해서는 "典賣는 통상적으로 典當과 혼효되며 그 경제상 효용은 같지만 법률형식은 서로 다르다. 典賣는 토지소유권이 典權人에게 이전되지만 典當은 그렇지 않다."[17] "典權人은 소유권을 취득하기 때문에 사용권과 수익권 또한 가진다. 그러나 토지의 처분에 대해서는 제한이 따른다."[18]

章有義는 중국 전통사회의 매매에는 典賣와 活賣 2가지 종류가 있는데 그 차이는 典賣 시에는 원래의 소유자가 回贖이나 找價가 가능

---

15) 仁井田陞, 『補訂中國法制史硏究: 土地法・取引法』, 東京大學出版會, 1981, 382쪽.

16) 위의 책, 378쪽.

17) 戴炎輝, 『中國法制史槪要』, 漢林出版社, 1980, 122쪽.

18) 위의 책, 124쪽.

한 권리를 보유하는 것에 있다고 보았다. 典賣와 典當의 차이점은 典當은 채무담보나 抵押의 성격을 가지며 사용 및 수익권만 이전되며 소유권은 이전되지 않는다. 典賣가격은 일반적인 매매가격보다 낮으며 일정한 기한이 있다. 絶賣의 경우 한번 매매하면 回贖이나 找價를 허용하지 않았다. 이른바 '杜賣契', '斷骨契'는 絶賣의 의미이다.[19] 楊國楨은 蘇州지역의 계약문서 연구를 통해 典賣가 유행하게 된 원인을 분석하고, 明淸 이래 민간에 광범위하게 퍼져 있던 典賣, 絶賣와 典當이 병존하던 토지매매관계의 실상을 보여 주었다.

岸本美緒는 明淸 시기 判例判讀을 통한 找價回贖문제에 대한 연구에서 找價분쟁과 관련한 관부와 민간관행의 작용형태 및 중국 전통사회의 분쟁 해결과정 중의 특징에 대해 분석하고 있다. 결론적으로 找價回贖은 중국 전통사회에서 정의 실현의 특수한 표현이라고 평가하였다. "找價回贖방식은 그 집행형식이 합리적인 규칙도 아니었지만, 하고 싶은 대로 다 할 수 있는 약육강식도 아니었다. 淸代 중국인은 공통적으로 公正감각을 가지고 있는 것 같으며 이러한 사고방식은 인류의 公正관념을 더욱 풍부하고 다채롭게 하였다."[20] 이 같은 결론은 서구 중심 모델을 벗어난 것으로 이는 前人의 연구와 비교하여 새로운 의의를 가진다고 할 수 있다.

梁治平은 청대관습법을 주제로 관습법 운행과정 중에서 나타나는 국가공간 범위 내의 상이한 역량과 상호 제약에 주목하여 하버마스의 국가-사회 이원구조 모델을 중국 전통사회에 그대로 적용시키는

---

19) 章有義, 『明淸徽州土地關契研究』, 中國社會科學院出版社, 1984년, 76~77쪽.

20) 岸本美緒, 「土地市場と「找價回贖」問題-宋代から淸代の長期的動向」, 『宋-淸代の法と地域社會』, 東洋文庫, 2005; 「土地を賣ること, 人を賣ること-「所有」をめぐる比較の試み」, 三浦徹・岸本美緒・關本照夫 編 『比較史のアジア 所有・契約・市場・公正』, 東京大學出版會, 2004 참조.

것에 대해 비판적 관점을 취하고 있다. 岸本美緖와 마찬가지로 梁治平 역시 서구중심론 모델에 의문을 제기하고 서구사회의 구조 모델로 중국 전통사회를 조명하는 것에 반대한다. 또한 '국가-제3영역-사회' 모델을 채용한 黃宗智에 대해서도 비판적 입장을 견지한다. 梁治平은 이 모델 또한 국가와 사회의 二元的 대립을 가정한 구조이며 이른바 제3영역도 설명하기 힘든 영역이며 중국 전통사회의 진정한 모습을 반영하기 어렵다는 것이다. 梁治平은 典當이나 絶賣와는 구별되는 매매형식인 典賣의 존재와 그 원인에 대해 주목하였다. 典賣는 典當과 상이한 근원을 가지고 있지만 외적으로 볼 때 양자 간의 구별은 매우 작다고 보았다.[21] 이와 달리 張晉藩은 明淸 시기 토지매매형식에는 典과 賣의 구별만 존재하며 典賣라는 개념은 典當의 영역으로 봐야 한다는 관섬이나. 張晉藩은 『人淸律集解附例』의 설명에 따라 "典은 典賣, 賣는 絶賣"[22]라고 주장한다. 즉 典賣가 絶賣나 典當과는 또 다른 매매형식이 아니라 典當의 다른 표현방식이라는 것이다. 典賣와 典當을 비교했을 때 양자 모두 回贖 가능하고 기한을 약정한다는 점에서는 외관상 공통점이 있다. 그러나 典當의 경우 점유권만 인정되며 소유권이 이전되지 않는 반면 典賣토지의 回贖 시에는 소유권을 재취득한다는 점에서 차이가 있다.

典賣관행에 관한 기존의 연구를 살펴보면 典賣관행이 성행하게 된 시기는 대략 명 중기 이후였고 그 배경에는 일정 정도 당시의 사회경제적 현실이 반영되어 있었다. 무능력한 황제와 정치의 황폐화는 명 중기 이후의 정치적 특색이었다. 또한 만력연간 이후 당쟁의 격화와

---

21) 梁治平, 『淸代習慣法: 社會與國家』, 中國政法大學出版社, 1996, 92~101쪽 참조.

22) 張晉藩, 『淸代民法綜論』, 中國政法大學出版社, 1998, 119쪽.

특정 지역을 기반으로 한 정치집단이 대립하면서 특정 계층과 지역의 이익을 추구하는 경향이 심화되었다. 명 중기 이후 빈부격차의 정도가 심각해졌지만 명 정부는 이를 제어할 의지도, 여력도 없었다. 생계에 대한 압력이 심해지면서 소농민들의 토지 典賣는 점점 증가하게 되었다. 또한 물가상승과 지가상승이 반복되면서 왕공귀족이나 대지주들의 토지매입이 이루어졌다. 위와 같은 배경하에서 명 중기 이후 典賣관행의 정착이 이루어졌다.

Ⅲ. 전매(典賣)의 후속과정: 회속(回贖)과 조가(找價)

1. 回贖과 找價의 형식

앞에서 살펴본 바와 같이 청대 토지 典賣의 주요 특징은 回贖權을 조건으로 하는 조건부 매매라는 데 있다. 이러한 조건부 매매는 토지가격을 시세보다 낮추어 典賣하기 때문에 가능한 것이다. 典權人의 입장에서 보면 자신의 토지소유권에 대한 제한이 따르기는 하지만 이에 대한 대가는 시세보다 싼 가격이다. 典賣가격은 통상 絶賣가격의 60~80%였다. 이 때문에 시세보다 낮은 매매가격은 典賣와 絶賣를 구분하는 표지가 되기도 한다.

청대의 토지계약문서를 보면 典賣人이 토지를 매매하는 주요한 원인은 '手中不足', '天荒年歉', '今困乏用' 등이다. 이는 물론 계약문서상의 관용적인 어법이기는 하지만 대개는 典賣人이 처한 경제적 상황을 반영하고 있다.[23] "典賣人이 모종의 경제적 상황 때문에 토지를 典賣할 때에는 回贖을 전제로 하는 것이다. 그래서 典賣價는 絕賣價보다 낮다. 만약 絕賣價로 典賣契를 작성한다면 典權人이 받아들이기 힘들 것이다."[24] 章有義의 연구 역시 "典賣가격은 絕賣가격보다 낮아야 한다"[25]는 것을 보여 주고 있다. 시가보다 낮기는 하지만 典賣는 典賣人에게 回贖權을 줌으로써 필요한 시기에 找價를 요구할 수 있게 하였다.

일반적으로 典賣人은 쌍방이 동의한 기한 내에 典賣 당시의 원가를 지불하면 토지를 回贖할 수 있었고 일반적인 관행은 典賣人의 권리를 보호하는 편이었다. 이는 조상 대대로 물려받은 토지에 대한 소유권을 박탈할 수 없는 권리로 여겼기 때문이다. 일반적인 경우 대다수 농민은 자신의 도지를 상실하는 것을 원치 않는다. 전통적으로 토지를 典賣할 수밖에 없는 경제적 원인은 혼인이나 상례 등으로 급히 현금이 필요한 경우였다.

回贖權의 존재로 말미암아 典賣는 絕賣의 경우처럼 1회성의 교역으로 끝나지 않게 된다. 그리고 回贖權도 선택적으로 사용할 수 있다. 만약 典賣人이 回贖을 선택한다면 回贖가격은 통상적으로 원가가 되고 분쟁의 소지는 없어진다. 그러나 典賣人은 回贖을 요구하고 典權人은 돌려주기를 원하지 않을 때, 典權人은 典賣人에게 일정 금액을 추가로 지불하고 典賣人은 回贖權을 포기한다.

典賣人이 回贖의 의지나 여력이 없을 때 典賣人은 典權人에게 매

---

23) 雍正八年上論, 楊一凡, 田濤 主編 『中國珍稀法律典籍續編』(黑龍江人民出版社, 2002), 제7책, 180쪽.
24) (淸)許文睿, 俞江点校 『塔景亭案牘』, 北京大學出版社, 2007, 51쪽.
25) 章有義, 앞의 책, 1984, 92쪽.

매가와 시세의 차액을 지불할 것을 요구하면서 典賣관계는 絶賣관계로 변화한다. 找價를 통하여 典賣人은 대상 부동산에 대한 전부의 권리를 양도하게 되는 것이다. 쌍방은 絶賣契를 작성하거나 혹은 별도의 找契(找帖을 내용으로 하는 契)를 작성한다. 『田藏契約文書粹編』을 보면 找價를 지칭하는 단어로는 '重複加添字', '加價' 등이 있다. 또한 『中國民事習慣大全』의 기록에 의하면 找價를 지칭하는 용어로 增, 帖, 洗, 盡, 斷 등이 있었다.[26]

找價의 성행은 시간이 지날수록 典賣와 絶賣의 구분을 명확하게 하였다. 典權人은 매매의 확정성을 강화하기 위하여 典賣契를 작성하는 동시에 加找杜絶 등의 계를 작성하기도 하였다. 예를 들면 강소 松江지역에서는 쌍방이 典賣, 加找, 杜絶 3가지 契를 동시에 작성하기도 하였다.[27] 武進縣에서는 부동산의 소유권이전 계약에서 賣, 找, 杜 3가지 계를 작성했는지로 典賣와 絶賣를 구별했다.[28] 契文 중에 '永不加價', '永遠斷絶' 등 용어가 없는 경우 이 계약은 모두 典賣로 간주되었다. 이 때문에 絶賣계약의 경우에는 반드시 典賣와는 구별되는 용어를 사용했으며 일반적인 絶賣契에는 '不得找價', '不得回贖', '絶', '杜', '斷根' 등 소유권의 이전을 강조하는 용어를 사용했다.

2. 典賣契의 특징

典賣 이후에는 回贖과 找價라는 두 종류의 선택과정이 있다. 典賣

---

26) 施沛生 編, 『中國民事習慣大全』, 上海書店出版社, 2002, 334쪽.

27) 위의 책, 341쪽.

28) 위의 책, 356~357쪽.

人이 回贖을 선택하여 토지의 원래가격을 지불하면 토지의 소유권은 다시 이전된다. 이런 경우 안전을 위하여 원래의 계약서는 회수하거나 없애 버린다. 典賣契는 주요하게 3가지 방면의 내용을 기록한다. 첫째, 소유권의 이전 관계를 명시한다. 이는 이후에 典權人이 권리를 행사하는 근거가 된다. 둘째, 典賣人이 매매대금을 정확하게 수령했는지를 명시한다. 이는 典權人이 갖게 되는 영수증 역할을 한다. 셋째, 이후 권리관계에 분쟁이 발생하면 典賣人의 책임하에 해결하도록 명시한다. 이는 제3자가 典權人의 권리관계에 이의를 제기하는 경우를 위해서이다.

找契에는 대개 다음과 같은 3가지 형식이 있다.

첫째, 원래의 계약서에 덧붙여 쓰는 경우이다. 典賣人이 找價를 요구할 때 典權人이 找價를 지불하고 典賣人이 원래의 계약서에 找價가 종결되고 絶賣로 변경되었다는 것을 기록한다.[29] 이 계약서는 乾隆 8년에 작성되었고 매매 쌍방이 典賣를 약정하였다. 乾隆 15년, 典賣人은 원래의 문서에 "找價를 정확하게 수령하고 영원히 回贖하지 않을 것을"부기하였다. 이로써 典賣관계는 絶賣관계로 변경되었고 典賣人의 回贖權은 소멸되었다.

둘째, 별도의 계약서를 작성하는 경우이다. 기존의 典賣계 외에 找契를 작성하는 것이다. 이런 형식의 找契는 絶賣契에 상응하는 효력을 가졌고 통상적으로 원래의 계약서에 붙여진다.[30] 이런 방식이 가장 광범하고 일반적인 找價의 형식이었다.[31]

---

29) 張傳璽, 앞의 책, 1242쪽.
30) 위의 책, 1196, 1213, 1250쪽.
31) 위의 책, 1233, 注3.

셋째, 典權人이 근거가 되는 영수증을 작성하는 경우이다. 이는 광의의 의미에서 두 번째 형식에 속하지만 작성의 주체가 다르다는 점에서 차이가 있지만 이 같은 형태는 매우 드물다.[32]

Ⅳ. 전매(典賣) 관련 분쟁

1. 분쟁의 종류

典賣관행은 당시 사회의 일정한 필요에 부합하였다. 典賣人은 토지를 매개로 자신의 곤란한 상황을 해결할 수 있었고 回贖權도 보유할 수 있었다. 그러나 典賣관행의 제도화가 교역의 확정성을 의미하는 것은 아니었다. 典賣관행은 태생적으로 권리관계의 불확정성을 지니고 있었다. 이 때문에 전국 각지에서 找價를 둘러싼 분쟁이 폭력이나 살상사건으로 발전하는 경우가 많았다. 각 지역의 관청에서는 이를 '大患'으로 인식하고 이를 근절시키려고 하였다.[33] 이 같은 '大患'은 典賣관계 자체보다는 找價로 인한 것이었다.[34]

找價의 주체라는 측면에서도 중요한 변화가 발생했다. 找價를 요구하는 典賣人은 당초에는 시급한 상황을 해결하기 위하여 부득이하게 시세보다 싸게 토지를 典賣했다. 그러나 시간이 갈수록 이런 대열에 합류하는 사람들이 많아지게 되었다. 즉 找價는 더 이상 典賣관계

---

32) 中華民國司法行政府, 『民事習慣調査報告錄』, 中國政法大學出版社, 2006, 156, 170쪽.

33) 梁治平, 앞의 책, 108쪽.

34) 洪煥春, 『明淸蘇州農村經濟資料』, 江蘇古籍出版社, 1988.

에서 약정된 후속과정이 아니었다. 典賣人이 소송 등을 통하여 약자의 입장에서 경제적 이익을 추구하는 추세로 발전하였다.[35]

找價의 범람은 분쟁과 소송을 초래하는 계기가 되었다. 典賣의 측면에서 보면 만약 典賣관계 성립 시에 해당 부동산의 絶賣가격에 대한 명확한 규정이 있다면 找價로 인한 분쟁이 야기되기 어렵다. 그러나 현존하는 사료에서는 이 같은 규정은 존재하지 않았다는 것을 알 수 있다. 단지 '時價'를 초과하지 않는 가격을 요구했다.[36] 토지는 그 속성상 위치, 비옥도, 수리시설 등에 따라 등급의 차별이 있다. 이 때문에 다른 토지와의 비교를 통하여 시가를 산정한다. 典賣와 絶賣가 길게는 수십 년에 걸쳐 이루어지고 명·청 시기에 地價파동이 빈번했다는 것을 감안한다면 이러한 時價의 확정은 불가능해 보인다. 또한 典賣계약 성립 시 典賣人은 자신의 다급한 사정 때문에 비교적 불리한 위치에 서게 되고 典權人은 다소나마 유리한 위치를 점하게 된다. 이런 이유로 典賣人은 典賣계약 시의 원가가 時價보다 낮다고 보고 找價를 반복적으로 요구하게 된다.

다양한 이유로 典賣人이 토지를 回贖하는 것이 힘들다고 보아 典權人에게 팔아 버리면서 해당 토지의 원가와 시세 간의 차액을 얻는 것으로 이를 找貼이라고 한다. 그러나 물가상승으로 인해 토지가격은 典賣기간 중에도 오르게 되므로 找貼의 공평가격이 문제가 된다. 典賣人은 법률에 의하여 典權人으로 하여금 가격이 상승하여 형성된 차액을 지불하도록 한다. 이러한 找價분쟁이 끊임없이 발생했기 때문

---

35) (淸)陳盛韶, 『問俗錄』, 卷3(梁治平, 앞의 책, 109쪽에서 재인용).

36) 中國第一歷史檔案館·中國社會科學院歷史硏究所 合編, 『乾隆刑科題本租佃關係史料之二 淸代土地占有關係與佃農抗租鬪爭』, 中華書局, 1988, 308쪽.

에 청 정부는 새로운 조례를 만들어 典賣토지에 대한 找貼을 1회만 허용하도록 규정했다.[37] 민간에서도 找價분쟁을 방지하기 위해 找價 금지를 계약에 규정하기도 하였다.[38] 실제로 민간에서는 1회가 아니라 2회, 3회에 걸쳐 找價를 요구하는 관행이 계속되었고 이와 관련한 분쟁은 지방관들에게는 골칫거리가 되었다. 乾隆 연간, 지방관부에서는 雍正 8년 定例 이전의 賣契의 找貼문제와 관련하여 "合于人情, 宜乎土俗"이라는 지방성 규정을 만들기도 하였다.[39]

典賣토지 때문에 발생하는 또 다른 분쟁은 토지 典賣 후 수년이 지나서 典賣人이나 그의 상속인이 토지 回贖을 결정했을 때이다. 한편으로는 典權人은 수년간 토지를 점유 사용했기 때문에 토지에 대해 강한 재산권 의식이 있고 典權人이나 그의 상속인, 심지어는 佃戶까지도 토지사용권을 포기하려 하지 않는다. 반면에 典賣人이나 그의 상속인은 국가법률의 규정에 의거하여 자기가 토지를 回贖할 수 있는 권리가 있다고 여긴다.[40] 특히 계약문서상에 일정한 기한이 명시되어 있지 않은 경우에 전매인은 과연 어느 정도의 기간이 지난 후에 회속권을 행사할 수 없게 되는가이다. 淸初에는 明朝의 『問刑條例』의 규정을 연용하였다[41]. 이 규정에 의하면 어떠한 田産분쟁에서도 5년

---

37) 『大淸律例』卷9 〈戶律・田宅・典賣田宅・條例〉, 天津古籍出版社, 1995, 212쪽.

38) 張晉藩 『淸代民法綜論』, 中國政法大學出版社, 1998, 121쪽.

39) 吳郡萬維翰楓江輯, 『成規拾遺』, 乾隆三十八年刊行(楊國楨 「從經賑到斷杜−日本所藏淸代江蘇土地契約的一個研究−」, 濱下武志・久保亨・上田信 編 『東洋文化硏究所藏中國土地文書目錄・解說(下)』, 東京大學東洋文化硏究所, 1986, 206〜207쪽에서 재인용); 청대의 省例에 관해서는 楊一凡・劉篤才, 『歷代例考』(楊一凡 主編 『中國法制史考證續編』, 第一冊, 社會科學文獻出版社, 2009), 415〜454쪽 참조.

40) 張晉藩, 위의 책, 289〜290쪽; Philip Huang, *Code, Custom, and Legal Practice in China: the Qing and the Republic Compared*, Stanford University Press, 2001, pp.73〜74 참조.

41) 『大淸會典事例』, 卷755, 14757쪽.

이 초과하거나 확정적인 계약문서가 있으면 현재의 업주나 계약문서에 기재된 업주가 실제 주인이다. 그러나 이 조례는 청대에는 철저하게 시행되지 않았다. 실제로도 5년이 초과한 田産분쟁을 많이 볼 수 있으며 주현관들도 이런 종루의 안건을 접수하면서 위의 조례를 인용하는 경우는 드물었다[42].

이런 경우의 분쟁과 소송을 예방하기 위해 乾隆 18年(1753년), 『大淸律例』에 새로운 조례가 추가되었다.[43] 이 조례는 다음의 2가지 조항을 명확하게 규정하고 있다. 첫째, 絶賣계약의 경우 반드시 絶賣를 명시해야 한다. 둘째, 30년 이내(乾隆 18년부터)의 계약은 回贖이나 找價 후 絶賣가 가능하지만 30년 이상 된 계약은 回贖을 명시하지 않았을 때 絶賣로 간주한다는 것이다. 이 조례에 따라 법률적으로는 回贖의 권리가 세약 체결부터 30년 이내만 유효하게 되었다. 그러나 이같은 상황에서도 典賣人은 典賣 당시의 가격으로 토지를 回贖할 수 있는 권리가 있었다. 이 때문에 분쟁이 발생하는데 대개의 경우 민간의 조정으로 해결하기는 어렵고 일반적으로 소송을 제기한다. 順天府 寶坻縣 檔案 중에는 이런 유형의 안건이 다수 존재한다.[44]

어떤 토지가 수년 혹은 수십 년 사이에 걸쳐 여러 차례 典賣되어

---

42) 岸本美緒의 본 조례에 대한 검토는 岸本美緒, 「明淸時代的找價回贖問題」, 『中國法制史考證』丙編 제 4권 (北京: 中國社會科學出版社, 2003), 434-438쪽.

43) 馬建石, 楊育棠 主編, 『大淸律例通考校注』, 中國政法大學出版社, 1992, 437쪽, "전매계 중 기한을 명시하지 않은 경우 30년 이내이며 계약문서에 절매의 문구가 없으면 조례에 따라 조속을 허가한다. 30년 이상인 경우에는 계약문서에 절매의 문구가 없어도 회속을 명시하지 않았을 경우 절산으로간주하여 조속을 불허한다."

44) 그중 한 안건은 다음과 같다. 辛旺의 조부가 李祥의 조부에게 토지를 典賣했다. 그 후 2代가 지나고 1880년대 辛, 李 양가 사이의 토지소유권 문제로 소송이 제기되었다. 또 다른 안건은 劉和, 劉順은 지주 項 씨의 전토 10畝를 경작한 지 45년이나 되었는데 갑자기 趙永說이 10畝 토지의 回贖을 주장했다. 이 토지는 그의 증조부가 1788년에 項家에 典賣한 것이기 때문이다. 그들 역시 소송을 제기했다. 黃宗智, 앞의 책, 38~39쪽.

여러 사람의 손을 거친 경우이다. 이때 최초의 典賣人이 현재의 토지 소유권자에게 토지 回贖을 요구할 때 이 토지에 대한 다수의 典權人과 분쟁이 일어나게 되는 것이다. 예를 들면『老吏判讀菁化·贖房涉訟之妙判』중에는 樊增祥이 담당한, 여러 번의 典賣로 인해 발생한 분쟁안건이 기록되어 있다. 이 안건에서 趙 씨의 토지는 수십 년 내에 4차례나 典賣를 거치게 된다. 趙 씨의 후손이 이 토지의 回贖을 요구했지만 李湯鐸은 地契를 위조하여 토지를 돌려주지 않았다. 樊增祥은 세밀한 검증을 거쳐 위조의 증거를 밝혀내어 토지를 원래의 주인에게 돌려주었다.[45]

2. 분쟁의 특징과 영향

위에서 살펴본 토지 典賣를 둘러싼 분쟁의 종류 중에서 가장 높은 비율을 차지하는 것은 토지의 回贖과 관련된 분쟁이다. 앞에서 설명한 바와 같이 어떤 토지의 원래 소유주가 典賣 당시의 매매가격으로 해당 토지를 다시 사들일 수 있는 것이 回贖權이다. 典賣가 일반적으로 시가보다 낮게 거래되기 때문에 典賣人은 典權人에게 지조를 지불한다. 어떤 때는 典權人이 직접 토지를 경작하기도 하고 전호에게 경작시키고 전조를 받기도 한다. 어느 경우이건 典權人이 해당 토지로부터 얻게 되는 수익은 그들이 典賣人에게 미리 지불한 해당 토지 가격의 총액에 대한 이자라는 개념으로 나타난다. 시간의 경과에 따라 典賣계약에는 보다 명확한 규정이 필요해지게 되었다.

---

45) 李永祥, 李興斌 主編,『刀筆菁華』, 山東友誼出版社, 2000, 272쪽.

乾隆 연간 이전에는 해당 토지가 어느 특정한 가정에서 대대로 소유하여 조상이 물려준 재산의 일부분이라고 인정받는다면 대체로 回贖의 권리도 인정받았다. 그러나 대상 토지가 여러 차례 매매되어 이미 본질적으로 상품화되었다면 계약에 관련 규정이 명확하지 않은 이상 回贖의 권리를 일방적으로 주장할 수 없는 측면도 있었다. 이런 이유로 인해 18세기를 거치면서 回贖에 관한 규정을 명확하게 하는 경향이 증가했다. 그리고 관행적으로 예정된 기한이 되었을 때야 비로소 回贖이 허가되었다. 앞에서 살펴본 바와 같이 回贖權은 중국에서 몇 세기 동안 존재했으며 『大淸律例』의 수정은 回贖분쟁이 18세기에 이미 엄중한 사회문제로 확대되었음을 보여 준다.46)

또한 回贖분쟁은 토지와 상업 간의 관련성을 파악하는 데 매우 흥미로운 시각을 제공해 줄 수 있다. 앞에서 살펴본 바와 같이 농민이 혼인이나 상례 때문에 급전이 필요하게 될 때 토지를 典賣하는 전통적 배경에도 변화가 일어났다. 이는 18세기에 들어와서 날로 발전하게 되는 상품경제와도 연관된다. 상품경제의 발전과 더불어 토지 典賣의 목적이 상업투자나 무역에 종사하기 위한 자금축적을 위한 것으로 변화하는 경향이 나타난다.47) 그러나 위와 같은 소송기록상에도 典賣人이 투자한 상업이나 무역에 관한 정확한 규모나 내용은 기록되어 있지 않다. 그러나 이 같은 변화양상은 典賣人이 획득한 토지 典賣의 수익이 농민에게 농지 이외의 또 다른 생계원을 창출하는 계

---

46) 沈大明, 『≪大淸律例≫與淸代的社會控制』, 上海人民出版社, 2007, 35~36쪽 참조.

47) Buoye는 『刑科題本』 당안을 바탕으로 광동성의 토지 典賣분쟁을 분석하여 토지 典賣 배경에 위와 같은 변화가 있다고 주장한다. Thomas M. Buoye, 앞의 책, pp.94~95. 回贖분쟁 안건에서 典賣人은 典賣 자금을 무역에 투자하였다. 또한 소송과정 중에서 典賣로 획득한 자금이 상업투자에 쓰였다고 명확하게 기재되어 있는 안건도 다수 존재한다.

기를 제공했다.

18세기에 들어오면서 농촌경제가 상업화되면서 토지매매가 보다 자유롭게 되고 典賣人에 의해 回贖의 권리가 남용되면서 이 또한 논쟁의 초점이 되었다. 典賣의 동기가 무엇이든 간에 回贖權의 남용이 확산되면서 관리들의 주목을 끌었다.[48] 이런 상황하에서 토지매매 중 典賣를 둘러싼 분쟁을 겨냥하여 乾隆 연간의 『大淸律例』는 2차례나 수정을 가하여 典賣와 絕賣 간의 구별을 명확하게 하였다.[49] 그러나 典權人이 조첩을 지불하지 않으면 典賣人은 典賣 당시의 원가로 토지를 回贖할 수 있었다. 만약에 絕賣의 규정이 있는 경우에 典賣人이 典賣 당시의 가격으로 토지를 回贖하려 한다면 이는 치죄의 대상이 되었다.[50] 典賣나 回贖과 관련된 분쟁과 소송은 점점 복잡한 양상을 띠게 되었다.

乾隆 연간에는 많은 사람들이 典賣토지에 대한 回贖權을 사용하거나 혹은 남용했다. 토지의 回贖權이 점점 분쟁의 소지가 되면서 청정부는 典賣法질서를 명확하게 규정해야 하는 필요에 직면했다. 典賣의 원인이 무엇이었든 典賣와 回贖으로 인한 문제가 빈번하게 발생했기 때문이다. 乾隆 통치 20년 전후에 米價가 폭등하고 토지의 가격도 상승했다. 청정부의 법령 수정에서 보여 주는 것처럼 이러한 분쟁은 당시 경제 상황의 변화와 밀접하게 관련되어 있었다. 乾隆 연간 回贖權의 남용을 막기 위한 일련의 조치는 이를 치죄의 대상이 되는 범죄로 규정하게 되었다.

---

48) 1734년 광동총독은 回贖權의 남용을 서술하면서 이를 '악습'으로 규정했다. Thomas M. Buoye, 위의 책, p.96.

49) 楊國楨, 『明淸土地契約文書硏究』, 人民出版社, 1988, 101~118쪽.

50) 马建石, 杨育棠 主编 『大淸律例通考校注』, 中国政法大学出版社, 1992, 436쪽.

回贖분쟁이 발생하게 되는 직접적인 원인은 다음과 같은 경우이다. 典賣人의 回贖요구를 거절하는 경우, 回贖기한에 위배되는 경우, 典賣人이나 친인척이 找貼을 요구할 경우, 원래의 典賣人이 回贖을 요구하기 전에 典權人이 해당 토지를 다른 사람에게 典賣한 경우, 사기성의 典賣나 이중典賣 등의 경우이다. 토지를 여러 차례 매매할 수 있는 상품의 관념으로 보는 경우와 조상 대대로의 유산으로 여기는 관념 간의 모순이 이러한 분쟁이 일어나게 되는 핵심적 원인이라고 할 수 있다. 결과적으로 당시 사회경제적 상황의 변화는 농촌사회에서 통용되던 기존의 관행이나 규범에도 영향을 미치게 되었다.

중국에서는 전통적으로 토지매매 시 친인척이 先買權을 가졌다. 해당 가정이나 친인척의 간섭이 어떤 경우에는 일상적인 토지매매를 보다 복잡하게 만드는 경향이 존재했다. 이 같은 先買權은 청대에 들어와서 비교적 약화되기는 했지만 완전히 사라진 것은 아니었다. 따라서 回贖의 동기가 무엇이든 간에 토지의 상품화는 친인척의 선매권 관행의 약화를 가져오게 되었다.

乾隆 연간 이전 국가법령의 典賣규정은 典賣人의 권리를 보호하는 쪽이었다. 따라서 回贖權이 명확히 규정되어 있다. 그리고 典賣人이 토지를 回贖할 수 있는 최대한의 기회가 보장되었다고 할 수 있다. 사실상 청대의 대다수 토지매매 계약은 典賣나 絶賣 여부를 명확하게 규정하지 않은 쪽이 많다. 법률에 따르면 이렇게 典賣나 絶賣, 回贖 여부나 기한에 관한 명확한 규정이 없을 경우 오랜 시간이 지난 후에도 回贖의 권리를 주장할 수 있게 되는 것이다.[51] 앞에서 살펴본

---

51) 雍正 8년(1730년) 『大淸律例』에는 다음과 같은 조례가 추가되었다. "賣産立有絶賣文契, 幷未注有找貼字者, 槪不准貼續". 그러나 典賣에 관한 규정은 이와 달랐다. "如約未載絶賣字, 或注定年限回續者, 幷

바와 같이 回贖權 주장의 남용을 막기 위해 여러 가지 규정을 두었지만 명확한 규정이 없는 경우에는 결과적으로 典賣人의 권리를 보장하는 쪽으로 분쟁이나 소송이 매듭지어지게 된다.

典賣와 回贖 관련 분쟁과 소송의 또 다른 특징은 다른 안건에 비해 매우 복잡한 양상을 띠게 되는데 그 이유는 종종 개인이 아닌 관련 집안 간의 분쟁으로 확대되기 때문이다. 이는 앞에서 살펴본 바와 같이 당대가 아닌 조상대의 토지 典賣와 관련하여 回贖분쟁이 생길 수 있는 여지가 있기 때문이다. 이 때문에 관련 당사자들이 많아지고 당사자들의 진술을 청취하고 地契 등의 증거물을 검토함으로써 기타 안건보다 소송의 처리시간도 길어지는 특징을 보인다.[52]

앞에서 살펴본 找價와 回贖 관행은 지주계층에게는 불리했지만 소농민들에게는 일정 정도 긍정적 영향을 미쳤다고 할 수 있다. 토지 典賣 이후 典賣人이 找貼을 요구하거나 토지 回贖을 요구하는 경우 典權人(대개의 경우 지주)은 어느 정도의 추가비용이 들어가게 된다. 어떤 경우는 원래의 典賣人이나 그 후손이 해당 토지를 回贖해 가는 경우도 있는데 이런 경우 典權人은 어느 정도의 손해를 감수해야만 한다. 典賣人 입장에서 보면 祖産을 典賣한 이후 典權人에게 계속적으로 找貼을 요구할 수 있어서 현재의 생계를 도모할 수 있고 어느 정도 돈이 모이면(이런 경우는 흔하지 않지만) 다시 토지를 回贖할 수 있는 기회를 가질 수 있었다. 이런 측면에서 본다면 典賣관행은 긍정적 작용을 미쳤다고 할 수 있다. 그러나 청대의 전반적 역사 상황을 고려할 때 이러한 관행은 농업이나 사회경제 발전에는 다음과 같은

聽回贖” 黃宗智, 『法典, 習俗與司法實踐: 淸代與民國的比較』, 上海書店出版社, 2007, 68~69쪽.
52) Thomas M. Buoye, 앞의 책, pp.102~104.

영향을 미쳤다.

　첫째, 找價의 액수가 커지면서 원래의 典賣人은 토지를 回贖하는 것이 점점 어려워지게 되었다. 소농민은 생활상의 문제로 토지를 典賣하는데 이후에는 고액의 지조를 납부해야 한다. 결국에는 보다 더 빈곤해지면서 토지를 回贖할 수 있는 기회는 점점 멀어져 가는 결과를 낳게 된다. 둘째, 典賣 이후에도 여러 차례 找價를 요구하다 보면 典權人은 이를 빌미로 典賣계약을 絶賣계약으로 변경할 것을 요구하게 된다. 이렇게 되면 典賣人의 回贖權은 영구히 상실된다. 셋째, 앞에서 살펴본 바와 같이 법률에 의해 일정 기간이 경과하면 回贖 자체가 금지된다는 것이다. 넷째, 找價로 말미암아 해당 토지의 가격이 典賣 당시보다 몇 배나 높아지는 경우가 생긴다. 이렇게 典賣 이후의 找價와 回贖관행은 토지가격을 상승시기고 토지구매외 농업생산의 확대에 불리한 영향을 미치는 결과를 초래하였다.

Ⅴ. 맺음말

　典賣관행은 명 중기 이후 민국연간까지 전국적으로 성행한 토지매매방식이었다. 명대 이전부터 존재한 典賣관행이 특정 시기 이후 성행하게 된 원인은 당시의 사회경제적 상황이 반영된 결과였다. 그리고 典賣관행이 야기한 각종 분쟁의 직접적인 원인도 결국 토지의 가격과 관련된 것이었다. 민간에서 통용된 자발적이고 비공식적인 제도의 형성과 변천은 특정한 환경에 집단적으로 대응한 결과였다. 또한

典賣 관련 분쟁의 내용과 결과는 18세기 이후 여러 가지 면에서 변화된 측면을 보였다. 이 역시 당시의 사회경제적 상황과 밀접하게 연관되어 있는 변화라고 할 수 있다. 이러한 변화에 대응하여 청 정부는 관련 법률의 수정 등을 통하여 자발적이고 비공식적인 민간관행에 대한 조정을 시도했다. 빈번하게 분쟁을 야기하는 민간관행의 문제점을 정확하게 인식하고 제도적 대응을 시도했지만 典賣관행은 이후에도 광범위하게 지속되었다.

중국 전통의 관습법과 민간관행이라는 측면에서 청대의 토지전매 관련연구는 학자들의 주목을 받았고 典賣관행에 대한 다양한 연구와 분석이 진행되었다. 그렇지만 典賣관행이 가지는 시기적·지역적 차이 때문에 이에 대한 전면적이고 체계적인 연구가 부족한 것도 사실이다. 청대 계약문서 연구에서 진행된 典賣계약이나 典賣계약문서에 대한 분석도 다양한 지역과 시기를 망라한 종합적인 연구가 요구된다. 그리고 典賣와 관련된 다양한 분쟁의 내용, 소송과정, 재판결과 등에 대한 연구는 청대 민사분쟁과 민사재판의 모습을 이해하는 데 중요한 부분이 될 것이다.

제8장

미곡을 통해 본 청대 중국사회의 시대상: 양가(糧價) 자료 정리 및 양가(糧價) 연구의 회고

문명기

I. 머리말
II. 양가(糧價) 자료의 수집과 정리
III. 양가변동, 시장통합(market integrity) 및 국가의 역할
IV. 결론

Ⅰ. 머리말

식량 또는 보다 좁은 개념으로는 미곡1)에 대한 이해는 "나라는 民을 근본으로 여기고 民은 식량을 근본으로 삼는다(國以民爲本, 民以食爲天)"는 표현이 말해주듯이 통시대적인 중요성을 가지고 있고, 따라서 특정 시대에 국한된 연구과제만은 아닐 것이다.2) 하지만 청초

---

* 본 논문은 『중국근현대사연구』, 50집(2011. 6)에 게재된 같은 제목의 논문을 수정·보완한 것이다.

1) 세계식량농업기구(FAO)는 식량에 대한 광범한 정의를 채택하여 곡물류·두류·채소류·과실류·가축가금류 등 8대 류 100여 종을 열거하고 있지만, 한국어의 '식량'에 대응하는 전통 중국의 '糧食'은 '穀物'과 동의어로 사용된다. 예컨대 『說文解字』나 『康熙字典』은 양식을 '穀食', 즉 禾本科 작물로 해석하고 있다. 본고도 기본적으로 이 정의에 따르기로 한다. 다만 11세기(대략 北宋時代에 해당)에 중국의 주식이 쌀로 전환한 이래 미곡이 가장 중요한 양식으로서의 지위를 차지했고(명말에 간행된 宋應星의 『天工開物』(권1)에서는 "현재 천하의 民人을 양육하는 것은 벼(稻)가 10의 7을 차지하고 来(소맥)·牟(대맥)·黍·稷은 10의 3을 차지한다"고 언급하고 있다), 따라서 많은 경우 양식을 미곡으로 등치시키기도 한다(蔣建平, 『淸代前期米穀貿易硏究』, 北京大學出版社, 1992, 8~10쪽). 중국의 경제사가 吳承明 역시 「論淸代前期我國國內市場」, 『歷史硏究』 1983年 1期에서 청대 전기 약 3,600만 석의 장거리 식량무역 중에서 최소한 2,200만 석(약 61%)이 미곡이었다고 추산하고 있어서 청대의 식량문제는 대개 미곡문제였다고 해도 과언이 아닐 것이다. 하지만 지역에 따라서는 미곡이 아닌 다른 잡곡이 더 중요한 경우도 있었고(예컨대 王業鍵, 「淸代的糧價陳報制度及其評價」, 王業鍵, 『淸代經濟史論文集』(二), 稻鄕出版社, 2003, 23~25쪽은 청대 각 성이 작성한 「糧價淸單」에 기재된 약 40종의 곡물을 성별로 제시하고 있다), 또 양식이 미곡을 포괄하는 더 넓은 개념이기는 하다. 본고에서는 문맥에 따라 미곡·미가와 양식·양가 두 개념을 섞어 쓰기로 한다.

2) 王國斌 著, 邱澎生 譯, 「農業帝國的政治經濟體制及其在當代的遺産」, 卜正民·格力高利布魯 主編, 『中國與歷史資本主義–漢學知識的系譜學』, 新星出版社, 2005, 268~269쪽은 국계민생에 가장 중요한

이래 물가의 장기변동을 보다 광역적인 시야에서 이해한다는 측면에서나, 중국경제가 본격적인 銀經濟 체제로 전환한 명말 청초 이래의 화폐문제와의 관련, 또 18세기 이후 점증해 간 인구압력에 대한 중국 사회의 대응이라는 측면에서도[3] 청대의 미곡 문제는 독특한 시대적 성격을 반영하고 있고, 때문에 이미 많은 학자들에 의해 뛰어난 연구가 적지 않게 수행되어 왔다.[4] 한국에서도 많지는 않지만 미곡 및 양가 관련 연구가 진행된 바 있다.[5]

본고는 이제까지 학계에 제출된 청대 미곡 관련 연구, 그중에서도 (양가자료의 수집·정리 문제를 포함하여) 糧價 관련 연구를 개괄적으로 소개·정리하고 이들 연구가 명시적으로 또는 암시적으로 제시한, 특히 시장통합 문제와 관련된 청대 중국사회의 시대상을 소묘해 보는 것을 일차적인 목적으로 한다. 아울러 기존 연구를 정리하면서 자연스럽게 부상하는 일정한 연구경향, 특히 ① 정량분석과 정성분석

관련을 가진 미곡에 대해 역대 중국정부가 중시했던 것은 당연한 일이고, 1949년 이후의 중국 역시 기본적으로 농업제국이라는 점에서 유사성을 가진다고 보고 있다.

3) 양가 연구에 종사한 대개의 연구자들은 양가변동을 인구변화(＝인구압력)와 화폐(주로 銀) 유통량의 변동 둘 중 하나와 연결시키거나 양자 모두와 관련지어 논의해 왔다. 예컨대 林滿紅, 「與岸本敎授論乾隆年間的經濟」, 『中央研究院近代史研究所集刊』, 제28기, 1997은 1736~1775년은 인구증가가 화폐증가보다 빠르고 화폐증가가 농업성장보다 빠른 시기였고, 1776~1795년은 화폐증가가 농업성장보다 빠르고 농업성장이 인구증가보다 빠른 시기였다고 보고, 첫 번째 시기는 식량 등의 필수물자가 일반물자의 가격상승 속도를 초과하여 경기침체를 겪게 되고 두 번째 시기는 반대로 일반물자의 가격상승이 필수물자의 그것을 초과하여 경제번영을 맞게 된다고 보았다. 이렇게 양가 연구는 해당 연구자의 人口觀과 貨幣觀과의 연관 속에서 논의되는 경우가 많았는데, 이 점에 대해서는 彭凱翔, 『淸代以來的糧價-歷史學的解釋與再解釋』, 上海人民出版社, 2006년의 제4장(歷史糧價的趨勢)을 참조.

4) 이하의 서술에서 1997년 이전의 연구성과는 岸本美緒, 『淸代中國の物價と經濟變動』, 硏文出版, 1997의 제1장(淸代物價史硏究の現狀)과 補論; 山本進, 「商品生産硏究の軌跡」; 川勝守, 「明淸農業論」, 森正夫 等 編 『明淸時代史の基本問題』, 汲古書院, 1997; 吳承明, 「利用糧價變動硏究淸代的市場整合」, 『中國經濟史硏究』, 1996년 2期에 기본적으로 의지했고, 1997년 이후의 연구에 대해서는 彭凱翔, 『淸代以來的糧價-歷史學的解釋與再解釋』, 上海人民出版社, 2006년이 비교적 참고할 만하다.

5) 강판권, 「淸代 安徽省 廬州府의 穀物農業」, 『明淸史硏究』, 21집, 2004; 정철웅, 「淸初 揚子江 三省地域의 미곡유통과 가격구조」, 『歷史學報』, 143집, 1994 등이 있고, 전형권, 『중국 근현대의 호남사회-중국 근현대 사회경제사 연구』, 혜안, 2009는 청대 이래 호남의 사회경제사를 다루면서 미곡시장과 미곡유통 문제를 중요한 문제로서 다루고 있다.

의 불균형, ② '경제' 문제임과 동시에 '사회' 문제이기도 한 미곡문
제에 대한 접근방식 및 ③ 미곡 문제와 관련한 국가 역할의 변화 문
제 등에 관해 필자가 느낀 문제의식을 초보적이나마 제시해 보고자
한다. 이에 앞서 양가 연구의 기초가 되는 양가 관련 자료의 수집과
정리 상황에 대해서 우선 살펴보자.

Ⅱ. 양가(糧價) 자료의 수집과 정리

청대 양가 관련 정보를 담고 있는 자료는 크게 관찬문서와 필기사
료, 지방지 등으로 구분할 수 있다. 우선 관찬문서, 즉 지방관의 보고
를 통해 생산된 자료를 살펴보자. 물가상승과 인구증가로 인해 빈발
하기 시작한 搶糧・搶米 풍조를 비롯한 여러 사회적 문제에[6] 대응하
기 위해 전국 단위로 양가 관련 정보를 수집하기 시작한 것은 건륭연
간부터이다.[7]

州縣 및 府・省의 지방관들에게 매월 관할 지역의 양가를 보고하
게끔 한 제도를 흔히 糧價陳報制度로 통칭하는데,[8] 대체적인 양가 보

---

[6] 건륭연간의 搶糧・搶米에 대해서는 堀地明, 「淸代搶糧搶米風潮の 年表及び長期傾向分析」, 『北九州市
立大文學部紀要』가 가장 망라적으로 정보를 수집・정리하고 있어 개략적인 경향을 이해하는 데 매우 유
용하다. 이 밖에도 全漢升, 「淸朝中葉蘇州的米糧貿易」, 『中央硏究院歷史語言硏究所集刊』 39-下,
1969; 巫仁恕, 「明末到淸中葉的城市糧食暴動」, 『史原』, 제20집(臺灣大學 歷史學系), 1997 등이 같은
내용을 다루고 있다.

[7] 물론 양가 보고는 강희・옹정 연간에도 부분적으로 행해졌다. 예컨대 『康熙起居注』에는 "朕欲知諸省田
禾收成, 米糧價値, 皆令具摺奏聞"이라든가 "各省奏事來人, 伊所過某省, 年景豊歉 米價貴賤 無不詳悉
問之" 등의 기사가 보이고 옹정연간에도 각 성 독무들은 양가 보고를 의무적으로 행했다. 하지만 이들 보
고는 정기적 보고의 형식을 갖추지 못한 상황이었는데, 건륭 원년(1736)의 상유를 통해 제도적으로 확립되
게 된다. 아울러 건륭제는 각 성의 米糧 시가 보고 시 보고되는 미가의 수준(中價・貴價・賤價)이나 전달
(前月)과의 가격 차이 등을 주명하도록 했다(王業鍵, 「淸代的糧價陳報制度及其評價」, 5~6쪽).

[8] 양가진보제도에 관해서는 王業鍵, 전게논문 외에 劉巍, 「淸代糧價奏摺制度淺議」, 『淸史硏究通訊』,

고의 경로는 아래와 같다. 즉 州縣 아문은 10일마다 해당 지역의 양가와 銀錢比價를 조사・보고하고 知府가 이들을 정리하여 布政司使에 보내면, 포정사사는 매달 各府의 최고・최저 가격을 열거한 보고서를 작성하고, 순무・총독이 이 보고에 근거하여 매달 황제에게 그 수치를 정리한 표를 奏摺에 첨부하여 제출한다. 이렇게 해서 축적된 자료가 소위 「糧價淸單」인데, 현재 북경 제일역사당안관에서 볼 수 있는 「宮中糧價單」은 청대 宮中檔 중에서 양가청단만을 따로 추출하여 각 조대별로 정리한 후 마이크로필름으로 제작한 것이다.

「양가청단」 자료의 신빙성에 대해서는 부분적으로 의문이 제기되는 사례도 없지 않지만,[9] 대체로 해당 지역에서 실제로 통용된 양가를 반영하고 있다는 점에 대해서는 관련 학자들이 대체로 의견을 같이하고 있다.[10] 따라서 사료로서의 신빙성은 인구나 토지 관련 자료에 비해 훨씬 높았던 것이 사실이고, 양가 연구에 종사한 연구자들의 가장 중요하고도 기본적인 사료로서 애용되어 왔다.[11] 특히 1980년대

1984년 제3기; 陳金陵,「淸朝的糧價奏報與其盛衰」,『中國社會經濟史硏究』, 1985년 제3기; 王道瑞,「淸代糧價奏報制度的確立及其作用」,『歷史檔案』, 1987년 제4기 및 陳春聲「市場機制與社會變遷-18世紀廣東米價分析」, 中山大學出版社, 1992의「附錄一: 淸代的糧價奏報制度」등을 참조.

9) 예컨대 王業鍵,「淸代的糧價陳報制度及其評價」가 지적하듯이 지방관이 올린 양가 보고의 사실성을 '검증'할 장치가 없었다거나 陳春聲,『市場機制與社會變遷-18世紀廣東米價分析』, 中山大學出版社, 1992의 '附錄一: 淸代的糧價奏報制度'가 지적하듯이 특정 연도의 특정 府의 양가 보고는 2~3년간 전혀 변동이 없는 경우도 있었다. 또한 일본 동경대학 동양문화연구소가 소장하고 있는 사천성의 「糧價細冊」은 거의 모든 현에서 월별 양가에 전혀 변동이 없었다(岸本美緒,『淸代中國の物價と經濟變動』, 12쪽).

10) 양가의 단위 역시 전국적으로 통일적인 기준이 마련되었다. 즉 건륭 2년 호광총독 德沛가 양가 보고 당시에 사용한 倉石과 庫平銀이 전국적인 기준으로 확립되었다. 예외적인 상황도 없진 않았다. 감숙과 신강의 양가 보고는 倉石이 아닌 京石(1京石＝倉石 7斗)으로 표시된 적도 있고, 청말 강소성에서는 庫平銀이 아닌 漕平銀으로 환산되기도 했다(王業鍵,「淸代的糧價陳報制度及其評價」, 25~26쪽). 하지만 이 조치를 통해서 결국 도량형의 차이로 인해 지역별로 통일성을 결여할 수도 있었던 양가가 '표준화'된 것은 분명하다 하겠다.

11) 「糧價淸單」의 '부산물'로서 「糧價細冊」이라는 자료도 일부 존재하는데, 「양가청단」을 작성・보고하는 외에도 각 성마다 매달 전 성 각 주현의 보고를 정리하여 戶部에 송부한 것이 '양가세책'이다. 「양가세책」은 건륭 28년(1764) 山西 포정사 文綬가 각 성 독무의 양가 보고 시 각 주현의 米穀豆麥 각 항의 糧價細數를 造冊하여 호부에 보내 보존하게 하자고 건의하고 건륭제가 이를 받아들여 시행되게 되었는

부터 제일역사당안관이 정리한 「궁중양가단」은 보다 심도 있는 양가 연구를 촉발시킨, 양가자료 측면에서의 커다란 진전이라고 평가할 수 있다.[12]

이들 자료에 대해서는 우선 청대 미곡 관련 연구자들에 의해(대개는 개별 직성 단위로) 개별적으로 수집·정리되었다. 예컨대 黃國樞·王業鍵은 타이베이 소재 故宮博物院에 소장된 미간 「양가청단」 1,178건을 정리하여 蘇州·江寧·杭州·安慶·福州 5府의 양가를 연도별로 산출한 바 있다. 누락된 해도 적지 않지만 일단 1763~1910년에 이르는 양가 정보가 축적되었다고 할 수 있다.[13] 또한 1736년(건륭 원년)부터 1911년 사이의 직예성 양가는 Lillian Li(李明珠)에 의해 정리되고 있고,[14] 광동성에 대해서는 陳春聲 및 Robert B. Marks가,[15] 감숙성에 대해서는 Peter Perdue가,[16] 호남성에 대해서는 R. Bin Wong & Peter Perdue가,[17] 蘇州·杭州·福州·潮州·廣州 등 동남연해 양가

데(王業鍵, 「淸代的糧價陳報制度及其評價」, 8쪽). 「양가세책」은 각 주현의 곡물가격을 월별로 표시하고 있다는 점에서 府를 단위로 한 「양가청단」보다 상세한 자료라고 할 수 있지만 이용 가능한 자료는 제한되어 있다. 일본 동경대학 동양문화연구소의 大木文庫에 소장되어 있는 陝西·四川·河南의 「양가세책」 및 일본 국회도서관에 소장되어 있는 『河南錢糧冊』에 포함된 「양가세책」이 있다. 「양가세책」을 활용한 연구로는 Wilkinson, Endymion, Studies in Chinse Price History, New York: Garland Pub., 1980이 대표적이다. 또한 柳詒徵, 「江蘇各地千六百年間之米價」, 『史學雜誌』(南京), 제2권 제3·4기, 1930은 江蘇 國學圖書館에 소장되어 있던 「양가세책」을 활용한 연구이다.

12) 양가 관련 연구로서 중요한 성과로 평가되는 저작들, 예컨대 陳春聲, 『市場機制與社會變遷—18世紀廣東米價分析』; T. Rawski and L. Li eds., Chinese History in Economic Perspective, University of California Press, 1992; Richrd B. Marks, Tigers, Rice, Silk, and Silt-Environment and Economy in Late Imperial South China, Cambridge Univ. Press, 1997 등이 1990년대부터 속출한 것은 기본적으로 「宮中糧價單」의 정리와 공개에 힘입은 바 크다.

13) 黃國樞·王業鍵, 「十八世紀中國糧食供需的考察」, 中央研究院 近代史研究所 編, 『近代中國農村經濟史研討會論文集』, 1989.

14) Li, Lillian M. "Grain Prices in Zhili Province, 1736~1911: A Preliminary Study", in Thomas Rawski and Lillian Li, eds. Chinese History in Economic Perspective.

15) 陳春聲, 『市場機制與社會變遷—18世紀廣東米價分析』, Richrd B. Marks, Tigers, Rice, Silk, and Silt-Environment and Economy in Late Imperial South China.

16) Perdue, Peter C. "The Qing State and the Gansu Grain Market, 1739~1864", in Thomas G. Rawski and Lillian M. Li, eds. Chinese History in Economic Perspective.

에 대해서는 陳仁義·周昭宏·王業鍵이 각각 해당 지역 양가 연구의 필요에 의해 개별적으로 「양가청단」으로부터 양가 정보를 수집·분석한 바 있고,[18] (성 단위는 아니지만) 최근에는 청대 대만의 양가자료를 망라하여 수집한 연구도 나온 실정이다.[19]

이러한 성 단위의 양가 자료를 넘어서서 전국적 범위에 걸쳐 「양가청단」을 체계적으로 집대성한 이가 王業鍵이다. 청대 양가 연구의 선구자라고도 할 수 있는 왕업건이 중심이 되어 완성한 「淸代糧價資料庫」는 건륭 원년(1736)부터 각 성이 매월 해당 성의 부·직예주/청의 주요 식량가격을 보고한 것을 근거로 하여 작성한 것이다. 이들 식량가격의 원시문건, 즉 「양가청단」은 고궁박물원(臺北)과 제일역사당안관(北京)에 소장되어 있다.

왕업건은 1970년대부터 「양가청단」의 수집 및 데이터베이스 수립에 힘썼고 미국 켄트대학, 대만 중앙연구원 및 북경 사회과학원 경제연구소 등에서 약 30년에 걸쳐 이 작업을 수행했다. 이 기간 동안 왕업건은 Social Science Research Council, American Council of Learned Societies, Fulbright-Hays Program, National Academy of Sciences, Wang Institute for Chinese Studies, Research of Kent University 등의 재정적 지원에 기초하여 우선 타이베이의 고궁박물원에 소장된 「양가청단」에 대한 정리를 진행했다.

대만 중앙연구원으로 돌아온 1994년부터 2008년에 이르기까지 제일역사당안관에서 제작한 「宮中糧價單」 328개(reel)의 마이크로필름

---

17) R. Bin Wong, Peter C. Perdue, "Grain Markets and Food Supplies in Eighteenth-century Human", in Thomas G. Rawski and Lillian M. Li, eds. *Chinese History in Economic Perspective*.

18) 陳仁義·周昭宏·王業鍵 「十八世紀東南沿海米價市場的整合性分析」, 『經濟論文叢刊』, 30-2, 2002.

19) 謝美娥 『淸代臺灣米價硏究』, 國立編譯館 主編, 稻鄕出版社 印行, 2008.

을 이용하여 이미 정리한 고궁박물원의 양가 자료를 결합하여 종합적인 '淸代糧價資料庫' 구축에 성공했다. 이때에도 대만 국가과학위원회, 중앙연구원 및 중앙연구원 경제연구소·근대사연구소 등의 지원을 받아 「淸代全國各省之糧價統計分析」, 「淸代糧價的統計分析與歷史考察」 등의 대형 프로젝트를 통해 청대 양가 데이터베이스를 완성하게 된다.[20] 이로써 청대의 거의 전 시기, 전 지역을 포괄하는 통합적인 양가자료 정보가 수집되었고, 이를 바탕으로 현재 대만에서는 청대 양가에 관해 활발한 연구가 진행되고 있다.[21]

다만 「청대양가자료고」 수립의 기초가 된 원시문건의 대부분은 여전히 고궁박물원이나 제일역사당안관에 직접 가야 볼 수 있고, 제한적인 범위에서만 공개·출판되고 있는 실정이다. 예컨대 양가진보제노가 확립되지 않은 강희언간의 자료로서는 『蘇州織造李煦奏摺』(國立北平故宮博物院文獻館, 1937)이 1949년 이전에 발행되었고, 최근에는 劉子揚·張莉 編, 『康熙朝雨雪糧價史料』(線裝書局, 2007)가 간행된 정도이다. 이 외에도 1938년에 간행된 『雍正朱批諭旨』나 『光緒朝朱批奏摺』(中國第一歷史檔案館 編, 中華書局, 1995~1996) 등의 자료를 통해 부분적으로 양가 자료를 추출할 수 있다.

양가 자료와 관련하여 주목할 만한 자료집은 中國社會科學院 經濟研究所 編, 『淸代道光至宣統間糧價表』(國家淸史編纂委員會 文獻叢

20) '淸代糧價資料庫'는 현재 중앙연구원 근대사연구소 홈페이지에 공개되어 누구든지 이용할 수 있게 되어 있다(http://140.109.152.38/DBIntro.asp 참조). 이와 함께 '中西曆日對照表'를 웹사이트에서 제공하고 있다(http://www.sinica.edu.tw/ftms/luso.htm 참조).

21) 왕업건과 함께 「양가청단」의 데이터베이스화 작업을 주도한 陳仁義(中正大學 數理統計研究所)와 그 제자들을 중심으로 해서 이미 완성한 데이터베이스를 활용한 학위논문이 연이어 발표되고 있다. 이들 학위논문에 대한 소개로는 謝美娥, 「近年來臺灣的中國經濟史研究概況(續)」, 『中國經濟史研究』, 1999년 제4기, 151~152쪽을 참조하면 되며, 이들 논문 중에서 왕업건과의 공저는 王業鍵, 『淸代經濟史論文集』(二), 稻鄉出版社, 2003에 수록되어 있다.

刊(廣西師範大學出版社, 2009)이다. 이는 1930년대 陶孟和·湯象龍 등이 방대한 청대 당안으로부터 양가 자료를 추출하여 조직적으로 정리하고 통계처리한 일종의 '가공통계'라고 할 수 있는데, 중국사회 과학원 경제연구소에 소장되어 있던 것을 데이터베이스화한 후 國家 淸史編纂委員會 文獻叢刊의 일환으로서 최근에 출판한 것이다.[22] 당 시 양가 자료의 정리를 담당했던 北平 社會調査所의 기록에 따르면 1930년 10월에서 1932년 8월에 걸쳐 (당시 북평의) 고궁박물원에 보 존된 군기처당안 중 도광~선통에 이르는 5朝의 각 성 독무가 보고한 摺片은 약 10만여 건이었고, 이 중 약 2만 건이 양가 관련 문서였다. 이 양가 접편에 대해 1932년~1933년에 걸쳐 '淸季九十年全國糧價之 變遷'이라는 연구계획에 따라 통계 및 교감을 거쳐 완성한 것이 본 자료집이다. 전체적으로는 9,000페이지에 달했는데, 성별로 분책하여 합계 20책으로 완성하였다. 본 자료집은 어떤 면에서는 원시문건인 「양가청단」이나 왕업건의 '청대양가자료고'에 비해 자료로서 이용하 기에는 한층 더 편리해졌다. 예컨대 단순히 수치만을 정리하여 기록 한 왕업건의 「청대양가자료고」와 달리 수치가 누락된 상황이나 각각 의 「양가청단」의 신빙성에 대한 고증, 도량형에 대한 설명 및 개별 양 가에 대한 설명을 주석 등 방식으로 처리하고 있어 활용도가 훨씬 높 다고 할 수 있다.[23]

관찬문서와 아울러 개인에 의해 작성된 일기나 수필 등에도 꽤 장

---

22) 이는 2004년 7월 國家淸史委員會가 '淸代道光至宣統間糧價表'를 문헌정리 대상에 포함시켜 이를 사 회과학원 경제연구소가 담당케 한 결과물이다. 1930년대에 작성된 본래의 가공통계를 엑셀 프로그램을 이용해 통계 처리하여 약 400만 건의 양가 수치를 추출하여, 여기에 격식의 통일이나 보충 설명 및 추가 교감, 中西曆日對照表 등을 추가하여 완성한 것이다(王硯峰, 「淸代道光至宣統間糧價資料槪述」, 『中國 經濟史硏究』, 2007年 第2期, 6쪽).

23) 王硯峰, 「淸代道光至宣統間糧價資料槪述」, 8~10쪽.

기간에 걸친 양가변동이 비교적 정확하게 기록된 사례가 보인다. 예컨대 17세기 후반 上海縣에 거주한 葉夢珠의 『閱世編』이나 18세기 후반 절강 蕭山縣 汪輝祖의 『病榻夢痕錄』, 19세기 전반 강소 常熟縣 鄭光祖의 『一般錄雜述』 등이 양가 정보를 담고 있는 수필로서 잘 알려져 있다. 이 밖에도 1980년대부터 중국에서 필기소설류의 형태로 출판된 자료집 중에 양가 자료를 담고 있는 것이 적지 않은데, 17세기 후반 上海縣 姚廷遴의 『歷年記』(上海人民出版社 編, 『淸代日記匯抄』, 1982)나 17세기 말 복건 陳鴻·陳邦賢의 『康熙莆靖小紀』(中國社會科學院 歷史硏究所 淸史硏究室 編, 『淸史資料』 1, 1980), 18세기 초 안휘 詹元相의 『畏齋日記』(위의 『淸史資料』 4, 1983) 등이 물가자료를 포함한 수필·일기들이다.[24]

이 밖에도 海關資料와 신문지료가 청말 양가에 대한 정보를 담고 있다. 해관자료로서는 1860년대 이후부터 『十年報告』(Decennial Report)에 기재된 물가자료와 해당 개항장의 양가 자료를 이용할 수 있다.[25] 신문으로서는 상해에서 발행된 『申報』(1872~1949)가 역시 청말 상해 및 그 주변 지역의 양가정보를 포함하고 있고, 영자신문인 *North China Herald* 등에도 미곡을 포함한 여러 상품의 시세가 기재되어 있어 이용할 만하다고 평가된다.[26]

---

24) 이 밖에도 산서성 太原縣 출신의 거인 劉大鵬이 남긴 『退想齋日記』(喬志强 校注, 山西人民大學出版社, 1990)는 광서 17년(1891)에서 민국 31년(1942)에 걸친 사회경제적 상황, 기후, 재해, 농업생산, 농산물가격, 임금 등의 기록을 남기고 있는데, 비교적 최근인 2003년에는 이 일기를 이용하여 근대 태원 지방의 양가와 미곡시장의 동향을 분석한 논문이 발표되고 있다(任吉東, 「近代太原地區的糧價動向與糧食市場-以『退想齋日記』爲中心」, 『中國農史』, 2003년 4기).

25) 濱下武志, 『中國近代經濟史關係解題つき文獻目錄-海關資料を中心として』, 一橋大學 細谷新治硏究室, 1980, 53~55쪽.

26) 다만 지역사 연구에서 중시되어 온 地方志는 양가 연구에 관한 한 상대적으로 효용이 떨어지는 편이다. 대개의 지방지에는 일정한 시계열을 가지는 양가 정보가 수록되어 있지 않고, '災祥' 등의 항목에 특기할 만한 기상이변이 있는 경우의 양가에 한해서만 기록하고 있어 양가 정보로서는 적절치 않다는 판단이다

한편 이러한 양가 관련 자료들을 활용한 연구들은 청대 중국사회에 대해 어떠한 시대상을 그려 왔던 것일까. 이하에서는 미국·중국·일본·대만 등에서 현재까지 진행되어 온 양가 관련 연구들을 주로 시장통합(market integrity) 및 국가의 역할과의 관련 속에서 검토해 보고자 한다.

Ⅲ. 양가변동, 시장통합(market integrity)[27] 및 국가의 역할

양가를 주된 소재로 하여 청대 물가의 장기동향에 관한 연구를 본격적으로 시작한 것은 全漢昇(Chuan Han-sheng)과 리처드 크라우스(Richard Kraus)이다. 전한승과 크라우스는 화폐수량설, 즉 화폐유통량과 물가의 대응관계를 주장하면서, 거기에 인구증가에 의한 한계토지의 이용에 동반한 생산비의 증가라는 실물적 요인을 가미하여 18세기에 발생한 물가상승의 요인을 설명했다.[28] 이 연구의 공헌이라고 한다면, ① 17세기 말에서 18세기 전 시기에 걸쳐 진행된 양가 및 기타 물가의 장기적 상승 추세라는 역사적 사실을 확인함과 동시에 ② 이 양가 상승이 아메리카 대륙으로부터 유입된 銀과 밀접한 관련을

(정철웅, 「清初 揚子江 三省地域의 미곡유통과 가격구조」, 154쪽).

27) 시장통합(market integrity)은 일반적으로 한 지역 또는 일국의 시장이 무역 네트워크를 통해 연결되어 수요와 공급 간에 비교적 안정적인 균형을 유지하는 상황을 지칭한다(吳承明, 「利用糧價變動研究清代的市場整合」, 『中國經濟史研究』, 1996年 第2期, 88쪽).

28) Chuan Han-sheng(全漢昇) & Richard Kraus, *Mid-Ching Rice Market and Trade: An Essay in Price History*, Harvard Univ. Press, 1975.

가지고 있었다는 점을 밝힌 것, 그리고 ③ 지역 간 양가 수준의 차이와 지역 간 경제교류라는 현상을 지적했다는 점이다.[29]

특히 광동·복건·절강·강소 등 동남연안 지역의 (면방직을 위주로 하는) 특화된 수공업제품과 안휘·강서·호광·사천·광서 등 내륙 지역의 잉여 미곡이 교환되는 시스템(소위 '베와 쌀의 교환' 시스템)이라는 중요한 현상을 적출해 낸 점은[30] 높이 평가할만하다. 물론 현재의 시점에서 보자면 강희 말년 이래 건륭연간에 이르는 시기(대체로 18세기)가 완만하면서도 지속적인 물가(＝양가) 상승기였다는 점은 상식에 속하고,[31] 또 1990년대 이래의 연구에서 16~19세기 동아시아 교역권 형성에 있어서의 日本銀의 역할 역시 무시할 수 없다는 점이 강조되면서 아메리카 은의 역할을 주로 강조한 이들의 관점은 일정한 수정을 피할 수 없게 되었지만,[32] 청대 중국경제를 일국사 차원을 넘어서서 이해하는 단초를 열었다는 점, 그리고 청대 중국에 장강을 중심으로 한 통합적 시장이 존재했을 가능성을 암시했다는 점에서 이후의 양가 연구에 끼친 영향은 적지 않다.

전한승과 크라우스의 연구는 비슷한 시기에 등장해 많은 중국사 연구자들의 이목을 집중시켰던 윌리엄 스키너(William Skinner)의 대구역(Macro Region) 이론의 함의와 중요한 점에서 차이를 보였다. 주지하듯이 스키너는 주로 주요 하천과 수로를 통해 형성된 명·청대 중국

---

29) 王業鍵, 「全漢昇在中國經濟史研究上的重要貢獻」, 全漢昇, 『中國經濟史研究』, 稻鄉出版社(臺北), 2003(再版), 14~17쪽.

30) 리보중 지음, 이화승 옮김, 『중국 경제사연구의 새로운 모색』, 88쪽.

31) 岸本美緒, 『淸代中國の物價と經濟變動』, 18쪽.

32) 소위 '조공무역체제'하의 일본은의 중국유입에 대해서는 濱下武志의 일련의 연구를 참고하면 되고, 국내의 연구로는 강진아, 「16~19세기 동아시아무역권의 세계사적 변용」, 백영서 외, 『동아시아의 지역질서』, 창비, 2005가 참고할 만하다.

의 시장권 전체에 대해 운송비용과 기타 변수 등을 종합적으로 분석하여 8개의 대구역으로 구분, 중국 사회경제사 연구의 '적절한 단위(proper unit)'를 제시한 바 있다. 이러한 연구결과는 대구역 간의 고립성과 대구역의 자족성(autarky)을 강조한 것으로 비쳐졌다.[33] 이는 스키너 본인의 실제 의도가 그러했는지와는 상관없이 청대 중국경제(나아가 중국사회 전체)의 '봉건할거론'을 연상시켰고, 적지 않은 중국·대만 연구자들이 (직접적이든 간접적이든) 대구역이론의 수정을 목표로 일련의 연구를 진행하는 직접적인 계기가 되기도 했다.

본고의 관심사인 양가변동 연구와 관련해서 보자면, 왕업건은 일련의 논문을 통해 스키너의 대구역이론에 대한 실증적 도전을 감행하게 된다. 즉 1738~1789년 蘇州·杭州·廣州·漢陽 및 (화북을 대표하는) 淮安 등 대도시의 양가변동에 대한 연구를 통해 해당 도시들의 양가에는 상당한 정도의 연동성이 발견됨을 실증하고자 했다. 즉 해당 도시들은 모두 0.6 이상의 상관계수를 보였고, 특히 蘇州와 여타 도시들의 상관성은 가장 높아 미곡시장에 있어서의 蘇州의 전국적 중심 지위를 확인할 수 있음을 확인했다.[34]

또한 왕업건은 15개 성을 대표하는 15개 도시의 1738~1740년의 양가에 대한 비교연구를 통해 양가가 장강 삼각주(1石＝1.5兩)~안휘·복건·광동(1石＝1兩~1.5兩)~사천·호광·광서(1石＝1兩 이하)라는 격차를 보였고, 이는 장강 상류에서 하류로 이동하는 미곡유통의 특성상 운송비의 遞增에 따른 자연스런 현상이었고 따라서 장강 상·

---

33) 岸本美緒, 『淸代中國の物價と經濟變動』, 55~56쪽; 吳承明, 「利用糧價變動硏究淸代的市場整合」, 89쪽.

34) 王業鍵, "Food Supply and Grain Prices in the Yangtze Delta in the Eighteenth Century", 『第二屆中國近代經濟史硏討會論文集』, 中央硏究院近代史硏究所, 1989.

중·하류 지역의 양가 간에는 강한 연동성이 확인됨을 재차 확인했다. 아울러 이들 도시의 양가를 1909년의 양가와 각각 비교하여 (운송 수단의 개선, 시장의 확대 및 인구이동 등의 요인으로 인해) 장강 상류와 하류 지역 양가의 격차가 크게 줄었음을 확인함으로써 청대 후기로 갈수록 미곡 시장의 통합도가 증대되었음을 논증함과 동시에, 17세기 후반부터 18세기 중반까지 장강을 중심으로 한 중국시장의 통합 정도는 동시대 유럽의 그것에 비해 높은 수준이었음을 주장했다.[35]

하지만 청대 중국사회의 시장통합론에 대한 반론도 적지 않았다. 미곡이라는 단일 품목의 가격 연구에만 의지한 시장통합도의 측정이 과연 얼마나 타당한가라는 일반론적인 비판 외에도 장거리 무역은 일종의 '양날의 칼'이어서 시장을 안정시키는 역할과 동시에 (청대에 빈발한 '遏糴' 현상에 보이듯이) 시장의 불안을 증폭시키는 역할도 할 수 있다는 점, 그리고 전술한 왕업건 등의 연구가 제시하는 '전국적 시장'의 성립은 기껏해야 '點과 線'에 의한 가격의 연동성을 말해 줄 뿐, 농촌이라는 광대한 '面'까지를 포괄하는 개념은 될 수 없다는 비판이 제기되었다.[36]

이 밖에도 윌킨슨(Wilkinson)은 청말 10년간 섬서성의 「糧價細冊」을

---

35) 王業鍵, "Secular Trends of Rice in the Yangtze Delta, 1638~1935", in Thomas G. Rawski and Lillian M. Li, eds. *Chinese History in Economic Perspective*, 53~54쪽.

36) 岸本美緒, 『清代中國の物價と經濟變動』, 31~34쪽. 하지만 이러한 岸本의 비판에 대해 許檀, 「明淸時期城鄕市場網絡的形成及意義」, 『中國社會科學』, 2000년 제3기는 "늦어도 건륭~도광 연간에 이르러 전국 대다수 省區에는 이미 광범하고도 자유롭게 작동하는 농촌 集市網이 형성되어 있었다. 이 기층 집시망은 유통 간선상의 상업적 城·鎭과 연계되어 城·鄕 시장을 연결시킴으로써 전국적 상품유통 네트워크를 형성하는 역할을 수행했다. 이 유통 네트워크를 통해 모든 주현, 심지어 모든 촌락은 다른 省區와 경제적 연계를 맺게 되었다"고 주장함으로써 농촌 집시망의 광범하고도 유기적인 존재를 통해 농촌까지를 포괄하는 전국적 시장의 형성을 강하게 암시하고 있다.

활용하여 섬서성의 은전비가 및 양가를 연구했는데, 그는 시장통합의 기준으로서 ① 산지 가격이 상대적으로 낮고 산지로부터의 거리가 멀수록 가격이 상승할 것, ② 소비중심지의 가격이 높고 이로부터 거리가 멀수록 가격이 낮을 것, ③ 주현 간의 가격차는 운송비 이하일 것 등을 설정한 후, 결론으로서 20세기 초의 섬서에서는 곡물 생산지 대임과 동시에 주된 소비지를 포함하는 서안 부근을 제외하면 곡물시장은 州縣마다 제각각이어서 통일성을 결여하고 있고, 장거리무역 역시 서안 부근에서만 존재했다는 점을 확인하고 있다.[37]

한편 호남성 미곡시장에 대해 분석한 方行은 강남 지역으로 수출된 호남 미곡의 경우 강희~가경 연간에 걸쳐 湖南糧價 대 江南糧價의 비중이 30:100, 35:100, 58:100, 70:100 등으로 점차 그 가격차가 좁혀지는 현상을 지적하면서, 이는 운송조건의 개선에 기인하는 바도 있지만 주요하게는 호남 인구의 증가로 인해 호남 현지의 양가상승 속도가 강남에 비해 현저했기 때문으로 보았다. 달리 말해서 시간적 흐름에 따른 가격차의 축소가 시장통합의 진전과 동일시되기 곤란함을 지적한 것이다.[38]

양가 연구를 통해 청대 중국의 시장통합 여부와 정도를 측정해 보려 한 이들 연구들은 개별 직성이나 장강 연안 지역의 시장통합도에 관한 진전된 정보를 제공해 주었고, 시장통합도에 대한 상반된 이미

---

37) Wilkinson, Endymion, *Studies in Chinse Price History*, New York: Garland Pub., 1980. 반면 섬서와 함께 '陝甘'으로 연칭되는 감숙의 경우에는 고도의 통합성을 보여 준다는 연구결과가 나와(Perdue, 1992) 흥미를 자아내는데, 섬서와 달리 감숙의 식량상황 특징은 변경의 군사지대라는 특성으로 인해 常平倉이 미곡유통에서 점하는 비중이 극단적으로 높다는 점이며, 따라서 상평창이 감숙 곡물가격의 안정에 상당한 기여를 했다는 점을 지적하고 있다. 아울러 청조의 군사행동이 감숙을 화폐경제화하여 내지 시장과 통합하는 역할을 수행함으로써 18~19세기 감숙의 시장통합은 상당한 정도로 진전되었다고 보았다.

38) 方行, 「淸代前期湖南農民賣糧所得釋例」, 『中國經濟史硏究』, 1989년 제4기.

지를 제공함에도 불구하고 청대 미곡시장의 존재양태에 관한 우리의 이해를 크게 진전시켰다는 점에서는 평가할 수 있을 듯하다. 아울러 기술사료에만 의존하여 막연하게 묘사하는 것이 아니라 검증과 반증이 가능한 수량적 지표를 제시하려고 노력했다는 점은 일정하게 평가되어야 할 것이다. 다만 이들 선행연구에 공통적으로 드러나는 방법론상의 문제 역시 지적되어야 할 것이다.

우선 지적할 수 있는 것은, 정량분석에만 의지한 나머지 정성분석에는 오히려 소홀하지 않았나 하는 점이다. 계량경제학적 방법은 청대 중국경제사 연구에 제한적으로만 활용되어야 한다는 지적도 일찌감치 제기되었지만,[39] 정량분석에 정성분석이 결합됨으로써 시장통합에 대한 보다 완전한 시대상을 구축할 수 있음을 보여 주는 연구가 웡과 퍼듀(Wong & Perdue)에 의해 제기되어 흥미를 끈다.

이들은 (높은 상관계수를 보인다 하더라도 두 지역 간에는 미곡무역이 거의 없거나 아예 없는 경우도 있을 수 있다는 점에 착안하여) 호남성 모든 府의 양가에 대한 상관계수를 구하여 0.65 이상의 상관계수를 보이는 20쌍의 사례를 적출한 후, 지방지나 해당지역 신사의 문집을 비롯한 각종 문헌기록과 대조하여 이 중 14쌍의 상관계수의 상관성만을 인정했다. 아울러 府 내에서도 각 州縣의 최고 양가와 최저 양가에 대한 상관계수 분석을 통해 府 내의 시장통합을 면밀히 검토하여, 수출 지역에 해당하는 4개 府를 제외한 나머지 府에서는 상관계수가 (0.08~0.34로) 대단히 낮았음을 증명했다.

이는 호남성 내에서도 수출 루트에 연결된 府는 호남성 외부와의

---

39) 吳承明, 「利用糧價變動研究淸代的市場整合」, 93~94쪽.

시장통합도가 높은 반면 수출 루트에 연결되지 않은 府는 그 내부에 서조차 미곡무역이 거의 발생하지 않아 자급자족적 식량경제 상태였음을 말해 주는 것이다.[40] 이 연구는 결과적으로 '지역별로 고립된 자연경제'라는 역사상도 지지하지 않고, 동시에 '고도로 발달한 시장사회'라는 역사상도 일면적임을 지적했다는 점에서 의미 있는 연구라고 할 수 있다.

또 하나 기존 연구의 문제점으로서 지적할 수 있는 점은, (역시 계량경제학적 방법에만 의존한 나머지) 미곡 문제가 '경제'의 문제만이 아니라 동시에 대단히 중요한 '사회' 문제였다는 점을 간과한 것이다. 이러한 경향은 곡물가격의 연동성을 지표로 하여 측정되는 시장의 통합 문제를 의식적으로 추구한 Rawski & Li(1992)에 특히 두드러진다. 물론 이 연구가 종래 미국의 중국경제사연구가 사회사적 · 제도사적 분석방법에 치우쳐 경제학적 분석을 결여하고 있다는 반성에서 출발했고, 때문에 선택 · 합리성 · 기회비용 · 균형 등의 경제학적 개념을 염두에 두고 청대 지식인들의 '담론'에 좌우되지 않는 보다 '군건한 사실'을 발견하려는 문제의식에서 비롯된 발상인지라 기존 연구경향의 극복이라는 점에서는 일정한 의미를 가진다. 하지만 矯枉過直의 혐의도 없지 않을뿐더러 '종합학문'으로서의 역사학의 장점을 (경제학적 개념에 경사됨으로 인해) 제대로 살리지 못했다는 비판도 가능할 것이다.

이런 점에서 정량분석을 기초로 하면서도 미곡시장의 동향과 양가변동이 일정한 사회적 요소와 특정한 사회구조의 제약을 받는다는

---

40) R. Bin Wong, Peter C. Perdue, "Grain Markets and Food Supplies in Eighteenth-century Human", in Thomas G. Rawski and Lillian M. Li, eds. *Chinese History in Economic Perspective*, 126~144쪽.

점에 착안하여 광동 기층사회의 구조에 관한 정성분석을 정량분석과 결합한 陳春聲의 연구는 주목할 만하다. 그 개략은 다음과 같다. 陳春聲은 '시장'이라는 용어에 포함된 상이한 의미의 층위를 지적하여 ① 교역이 행해지는 구체적인 장소, ② 일정 지역 내에서의 상품공급과 유효수요와의 관계, ③ 구체적인 시장활동의 배후에 존재하는 일종의 경제적인 사회관계로서의 '시장관계'를 상정했다.

그리고 완전한 의미에서의 시장관계란 "상품 교역자의 시장활동에 있어서의 지위는 평등하고 이들은 교역물에 대해 절대적·배타적 소유권을 가지며, 교역활동의 총체가 자유롭고 비인격적인 특징을 가지며, 장기적·총체적으로 보아 가치법칙이 관철되는 관계"라고 보면서 광동의 미곡시장에서는 비경제적인 요소가 후퇴하고 '시장관계'의 형성이 진전되었다고 보았다.

그러나 광동 지역에 광범하게 등장한 宗族 조직을 배경으로 하여 그 사회적 역량을 증대시켜 온 신사층의 주된 목표는 사회에 대한 통제력의 유지와 해당 종족의 사회적 지위 향상이었고, 따라서 이러한 정치적·사회적 안정에의 요구가 경제적 합리성에의 요구를 압도하고 있었다는 것이다. 이러한 상충하는 목표 속에서 현실의 사회적 수요와 시장발전의 경제적 요구가 순조롭게 함께 발전할 수 없었고 결국 시장의 발전이라는 경제적 요구는 사회적 안정이라는 목표로 인해 억제될 수밖에 없었다고 결론지었다.[41] 요컨대 사회질서의 전형적인 존재양태로서의 시장관계에 주목하면서도, 동시에 신사에 의한 사회적 통제력의 유지라든가 정치적·사회적 안정에 대한 수요가 경

---

41) 陳春聲, 『市場機制與社會變遷–18世紀廣東米價分析』, 中山大學出版社, 1992.

제적 합리성에 기반을 둔 시장관계의 구축과 상호 모순되는 점을 지적한 것이다.

'경제' 문제로서만이 아닌 '사회' 문제이기도 한 양가변동(또는 미곡유통)과 관련하여 또 하나 무시할 수 없는 요인은 바로 국가이다. 건륭 초년 이래 증대되어 간 미곡 수급의 불안정성에 대비해 국가가 행한 역할의 평가 문제인데, 이에 대해서는 연구자들 간에 대체적인 공감대가 있는 듯하다. 청초 소위 三倉(常平倉・義倉・社倉)의 설립과 확대를 통해 적극적으로 미곡유통의 안정성을 확보하려던 청조 국가권력은[42] 19세기에 들어서는 상평창의 규모를 축소하는 등 이전만큼 적극적이지 않게 되었다는 것이다.[43]

이 점은 국가권력의 미곡유통에 대한 개입의 포기를 의미하는 것이 아니라, 오히려 미곡 수급 방식에 있어서 국가의 직접적인 개입이 아닌 시장을 통한 간접적인 개입으로 선회했음을 말해 주는 것이다. 예컨대 건륭 초년 빈발하는 창량・창미 풍조에 대한 대책을 주문한 건륭제에 대해 대다수의 지방관들은 시장기능에 맡기자는 의견을 피력하고 있고,[44] 따라서 지방관들은 미곡의 비축보다는 (미곡 구매 준비

---

42) 이 문제에 관해서는 星斌夫『中國社會福祉政策史の研究—淸代の賑濟倉を中心に』, 国書刊行会, 1985 가 상세히 다루고 있고, 이 밖에도 劉翠溶, 「淸代倉儲制度穩定功能之檢討」, 『經濟論文』, 7-1, 1979가 유사한 내용을 검토하고 있다.

43) 미곡 수확량의 변동에 관계없이 양가의 안정을 유지하기 위한 상평창의 목표 비축량은 건륭 말년에 해당하는 1790년대에 4,500만 석으로 절정에 달했지만, 19세기 이후에는 비축량이 급격히 감소하게 된다. 예컨대 직예의 경우 350만 석의 비축량이 1833년에는 60만 석으로 줄었다(필립 리처드슨 지음, 강진아・구범진 옮김, 『쟁점으로 읽는 중국근대경제사』, 푸른역사, 59쪽). 한편 건륭연간에서 동치 초년에 이르는 비교적 장기간에 걸친 상평창의 비축 규모의 지역적 변화를 추적한 馬麗・方修琦, 「淸代常平倉糧食儲額的空間格局」, 『中國歷史地理論叢』, 24卷3輯, 2009는 주로 『大淸會典事例』와 『戶部則例』 등에 근거하여 그 변화양상을 관찰했다. 이에 따르면 강희・옹정 연간의 상평창 비축 규모는 주로 해당 지역의 면적과 인구 규모에 근거하여 비교적 단순했으나 건륭 이후 동치 초년까지는 인구 규모, 재해 상황, 지리적 조건, 식량 수급의 지역적 취약성 및 정치・군사적 요인에 따라 변동하고 있어 일정한 합리성을 갖추게 되었다고 평가하고 있다.

44) 岸本美緒, 『淸代中國の物價と經濟變動』의 제8장(「淸朝中期經濟政策の基調—1740年代の食糧問題を

금으로서의) 은량의 확보에 보다 더 신경을 쓰게 되었다는 것이다.[45]

하지만 청초에서 19세기에 이르는 청조 국가권력의 미곡유통에 대한 개입방식이 일관된 흐름을 보였다기보다는 오히려 개입과 불개입 사이를 지그재그식으로 요동했다고 보는 것이 실상에 보다 더 가까울 것이다. 예컨대 遏糴 현상에 대해서도 금지와 허용을 반복하고 있고, 상평창의 비축 미곡에 대해서도 감액과 증액을 반복했으며, 보통 '本色糧食'을 기본으로 하던 捐監에 대해서도 금지와 허용을 반복해 왔으며,[46] 섬라(태국)·남양 등지로부터의 미곡 수입도 중국 내부의 미곡 수급 상황에 따라 대단히 유동적이었다는 점을 감안한다면,[47] 청조 국가권력의 미곡유통에 대한 개입 여부는 (개입에서 불간섭으로의) 일정한 경향성을 보인다고 보기보다는 차라리 그 '부정형성'에 현저한 특징이 있는 것은 아니었을까. 그렇다면 이러한 미곡유통 관련 청조 국가권력의 정책상의 '동요'는 어디에서 기인하는 것일까.

이 문제와 관련한 岸本의 다음과 같은 언급은 모종의 시사점을 제시해 주는 것 같다. 그녀는 건륭 5년 7월 건륭제의 상유(『高宗實錄』 권 123)를 인용한 후[48] "황제의 의지가 '過' 또는 '不及' 내지 '寬' 또는

中心に」) 및 中國第一歷史檔案館, 「乾隆朝米糧買賣史料」(上·下), 『歷史檔案』, 1990년 3·4기; 정철웅, 「淸初 揚子江 三省地域의 미곡유통과 가격구조」 등을 참조.

45) Richrd B. Marks, *Tigers, Rice, Silk, and Silt-Environment and Economy in Late Imperial South China*, Cambridge Univ. Press, 1997, 247~248쪽. 王國斌 著, 邱澎生 譯, 「農業帝國的政治經濟體制及其在當代的遺產」, 269~270쪽 역시 중국정부의 경제영역에 대한 정책적 개입이 곡물이나 소금 및 외국무역 등에 제한적으로만 작동했고, 기본적으로 宋代 이래 중국정부는 상품의 시장에서의 자유로운 유통을 지지하는 편이었다고 보고 있다.

46) 鍾永寧, 「十八世紀的湘米輸出與淸政府的糧食調控政策」, 『中國社會經濟史硏究』, 1993년 4기, 63~68쪽.

47) 李鵬年, 「略論乾隆年間從暹羅運米進口」, 『歷史檔案』, 1985년 3기, 85~88쪽; 崔憲濤, 「淸代阿片戰爭前國外糧食輸入問題」, 『中國社會經濟史硏究』, 1990년 4기, 58~60쪽.

48) 그 내용은 다음과 같다. "짐은 천하를 다스림에 있어 一中을 執하여 만기를 처리해 왔다. 大臣이 나라를 위해 계책을 세우는 경우에도 協中해야만 過·不及의 폐해를 면할 수 있다. 수년 이래 독무 중에는 무기력하게 처리하는 태도를 가진 자가 많다. 따라서 진취적·적극적 태도를 취하는 자가 있으면 격려의 뜻으로 이를 현창한 것이다. 그런데 짐의 독무 임용 방침이 여기에 있다고 생각하여 적극책을 구사, 짐의 기대

'嚴'이라는 고정적인 방침에 있다고 억측하여 이에 영합하기 위해 외재적·고정적 기준에 따라 통치를 행하려는 태도, 그러한 태도의 부정이야말로 '中'의 진정한 의미이다. 다시 말하면, '中'이란 그러한 고정적인 방침에 따르지 않고 隨時隨事, 상황에 즉하여 가장 좋은 실질적인 효과를 얻기 위해 마음을 비우고 노력하는 것이다"라고 해석하고 있다. 즉 미곡유통과 관련한 제반 정책의 본질은 '실질적인 최적점을 향한 시행착오'에 있으며, 따라서 (단기적이든 장기적이든) 주로 정책·규정·법령으로 표현되는 미곡유통에 대한 국가의 개입을 어떤 일관된 경향이나 원칙에 입각한 것으로 파악하는 방식에 대해 의문을 제기하고 있다.[49]

이러한 접근방식에는 장점과 단점이 병존한다고 생각된다. 미곡유통과 관련한 국가권력의 역할에 대해 선명한 이미지를 제시하지 못한다는 단점이 있는 반면, 미곡유통과 관련한 단편적인 사례의 정리만으로 청조 국가권력의 식량정책에 대한 전체상을 논단하는 것의 위험성을 암시한다는 점에서는 의미 있는 접근일 것이다.[50]

에 부응하려고 생각한다면 그것은 짐의 마음을 제대로 알지 못하는 것이다. 沈世楓이 상주한 내용은 근거가 없는 것은 아니지만, 잘못된 점도 있다. 그의 상주는 시책이 과하여 적절함을 잃은 사례를 비판한 것이지만, 재해 상황 보고나 尹會一의 적극적인 도적 단속 등은 不及하여 적절함을 잃은 것이다. 過와 不及은 모두 中道가 아니며 聖人이 취할 바가 아니다."

49) 岸本美緒, 『清代中國の物價と經濟變動』, 315~318쪽.

50) 이러한 岸本의 발상과 유사한 맥락에서 1978년 이후 중국의 토지소유 문제를 다룬 인류학 저서가 주목을 끈다. 何·皮特(Peter Ho), 『誰是中國土地的擁有者?-制度變遷 産權和社會衝突』, 社會科學文獻出版社, 2008에 따르면, 현재 중국의 토지소유권은 '의도적인 제도적 모호성(intentional institutional ambiguity)'이라는 전략에 기초해 있다는 것이다. 이는 토지소유를 규정하고 있는 법률이 지역적으로도 상호 모순되고 관련 부처별로도 해석 방식이 상이한 점을 지적한 것이다. 이렇게 토지소유와 관련한 명확한 정의를 회피하면서 지역별 특수성에 기초하여 다양한 해결책을 모색함으로써, 중국사회는 토지개혁과 농업집단화에 의해 형성된 중국의 복잡한 토지소유를 급격하게 일원화함으로 인해 생길 수 있는 경제적 혼란과 사회적 충돌(구소련이나 동유럽 지방에서는 그러했다)을 방지할 수 있었다고 평가된다. 이러한 피터 호의 관찰을 岸本의 청대 미곡정책에 관한 관찰과 결합해 이해해 보면, 청대 중국과 (1978년 이후의) 당대 중국 간에는 정책 또는 제도 운영에 있어서의 '부정형성'이라는 점에서 일정한 공통점을 가진다고 할 수 있을 것이다. 이러한 부정형성이 최소한 청대 이래 중국사회의 작동 원리 중 하나로 위치 지어질 수

Ⅳ. 결론

이상으로 청대 양가 관련 자료의 정리 상황과 양가 연구에 대해 개괄적으로 살펴보았다. 여기에서 본문의 내용을 다시 요약할 필요는 없다고 판단된다. 다만 양가변동과 시장통합의 문제에 관해 필자의 잠정적인 견해를 약간 덧붙이는 것으로 본고를 마칠까 한다. 8개의 하천 유역으로 구분되며, 개별 대구역의 경계가 거대한 산맥으로 구분되는 것에 근거해 스키너가 제시한 대구역이론은 적어도 양가변동과 미곡유통에 관한 한 꼭 들어맞는 것은 아닌 것 같다. 대표적인 경우가 장강 유역인데, 스키너는 장강 유역을 크게 장강 상류·중류·하류 대구역으로 구분했지만, 장강 상류와 장강 하류 간의 활발한 장거리무역의 존재는 각 대구역 간의 소량의 교역량에 근거해 자급자족적 자연경제권을 형성하고 있었다는 스키너의 주장이 성립하기 곤란하다는 점을 잘 말해 준다.

동시에 왕업건처럼 15개 성의 양가변동의 상관성만을 가지고 15개 성 전역에 걸쳐 '전국적 시장통합'이 있었다고 보는 것도 역사적 사실과 반드시 부합하는 것은 아닌 듯하다. 예컨대 리처드 막스(Richard Marks)의 嶺南(광동·광서) 지역의 미가 및 미곡유통에 관한 연구는 영남 지역이 스키너의 정의에 잘 부합할 뿐만 아니라 다른 대구역과

있다면, (주로 서구적 기준에 의거하여) 법치가 인치보다 우월하다거나 중국사회의 제도적 불투명성을 비판하는 것은 재고를 요하는 문제일 수도 있다고 생각된다. 중국법제사 전문가인 滋賀秀三 역시 비슷한 취지의 발언을 한 바 있다. 즉 명·청대 법제사 분야에서 법령의 개변을 계급관계의 비가역적 변화에 동반한 질적 변화로서 파악하려는 仁井田陞 등과 달리 滋賀는 기본적으로 변화하지 않는 법률구조하에서 보다 치밀하게 현실을 파악하기 위한 기술적 改修로서 설명하려는 입장을 취하고 있는데, 이러한 법의 개정 및 수정 과정에 대한 滋賀의 이미지가 "분동을 가감하여 천칭의 평형을 구하려는 미묘한 조정의 진동"(『淸代中國の法と裁判』, 創文社, 1984, 129쪽)이라는 것이다. 岸本, 滋賀 피터 호 등에 의해 묘사된 청대 이래 중국사회의 제도적 운영에 관한 이미지는 무언가 상통하는 바가 있어 보인다.

의 미곡 교역은 거의 없거나 있어도 아주 소량에 불과했다는 점을 잘 보여 준다.[51] 아마 전술한 바 있는 Wong & Perdue의 연구에 보이는 정성분석을 결합한 분석을 시도했다면 왕업건의 연구는 사뭇 다른 결론에 도달했을지도 모르겠다. 어쨌든 최소한 미가변동과 미곡유통을 토대로 하는 한, 청대의 사회경제적 이미지는 스키너가 말한 8개의 대구역보다는 덜 고립적이고 그렇다고 완전한 시장통합에도 이르지 못한, 그 중간적 형태가 되지 않을까.[52]

51) Richrd B. Marks, *Tigers, Rice, Silk, and Silt-Environment and Economy in Late Imperial South China*, Cambridge Univ. Press, 1997, 251~266쪽.

52) 이와 관련하여, 岸本美緒, 『淸代中國の物價と經濟變動』, 205~207쪽은 저수지의 비유를 활용하여 일국 전체의 경제가 통합된 大貯水池로 그려지는 '통일국민경제형'과도 다르고, 상호 간에 격절된 貯水池群이 고립되어 병존하는 '지역격절형'과도 다른, '지역연결형' 구조로서 중국의 시장구조를 파악할 것을 제안하고 있어 흥미롭다. 이는 물론 미가변동이나 미곡유통과의 관련 속에서 행한 언급은 아니고, 중국경제에 있어서('최대 수원'으로 표현되는) 대외무역의 결과물인 銀이 (완전히 격절되지도 않고 그렇다고 완전히 합쳐지지도 않은) 복수의 하급 저수지로 흘러 들어가는 양태를 설명하기 위해 제안한 것이긴 하다. 이는 '최대수원으로서의 대외무역'의 지위와 역할을 어떻게 볼 것이냐에 따라 성립할 수도 성립하지 않을 수도 있는 아이디어이긴 하지만, 유동적이고 동태적인 구조를 가지는 岸本의 지역연결형 시장구조를 미곡시장 또는 미곡유통과 관련지어 생각한다면, (지역에 따라) 완전한 시장통합을 주장할 수도 없고 완전한 격절도 주장하기 어려운 청대 중국의 경제 지형을 오히려 적절하게 설명할 가능성도 없지 않다고 생각한다. 반면 山本進, 「淸代の市場構造と經濟政策」, 名古屋大學出版會, 2002는 사회구성체론에 입각한 시장론(예컨대 重田德, 「淸初における湖南米市場の一考察」, 重田德, 『淸代社會經濟史硏究』, 岩波書店, 1975)이나 물가사나 화폐사의 시각에서 고전경제학적 시장론을 비판하고 銀의 유입이라는 외부적 요인에 초점을 맞춘 '외부의존시장'을 주창한 岸本 등의 입장을 비판하면서 청대 후기로 갈수록 두드러지는 현상이었던 지역경제의 '자립화'에 착안하여 청대의 시장 구조와 그 변동, 그리고 이에 대응한 국가의 경제정책을 해석하고 있다. 山本의 입론은 청대 전기·중기보다는 후기, 특히 청말의 지역적 자립 현상과 그 정치적 표현으로서의 청말 민초 이래의 군벌할거라는 역사적 현상을 상대적으로 보다 잘 설명할 수 있다는 점에서 매력적인 입론이면서 동시에 (吳承明·王業鍵 등의) 시장통합에 경사한 주장과는 사뭇 다른 시대상을 그리고 있어 주목된다.

제 9 장

개혁·개방 이후 중국의 농촌 토지사용권: 도급경영권 이전[流轉] 제도와 관행에 대한 고찰

장호준

Ⅰ. 머리말

Ⅱ. 개혁개방 이후의 농지정책 변천 개요

Ⅲ. 농가생산도급제에 대한 평가와 대안적 모델

Ⅳ. 토지도급경영권 이전[流轉] 방식의 출현과 그 유형

Ⅴ. 토지도급경영권 이전[流轉] 활성화의 사회정치적 조건

Ⅵ. 맺음말

Ⅰ. 머리말

　중국 농촌에서의 토지 관련 문제들은 인구 대비 경지면적이 협소하다는 사실에서 비롯되기도 하지만,[1] 토지제도의 성격과 운용 방식에서 연유하기도 한다. 주지하다시피, 개혁개방 이후 중국의 농촌 토지제도는 토지 소유권과 사용권의 분리를 기반으로 하고 있다. 즉 토지소유권의 측면에서는 집체 소유를 견지하되, 토지 경영의 측면에서는 개별 농가에게 일정한 자율권이 부여되는 농가생산도급제[家庭聯産承包責任制]가 기본적인 제도로 운용되고 있다. 농가생산도급제하에서 개별 농가들은 소속 집체 단위로부터 평등주의적 원칙에 입각

---

* 본 논문은 『中國硏究』(한국외대 국제지역연구센터), 제52권(2011. 7)에 게재된 「개혁개방 이후 중국의 농촌 토지제도 개혁: 토지도급경영권 이전[流轉] 기제의 형성을 중심으로」라는 제목의 논문을 부분적으로 수정한 것이다.

1) 인구 대비 경지 부족의 문제는 중국의 식량 안보는 물론, 농업 생산의 효율성, 그리고 농민의 생계 안정을 위협하는 요소로 간주되고 있다. 전 세계 인구의 23%인 중국 인구가 세계 경지면적의 7%에 불과한 경지에 의존하고 있다는 수치가 이를 간접적으로 입증한다고 할 수 있다(http://www.caijing.com.cn/2004-04-20/10003274.html). 실제로 2009년 중국의 1인당 평균경지면적은 약 1.38무(亩: 1무＝666.7㎡＝약 200평)로 세계 평균인 2.88무의 약 40%에 불과하다. 이러한 협소한 개인당 경지면적은 필연적으로 농업경영의 영세화를 초래하였으며, 중국의 농업 현대화를 지체시키는 주된 요인 중의 하나로 평가되고 있다.

하여 일정한 면적의 토지에 대한 도급경영권[土地承包經營權][2]을 부여받게 되며, 도급 토지의 면적은 인구 증감 등 향촌 공동체 내 사회경제적 요인의 변화에 따라 재조정된다.

이러한 현행의 농지제도는 소유권 이외의 토지권리를 집체 구성원들에게 평등하게 재분배하여 토지집중화에 따른 계층 분화를 방지함으로써 사회주의적 이념을 부분적으로나마 실현할 수 있다는 장점이 있다. 그러나 다른 한편으로는 토지권리를 평균주의적 원칙에 따라 분배하고 재조정함으로써 필연적으로 개별 농가의 도급 경작지가 여러 필지로 분산되고 또한 이에 따라 농지 경영 규모가 전반적으로 영세화되는 결과를 초래해 왔다. 다시 말하면, 현행 농지제도하에서는 경작지의 파편화 및 경영규모의 영세화 경향, 그리고 그에 따른 농지 생산성의 정체가 구조화되어 있는 것인데, 이는 농업의 현대화를 저해하는 중요한 제도적 요인으로 지목되기도 한다.

토지 소유권과 사용권이 분리되어 있는 이원적 권리체계는 농업생산성 이외의 문제와 관련해서도 다양한 부작용을 야기해 오고 있다. 토지소유권자인 집체에 대한 법률적 규정이 모호하고 농민들의 토지도급경영권과 관련된 이차적 권리 행사의 범위와 내용에 관한 법률과 정책이 미비한 상황에서, 실제적인 토지 사용과 개발의 과정에서 행정적 조치에 의한 지방정부의 개입 여지가 확대된 것이다. 이러한 상황에서 농촌 토지의 실질적 사용자이자 용익권자인 농민들의 이익

---

2) '토지도급경영권[土地承包經營權]'은 집체 소유하의 농촌 토지를 개별 농가들이 계약에 의해 경영할 수 있는 권리를 지칭하는 공식 용어다. 도시 토지 등 국유지에 대해서는 소유권과 대비되는 개념으로 '사용권'이 널리 쓰이기 때문에, 농촌의 토지도급경영권 역시 사용권이라는 보다 일반적인 용어로 대체되어 쓰이기도 한다. 이 글에서는 토지도급경영권(또는 토지경영권)이라는 공식적인 용어를 우선적으로 사용하되, 맥락에 따라 토지/농지 사용권이라는 용어를 부분적으로 혼용할 것이다.

이 침해되는 경우가 증가하고 이로 인해 지방정부와 집체조직, 그리고 농민들 간의 갈등이 심화되는 등, 토지권리의 문제는 농촌사회 불안의 주요한 원인으로 작용해 왔다.

이처럼 개혁개방 이후 중국 농촌 토지 문제의 근저에는 일견 서로 양립할 수 없어 보이는 두 가지 과제, 즉 토지 집중화와 농업경영 규모의 확대를 통해 토지자원의 활용도를 제고해야 하는 현실적 필요성과 개별 농민들에게 토지권리를 평등하게 부여하고 보호해야 하는 이념적 당위성이 불가분하게 얽혀 있다. 1980년대 중반 이후 이원적 농지제도의 한계가 뚜렷해지고 위 두 목표의 양립불가능성이 가시화됨에 따라 중국정부와 학계는 농지제도의 모순을 해결하기 위한 다양한 방안을 모색해 왔다. 소유권 제도의 전면적인 개혁에 대한 주장으로부터 현행 도급제에 대한 보완 조치를 강구하는 것에 이르기까지, 다양한 대안들이 인지제의(因地制宜)의 원칙하에 검토되고 실험되었다. 1990년대 중반에 이르면 이원적 권리체계에서 비롯되는 모순을 해결하고자 하는 노력들은 하나의 제도적 장치에 관한 관심으로 수렴되는 양상을 보이는데, 농민들의 토지권리를 제3자에게 이전함으로써 토지집중을 도모하는 '토지도급경영권 이전[流轉]' 기제가 그것이다.

이 글에서는 토지도급경영권 이전[流轉]이 현행 농지제도하의 모순을 해결할 수 있는 대안적인 방안으로 등장하게 된 배경과 이전 기제의 여러 형태들을 검토하고, 이를 바탕으로 사용권 이전의 활성화를 위한 당면 과제들에 대해 논의하고자 한다. 소유권과 사용권의 분리로 인한 모순과 관련하여 혹자는 토지의 국유 및 집체 소유가 불변인 상황에서 사용권 또는 재산권이 사실상의 소유권(*de facto* ownership)

이라는 점을 중시하여[3] 양자를 동일한 현상을 지칭하는 다른 개념으로 간주하기도 한다. 또한 일부는 중국 농촌의 토지 문제가 근본적으로는 모호한 토지 소유관계에서 기인하는 것이라는 입장하에 누가 실질적인 토지의 소유자인지를 명확하게 하는 것이 문제 해결의 핵심이라고 주장하기도 한다.[4] 그러나 농지의 집체 소유와 이원적 권리체계 자체의 변화가능성이 극히 희박한 상황에서 토지를 둘러싼 농촌사회의 제반 문제들이 사용권을 매개로 발생한다는 사실은 중국 농촌 토지 문제의 관건적인 요소는 사용권, 즉 토지도급경영권이라는 점을 방증하는 것이라 할 수 있다.

따라서 중국의 현행 농지제도의 작동방식을 평가하고 그 개혁방향을 가늠하기 위해서는 소유권과 사용권을 개념적으로 명확하게 구분하되, 농민들의 토지권리의 핵심인 토지도급경영권과 이에 부속된 양도 및 용익에 대한 권리체계의 실제적인 작동방식과 변화과정에 착목하는 것이 필요하다. 이러한 인식을 토대로, 이 글에서는 사용권 유상 이전 기제의 형성과정과 작동방식, 그리고 그것의 활성화를 위한 사회정치적 조건들을 분석할 것이다. 이를 위해서는 먼저 개혁개방 이후 국가의 농지 관련 정책이 큰 틀에서 어떻게 변화해 왔는지를 개괄하는 것이 필수적이다.

---

3) Putterman, Louis, "The Role of Ownership and Property Rights in China's Economic Transition", China Quarterly. 144, 1995, pp.1047~1064.

4) Ho, Peter, *Institutions in Transition: Land Ownership, Property Rights, and Social Conflicts in China*. Oxford & New York: Oxford University Press, 2005(특히 Chapters 1, 2).

Ⅱ. 개혁개방 이후의 농지정책 변천 개요

　신중국 성립 이후의 농촌 토지 제도는 시기에 따라 일반적으로 다음 세 단계로 구분된다.[5] ① 1949년~1952년간의 토지사유제 시기, ② 1953년~1977년의 인민공사 운용 시기, ③ 1978년 이후의 농가생산도급제 실시 시기이다. 1978년 농지 계약경작[包産到戶] 방식의 농촌 집체토지 도급제 모델이 중앙정부의 승인을 받은 지 불과 몇 해 만에 전국 대부분의 농촌 집체는 토지 운용에 관한 농민의 자율권이 한층 강화된 계약경영[包干到戶] 방식의 도급제를 채택하기에 이르렀다. 농가생산도급책임제[家庭聯産承包責任制]로 통칭되는 이 토지사용제도는 흔히 '5개의 1호 문건'[6]이라 불리는 일련의 정책 통지를 통해 그 기본적인 원칙과 운용 방침이 확정되었다.

　1982년의 1호 문건에서는 계약경작제와 계약경영제가 사회주의적 생산책임제에 해당하며 그것이 1953년 토지합작화 이전의 사유제적 경제 형태와는 근본적으로 다르다는 점을 천명하였다. 실험적으로 실시되던 계약경영제 방식은 1983년의 정책적 결정을 계기로 전국적으로 확산, 시행되었다. 또한 1978년에 1년 그리고 그 이듬해에 3년 기한으로 설정되었던 토지도급 기간은 1984년의 문건을 통해 15년으로 연장되었다. 1986년의 문건은 한 걸음 더 나아가 토지 사용권을 경작 능력이 있는 농가의 수중에 집중시켜서 적절한 규모의 전업농가를

---

5) 박인성, 「중국토지제도의 정치적 배경과 추진과정」, 『국토』, 6월호, 2010, 114~122쪽; 竇開龍・李興江, 「我國農地産權制度問題研究回顧與綜述」, 『湖州師範學院學報』, 1期, 2000, 70~74쪽.

6) '5개의 1호 문건'은 중국공산당 중앙위원회가 1982년부터 1986년까지 매년 최초로 하달한 정책 통지를 지칭하는 것으로 그 문건은 다음과 같다. 「全國農村工作會議紀要」(1982. 1. 1), 「當前農村經濟政策的若干問題」(1983. 1. 2), 「關于1984年農村工作的通知」(1984. 1. 1), 「關于進一步活躍農村經濟的十項政策」(1985. 1. 1), 「關于1986年農村工作的部署」(1986. 1. 1).

육성해야 할 필요성을 지적하고 있다. 즉 1986년에 이르면, 농업생산성을 제고하기 위해서는 이른바 '규모경영(規模經營)', 즉 규모의 경제에 입각하여 생산성 향상을 추구하는 영농을 장려해야 하며, 이를 위해서 개별농가들에게 분산되어 있는 토지경영권을 경영능력이 있는 농가의 수중에 집중시켜야 한다는 입장으로 당과 중앙정부의 토지정책이 선회하기 시작한 것이다. 이러한 정책적 변화는 농촌 토지의 단순 집체 소유 모델에서 집체소유권과 농가경영권이 현실적으로 분리되는 계기로 작용하였다.

농촌에서는 집체소유권과 농가경영권이 그리고 도시에서는 국가소유권과 개인 사용권이 점점 뚜렷하게 분화됨에 따라, 중앙정부는 토지 관리를 체계화하기 위해 1986년에 「토지관리법」을 제정하고 동시에 전국적으로 토지등록사업을 전개하였다. 농촌 토지의 경우, 1978년 이전의 3급소유제를 골간으로 각급 단위 농촌집체의 토지소유권을 확정하였는데, 1986년 「토지관리법」 제8조 제1항과 1986년 「민법통칙」 제74조 2항은 공통적으로 "집체 소유 토지는 법률에 의거하여 촌농민집체가 소유하며 촌집체경제조직 또는 촌민위원회가 경영, 관리한다"고 명시하고 있다.[7] 이와 함께 1988년에 개정된 「토지관리

---

7) 일부 학자들에 따르면, 이러한 법률적 규정에도 불구하고 농민집체의 법적 소유권을 누가 대표하는지는 여전히 모호한 채로 남아 있다. 관련 법률에 의하면, 향/진 집체경제조직, 촌민위원회 그리고 촌민소조에게는 오직 경영권과 관리권이 부여되는 반면에, 농민집체 또는 집체경제조직에게는 토지소유권이 부여된다고 규정하고 있지만 그 어떠한 법률도 농민집체와 집체경제조직에 대해서는 명확하게 규정하지 않고 있다는 것이다. 즉 이전의 인민공사, 생산대대, 생산대는 각각 향(진)정부, 행정촌, 그리고 자연촌 또는 촌민소조로 개편되었지만, 이전 생산대에게 귀속되었던 토지의 소유권이 그 계승 단위라 할 수 있는 자연촌 및 촌민소조에게도 부여되는지에 대해서는 별도의 규정이 없어서 그 집체단위들은 토지소유 등록을 할 수 없는 상태로 남겨져 있다는 것이다. Ho는 이를 '의도적인 제도적 모호성(deliberate institutional ambiguity)'이라고 부르는데, 이는 차후에 전국 150만여 개에 달하는 자연촌과 수많은 촌민소조가 소유권을 주장할 수 있는 법적 근거를 미연에 차단하고 동시에 농촌 토지 소유의 단위를 좀 더 상향하고자 하는 국가의 의도에서 비롯된 것이라고 주장하고 있다. 집체소유권의 모호성에 대한 논의는 조동제, 「중국토지소유권의 법률제도에 대한 고찰」, 『동아법학』, 44, 2009, 329~334쪽; Ho, 전게서(2005), 제1장을 참고할 것.

법」은 법률에 의거하여 토지사용권을 유상으로 재양도[轉讓]할 수 있다고 규정함으로써, 1986년 1호 문건에서 언급된 바 있는 농지 도급 경영권의 유동에 의해 토지 집중화를 실현할 수 있는 법적 근거가 마련되었다.[8]

1993년 국무원은 이른바 '11호 문건'을 통해, 1984년에 15년으로 연장된 토지 도급기간을 계약 기간 완료 후 다시 30년 연장한다는 정책을 공포하였다.[9] 아울러 이 문건에서는 토지조정을 최소화함으로써 토지 파편화를 방지할 목적으로, 1987년부터 귀주성에서 시범적으로 운영되던 도급토지면적 증감 불가의 원칙(增人不增地, 減人不減地)을 확정하였다. 또한 적절한 방식을 통해 규모 경영을 추구할 것과 농민의 자발적인 의사에 의해 토지사용권 이전[流轉]을 추진할 것을 강조하고 있다. 중앙 및 지방 정부의 홍보 부족으로 이 문건의 내용이 농민들에게 제대로 전달되지 않아 문서상의 정책일 뿐이라는 평가도 있지만,[10] 이 결정 사항은 이후에 전개된 농지 관련 정책의 핵심적인 기조를 이루고 있다.[11]

1980년대 중반부터 1990년대 후반까지는 이렇듯 규모 경영을 추구하는 문제와 농민의 토지사용권을 보장, 강화하는 문제가 주된 정책적 관심사였으며, 이 시기의 일련의 정책 결정과정에서 토지사용권의 유상 이전 기제가 두 과제를 동시에 충족시킬 수 있는 제도적 장치로

---

8) 토지 유상사용에 관한 이러한 규정은 1988년의 수정 「헌법」에서 재차 확인되는데, 제2조와 제10조는 국유 토지와 집체 소유 토지에 대한 사용권을 법률에 의거하여 재양도[轉讓]할 수 있다고 명시하고 있다.

9) 國務院, 「關于當前農業和農村經濟發展的若干政策措施」(中發[1993]11號).

10) K. Zhu and R. Prosterman, "Securing Land Rights for Chinese Farmers", Research Report. Washington D.C.: The CATO Institute, 2007, p.4.

11) 같은 맥락에서 1995년 국무원은 농촌 토지의 집체 소유 원칙과 농민의 자발적 동의에 의한 사용권 이전. 그리고 이전과정에서의 농지용도 변경불가 방침 등을 재확인했다(國務院, 「批轉農業部關于稳定和完善土地承包關係意見的通知」(國發[1995]7號)).

서 주목을 받기 시작했다. 이러한 정책적 변화에 상응하여 농가생산 도급제에 대한 다양한 평가와 함께, 집체소유제의 틀 안에서 시도할 수 있는 각종 대안적 농지제도에 대한 논의가 활발하게 이루어지고 있다. 또한 중앙정부의 장려에도 불구하고 동남부 연안의 발달된 농촌지구와 대도시 근교를 제외한 대부분의 지역에서 농지사용권 유상 이전 방식의 시행이 정체됨에 따라, 사용권 이전의 제약요소와 그 확대방안에 대한 논의가 중요한 관심사로 대두되었다.

1998년 「토지관리법」의 제2차 개정을 기점으로 중앙정부는 토지사용권 이전 및 토지 징수 과정에서 생겨나는 문제점들을 해결하고 토지권리에 대한 농민들의 불안과 불만을 해결하기 위해 보다 적극적인 조치를 취하기 시작했다. 거의 유명무실했던 30년 농지 도급 방침은 1998년 개정 「토지관리법」 제14조에 확실히 명시됨으로써 비로소 그 법률적 근거를 확보했다. 또한 이 법은 지방정부로 하여금 개별 농가의 농지도급관계를 문서화된 형태로 기록하게 하고 또한 농민들의 토지도급경영권을 증빙하고 보호할 수 있는 증서 발급체계를 마련하도록 요구하고 있다. 이는 중앙정부의 농지 정책이 농민의 토지에 대한 권리를 안정화하고 이를 바탕으로 농지사용권 이전을 확대, 가속화하여 규모 경영을 추구하는 방향으로 가닥을 잡았음을 의미하는 것이다.

2002년 8월 29일 제29차 전국인대 상임위원회에서 채택되고 2003년 3월 1일자로 전국적으로 시행된 「농촌토지승포법」은 집체의 토지소유권과 농민의 토지사용권 관계를 보다 세부적으로 규정하고 있다. 이 법에서는 사용권 이전 과정에서 비(非)집체구성원의 개입을 엄격하게 금지하고 있으며, 지방정부의 토지 징수 및 농민들의 사용권 이전 과정에서 농지의 용도가 무단으로 변경되는 것을 방지하기 위해서 용도 변경 관련 위반 사항에 대해 법률적 처벌의 근거를 제공하고 있다. 2004년에 제3차로 개정된 「토지관리법」 역시 지방정부의 토지 징수 및 징발 범위를 새로이 명확하게 한정하고 있다. 이는 행정적인 방식에 의한 토지 재조정 및 강제적 이전으로 인해 발생하는 사회적 갈등과 대량의 농경지가 유실되는 문제를 해결하고자 하는 국가의 의지가 반영된 것으로 볼 수 있다.

최근의 중요한 정책적 변화는 무엇보다도 2006년 1월 1일자로 「농업세조례」를 폐지함과 동시에 농업세 자체를 폐지하고 농민들의 간접 부담금 징수를 금지시킨 조치를 들 수 있다.[12] 이는, 이 조치의 실제적인 경제적 효과보다는, 농민 부담을 경감하고 빈곤 문제를 해결하고자 하는 국가의 정책적 의지를 상징적인 방식으로 보여 준 것이라는 점에서 그 정치적 의미가 크다고 할 수 있다. 아울러 2007년 3월에 채택된 「물권법」은 토지 사용권의 법적 성질에 중요한 변화를 가져온 계기가 되었다. 농민들의 토지도급경영권이 이전의 다른 법률에서는 계약에 의해 효력이 발생하는 대인(對人)적 권리로서 규정되었던 것과는 달리, 「물권법」에서는 절대적인 재산권의 속성을 지닌 대세권(對世權 rights *in rem*)으로 규정되고 있다. 물론 모든 형태의 재산권이 '사회주의' 중국의 「헌법」이 허용하는 범위 내에서 보호를 받는다는 점에서 그 권리의 실체와 범위에 관한 논쟁의 여지는 여전히 남아 있지만,[13] 이는 개별 농가의 농지에 대한 권리 그 자체가 일종의

---

12) 2000년부터 안휘성을 시범지역으로 선정하여 농업세 감면과 '삼제오통(三提五統)'과 같은 간접세 및 농민의 노동동원 부담을 감소하는 정책을 실험해 오던 중앙정부는 2006년 1월 1일자로 「농업세조례」를 폐지함과 동시에 농업세 자체를 공식적으로 폐기했다.

13) 丁鎣鎭·金柱, 「중국 물권법상 토지소유권에 대한 고찰」, 『법학논총』, 27권 2호, 2007, 303~307쪽.

재산으로 인정됨에 따라 저당(抵押)과 같은 부가적인 권리가 파생될 수 있는 여지가 마련되었다는 점과 이에 따라 더욱 엄격한 법률적 보호를 받게 되었다는 점에서 상당히 의미 있는 전환이라 할 수 있다.

이와 함께 2008년 중국공산당 제17기 3중전회에서 통과된 농촌개혁에 대한 결정 또한 주목할 만하다. 이 결정문은 규모 경영을 촉진하고 농민 수입 증대를 위해 농지 사용권 이전을 적극적으로 권장하는 한편 사용권 이전이 행정적 방식이 아닌 시장기제에 따라 이루어질 수 있도록 필요한 조치를 취할 것을 지시하고 있다.[14] 이러한 결정 사항은 2010년 1호 문건에 의해 좀 더 구체화되는데, 여기서는 농지 이전에 관한 시장기제 수립의 제도적 여건을 조성하기 위해 모든 도급지의 등록을 의무화하는 한편, 3년 이내에 집체의 토지소유 등록을 마무리하겠다는 계획을 천명하고 있다.[15]

이상 간략하게 살펴본 바와 같이 이원적 권리체계와 농가생산도급제를 근간으로 하고 있는 농지제도는 도급경작과 도급경영과 같은 집체토지 운용방식에서 출발하여 이제는 토지도급경영권 자체를 시장의 원리에 따라 권리-상품으로 취급하고자 제도로 그 성격이 변화해 왔다. 이 과정은 국가의 농지 정책 변화의 견지에서 다음 세 단계로 요약된다. ① 1978년~1985년의 농가생산도급제 확립 시기, ② 1986년~1997년의 대안적 모델 탐색 및 사용권 이전 기제 형성기, ③ 1998년~현재에 이르는 사용권 이전 기제의 확장기이다. 이하에서는 1980년대 후반 이래의 농가생산도급제에 대한 평가와 대안적 제도를 간

---

14) 2008년 中共中央「關于推進農村改革發展若干重大問題的決定」; 이종화, 「17기 3중전회에 나타난 중국 삼농(三農)개혁의 변화와 의미」, 『사회과학연구』, 17집 2호, 2009, 167~192쪽.

15) 20120 中共中央·國務院, 「關于加大統籌城鄉發展力度進一步夯實農業農村發展基礎的若干意見」.

단히 검토하고, 1990년대 후반 이래 농지사용권 이전을 촉진할 수 있는 시장 기제가 형성된 과정을 살펴볼 것이다.

Ⅲ. 농가생산도급제에 대한 평가와 대안적 모델

1. 농가생산도급제의 모순과 한계

　농가생산도급제[家庭聯産承包責任制]는 토지소유권과 경영권/사용권 분리를 전제로 토지소유권자인 집체가 계약을 통해 농민에게 토지도급경영권을 부여하여 토지자원을 활용하는 중국 특유의 제도다. 대부분의 논자들은 이 제도가 신중국 수립 이후 가장 효율적인 토지제도라는 데 의견을 같이한다. 농가도급제 정착 시기인 1979년~1984년 기간 동안 농민의 평균 총수입은 매년 11%씩 증가했는데, 이는 최근 30여 년 동안 전 세계적으로 가장 성공적인 사례에 해당되며 이러한 점에서 이 제도는 매우 효율적인 농지제도이자 빈곤 감축 프로그램으로 평가된다.[16] 이 제도는 또한 그 사회보장적 기능으로 인해 농촌사회의 안정에 기여했으며, 농민의 수익을 직접적으로 농지 경영의 효율 여부와 결합시킴으로써 농가의 생산 적극성을 유도하고 농업자원 배치의 효율성을 제고했다는 점에서도[17] 효율적인 제도로 평가된다. 또한 농가생산도급제는 제도경제학의 시각에서도 그 효율성이

---

16) M. Ravallion & S. Chen, "Understanding China's(Uneven) Progress against Poverty", World Bank Policy Research Working Paper No.3408, 2004, pp.10~11; 21.

17) 陳华林, 「論土地所有制的演變對我國社會的影響」, 『江漢論壇』, 8期, 2002, 37~41쪽.

높이 평가되는데, 경로의존성(path-dependency)에 따른 점진적 조정으로 제도 변화에 따른 비용을 최소화했으며 또한 재산권 분할을 통해 집체 시기의 '무임승차' 문제와 감독 문제를 상당 부분 해결했다는 점에서 그렇다.[18]

이러한 긍정적인 효과에도 불구하고, 농가생산도급제는 그 제도 자체의 내재적인 모순으로 인해 1980년대 중반부터는 부정적인 영향을 노정하게 되었다. 농가생산도급제의 모순은 짧은 도급기간, 토지 규모의 영세성, 그리고 재산권의 모호성이라는 측면에서 살펴볼 수 있다. 먼저 짧은 도급기간은 토지사용권에 대한 농민들의 불안한 심리를 조장하고 농민들의 토지 투자에 대한 의욕을 제한하였다. 이로 인해 농업 생산과 투자에 대한 장기적인 예상과 목표 설정이 불가능해지고 토지 등의 생산자원을 합리적으로 배치하는 것을 어렵게 만들었다.[19] 이는 장기적으로 농지 황폐화를 초래하는 간접적 요인으로 작용했다. 이 문제와 관련하여 정부는 1984년과 1993년에 도급기간을 각각 15년과 30년으로 연장하는 결정을 발표한 바 있으며, 2007년 시행된 「물권법」에서도 도급권의 연장을 언급하고 있지만 이와 관련된 구체적인 정책은 아직까지도 제시되지 않고 있다.

다음으로 토지도급경영권이 평등주의적 원칙에 입각하여 분배됨으로써 농가의 경작지 분산과 농지 경작규모의 영세화가 불가피하다는 점이다. 농촌 집체들은 농가들의 영농 능력이나 의지와 무관하게 개별 농가의 인구 구성과 분배 토지의 비옥도를 고려하여 토지사용

---

18) 張孝德, 『模式經濟學新探: 中國市場經濟模式的選擇與創新』(北京: 經濟管理出版社, 2001); 張永麗·柳建平, 「中國農地制度演變的績效評析」, 『西北師範大學學報』, 7期, 2002, 102~105쪽.

19) 駱友生·張紅宇, 「家庭承包責任制後的農地制度創新經濟研究」, 『經濟研究』, 1期, 1995, 69~80쪽.

권을 분배했기 때문에 분배되는 토지규모는 소규모일 수밖에 없었다. 또한 집체 구성원들에게 등질의 비옥도를 지닌 토지를 균등하게 분배하다 보니 경작 필지가 여러 곳으로 분산되게 되었다. 실제로 1986년 농가당 평균토지경영 면적은 9.2무(畝), 필지는 8.99개, 필지당 평균 면적은 1.02무에 불과할 정도로 영농 규모가 영세하였는데,[20] 1996년의 조사에서는 각각 8.35무, 9.7필지, 0.86무로,[21] 그리고 2003년의 조사에서는 각각 7.517무, 5.722필지, 1.314무로[22] 집계돼 토지 파편화와 영농 영세화의 추세가 지속되고 있음을 알 수 있다. 균전주의적 원칙에 따른 '5년 대조정, 3년 소조정'을 골간으로 하는 토지 재조정 정책[23]이 토지 파편화를 가속화시키고 있으며 규모영농과 영농 현대화의 장애요인이라는 견해도 있다.[24]

모호한 재산권 역시 많은 학자들이 지적하는 농기생산도급제의 모순이다. 집체 소유는 일반적으로는 집체 단위에 의한 소유, 즉 총유(總有)로 이해된다.[25] 개별 농민들은 특정 집체에 소속되어 토지도급 경작권을 부여받지만, 총유(總有)적 성격의 소유제하에서는 개별 농

---

20) 國務院發展研究中心(1992), 문순철, 「1980년대 후반 이후 중국 농촌 토지제도의 변화」, 『대한지리학회지』, 31권 3호, 1996, 559쪽에서 재인용.

21) 冷崇總, 「試論農村土地使用權流轉」, 『上海農業經濟』, 4期, 1999, 21쪽.

22) 李功奎・鐘甫寧, 「農地細細碎化, 勞動力利用與農民收入−基于江苏省經濟欠發达地區的實證研究」, 『中國農村經濟』, 4期, 2006, 42쪽.

23) 인구 증감, 토지 징수 및 자연재해로 인한 경지 유실 등이 토지 재조정의 주된 원인이다. 대조정은 농촌집체가 집체토지 면적의 변동에 상응하여 보통 5년에 한 번씩 모든 토지를 농민들로부터 회수한 후에 재분배하는 것을 말하며, 소조정은 출생, 사망, 혼인 등에 의해 농가의 인구 구성이 변함에 따라 3년에 한 번씩 부분적으로 개별 농가의 도급토지 면적을 조정하는 것을 가리킨다. 정부는 1993년의 '11호 문건'에서 "增人不增地, 减人不减地" 원칙을 명시하여 토지 조정의 빈도를 줄이려고 시도하였으나 농민들로부터 큰 호응을 얻지 못했다. 토지 조정 정책에 대한 농민들의 반응에 대해서는 이양호, 「중국 농촌토지제도의 변혁과 농민, 1978~1997」, 『한국정치학회보』, 32집 3호, 1997, 259~261쪽 참고.

24) 宇兵, 「捌十年農地制度變革論」, 『經濟體制改革』, 4期, 2002, 96~99쪽.

25) 溫世揚, 「集體所有土地諸物態形態剖析」, 『法制與社會發展』, 2期, 1999, 39~43쪽.

민이 토지와 관련하여 실제로 행사할 수 있는 권한은 지극히 제한적이다. 게다가 앞서 소개한 P. Ho의 지적대로, 토지소유권자인 집체의 범위와 성격 등이 그 어떤 법률에도 명확하게 규정되어 있지 않은 상황에서는(각주 7 참고), 토지를 둘러싼 재산권 관계에 지방정부의 행정적 개입이 불가피하기 때문에 토지에 대한 농민들의 권리는 더욱더 제한적일 수밖에 없다.26)

2. 대안적 농지제도 모델

1980년대 후반 승포제의 한계와 부작용이 보다 명확하게 가시화됨에 따라 승포제를 보완하거나 대체할 새로운 모델들에 대한 정책적 실험과 연구가 진행되었다. 현행 승포제와 관련된 근원적인 문제라 소유제 자체를 변경해야 한다는 주장이 있는가 하면, 집체 소유의 원칙하에 시장 기제를 보충하거나 농민의 사용권을 강화해야 한다는 주장들이 제도적 모델의 형태로 제기되었다. 이러한 대안적 주장들을 토지 소유제를 기준으로 구분할 때 크게 국유화 모델과 사유화 모델, 그리고 집체소유제의 개선을 지향하는 여러 형태의 모델로 나누어 볼 수 있다.

(1) 국유화 모델

일군의 학자들은 '토지국유화'가 사회주의 제도의 현실적 요구사

---

26) 이러한 모순은 2007년 「물권법」의 시행과 함께 농지도급경영권에 채권 또는 재산권의 성질이 부여됨에 따라 부분적으로 시정되었다. 그러나 농지사용권은 도시 토지사용권과 달리, 여전히 저당 등의 권리를 행사할 수 없기 때문이 여전히 제한적이며 개선의 여지가 남아 있다.

항이며 도시 지역에서의 국유토지 정책이 성공적으로 진행되고 있다는 점을 들어 농지 국유화가 충분히 실행 가능한 정책이라고 주장한다.[27] 이 주장에 의하면 농지에 대한 반영구적인 사용권을 부여하고 그에 대한 사용 비용을 징수함으로써 현행 집체토지소유권의 모호함을 극복함은 물론 국가의 소유권 독점에 의한 폐해도 막을 수 있다는 것이다. 그 명료한 논리에도 불구하고 국유화 모델론은 상대적으로 소수에 그치고 있는데, 왜냐하면 시장경제체제가 사회 깊숙이 뿌리내리고 있는 상황에서 국유화에 따른 비용이 그 효과를 초과하는 게 자명해 보이기 때문이다. 즉 만일 토지매입방식으로 국유화를 추진한다면 국가가 전체 농지를 매입할 만한 재정을 확보할 수 없으며, 만일 무상박탈의 방식으로 국유화한다면 사회가 커다란 소용돌이에 휩싸이게 될 것이다. 아울러 국유화에 따라 재산권의 경계를 다시 설정하는 것 역시 제도 변화에 따른 막대한 사회적 비용을 요구하게 될 것이므로,[28] 가까운 미래에 농지 국유화가 실현될 가능성은 극히 희박하다 하겠다.

(2) 사유화 모델

일부 학자들은 토지소유권을 농민에게 귀속시킴으로써 경자유전의 이상을 실현하고 이를 통해 생산효율성을 극대화해야 한다고 주장한다.[29] 이들은 일반적으로 생산요소의 재산권을 확정하는 것이

---

27) 朱暉, 「我國農村土地所有權制度反思」, 『中央政法管理干部學院學報』, 1期, 1998, 29~31쪽.

28) 雷玉德, 「淺析我國農村土地的所有權主體」, 『無錫輕工大學學報』, 2期, 2001, 32~35쪽.

29) 秦暉, 「中國農村土地制度與農民權利保障」, 『探索與爭鳴』, 7期, 2002, 15~18쪽.

상품시장경제 발전의 전제로 작용한다는 '코즈(Coase)의 정리'에 기대고 있다. 이 모델에 따르면 농민들의 토지소유권이 확립되면 토지의 시장 유전이 활성화되고 보다 효율적인 규모 경영이 촉진될 수 있다. 또한 토지의 자산가치가 제고되어 농민들이 자산성 소득을 창출할 수 있으며 이에 따라 농민의 생활이 훨씬 안정될 것이라고 주장한다. 이러한 장점에도 불구하고, 토지사유화론에 대한 반론은 매우 강경하다. 무엇보다도 대부분의 농민들이 농지사유화를 원하지 않으며, 사회주의적 공유 이념과 직접적으로 충돌하게 되고 토지 독점화 경향으로 인한 각종 사회문제가 야기될 것이라는 것이다.[30] 즉 토지사유화 실시로 토지 집중화가 가속화되면 소유권 변동이 더 어려워지고 지주와 소작인이 재등장하는 방식으로 토지관계가 재편될 가능성이 농후하며, 이에 따라 농촌의 빈부격차가 더 심해질 것이라는 비판이다.[31]

(3) 양전제(兩田制)

이론적 주장을 바탕으로 한 이러한 개혁 모델과 달리, 대다수의 모델들은 현행 집체 소유를 골간으로 하여 부분적인 변형과 보완을 가하는 대안들을 모색하고 있다. 그 대표적인 방안이 1980년대 후반부터 전국에 걸쳐 실험적으로 실시된 '양전제(兩田制)'다.[32] 양전제는 농지를 두 종류로 나누어서 토지이용과 유전 방식을 달리하여 토지의 합리적 이용을 도모하려는 제도로서,[33] 기본적인 발상은 농민에

---

30) 李昌平, 「愼言農村土地私有化」, 『讀書』, 6期, 2003, 93~98쪽.

31) 趙小軍, 「對土地私有化之批判—兼論農村土地的社會保障功能」, 『河北法學』, 1期, 2007, 91~96쪽.

32) 高宏, 楊毅超, 張雲春, 「兩田制拾年實踐的回顧」, 『中國農墾』, 1期, 1997, 8~9쪽; 陳平, 「由'兩田制'過渡到家庭農場體制是我國農村改革發展的必由之路」, 『華中農業大學學報(社會科學版)』, 3期, 2002, 14~17쪽.

대한 토지의 사회보장 기능과 토지 집중화에 의한 생산성 향상이라
는 목적을 토지 종류의 구분을 통해 동시에 실현하고자 하는 것이다.
이 방식은 사회보장성 기능의 일부 토지를 확정하여 농가의 기본생
활을 보호하는 데 상당한 기여를 한 것처럼 보이지만, 다른 관점에서
보면 농민의 승포지 회수를 전제로 강제적인 방식으로 규모 경영을
추진하는 방식이라는 점에서 농민의 부담과 손해를 가중시키는 측면
또한 존재한다. 양전제의 이러한 이중적인 성격 때문에 토지 집중 및
농민생활권 보호라는 관점에서 일시적이고 지역적인 효과는 볼 수
있지만 기본적인 제도로 작용할 수는 없다는 게 일반적인 평가이
며,[34] 실제로 최근에는 점점 줄어들고 있는 추세다.[35]

(4) 농장제

농장제는 규모 경영을 강조하는 중앙정부의 정책에 부응하여 1980
년대 중반 비교적 이른 시기부터 실시된 모델로서, 토지집체소유제하
에서 세분화된 경지를 적절한 규모로 집중하여 집체농장이나 가정경
영농장의 형식으로 경작하는 방식을 일컫는다. 가정경영농장제는 개
별 농가들이 토지사용권 유상 이전을 통해 농지규모를 확대하고 독
립채산제 방식으로 이익과 손실을 책임지는 방식이다. 강소성과 절강

---

33) 여기서 양전(兩田)이란 인구에 따라 분배하는 구량전(口粮田)과 노동력에 따라 분배하는 책임전(責任田)/
경제전(經濟田)을 말하는데, 전자는 농촌인구에게 기본적인 생계 방식을 제공하는 일종의 사회보장 기능
을 담당하고, 후자는 농민들이 자발적인 의사에 기초하여 경쟁 및 입찰 등의 방식으로 영농지를 확보한
후 전업적으로 경작하는 데 사용되는 토지를 가리킨다. 위 용도의 토지 종류에 대한 명칭이 다양하고 또
한 삼전제(三田制)의 변형된 형태도 존재하는 등 그 실시 방식은 다양하다.

34) 楊鵬程, 「新型‘兩田制’破解家庭承包制産權缺陷的現實選擇」, 『農村經濟』, 5期, 2006, 10~13쪽.

35) 당중앙위와 국무원은 1997년 8월 29일에 하달한 통지문에서 양전제를 정리할 것을 권고한 바 있다. 中
共中央·國務院〈關于進一步穩定和完善農村土地承包關係的通知〉(中办發[1997]16号).

성 등과 같이 농민들이 비농업 부문에 취업할 수 있는 기회가 많고 지방정부가 농촌 산업화와 농업 현대화를 위해 토지사용권 이전을 적극적으로 장려한 지역에서 주로 채택되고 있다.[36] 이와 달리, 집체 농장제는 촌집체경제조직 등이 개별 농가의 농지를 회수한 후 집체 조직이 전문화된 농장을 직접 설립하거나 전문 경영업체에 의뢰하여 집중적으로 토지를 통합 경영하는 방식이다. 북경시 順義縣의 경우가 대표적인데,[37] 그 구성 방식에 있어서는 곧이어 살펴볼 주식합작제와 유사한 양상을 띠고 있다. 집체농장제는 농업생산성의 효율성에도 불구하고 규모 경영 실시를 위한 각종 제도 비용이 높다는 단점이 있다.

(5) 주식합작제[股份合作制]

주식합작제는 토지사용권을 주식의 형태로 개별 농가에게 분배함으로써 집체에 의한 토지의 통일적인 이용·개발을 도모하고자 하는 모델로서, 1980년대 후반 경제가 발달한 광동성 일부 지역에서부터 시행되었다.[38] 구체적인 작동 방식은 먼저 집체조직이 농가의 토지 사용권을 일괄적으로 회수하여 토지를 집중화한 후, 경매나 공개 입찰을 통해 토지를 전문적인 영농업체에 청부하고, 농민은 출자한 토지 사용권에 해당하는 정도의 주식을 보유한 채 그 수익을 누리는 것이다. 이 방식은 각각의 농민들이 물질적 실체로서의 토지와 달리 토지사용권을 주식으로 전환하여 사적으로 소유하고 있다는 점에서 집

---

36) 張杭, 「農場化: 苏南農業制度變革的選擇」, 『中國農村經濟』, 2期, 1995, 52~55쪽.

37) 駱友生・張紅宇, 전게논문, 1995.

38) 周振國・王江濤, 「廣東農村土地股份合作制的理論與實踐」, 『仲愷農業技術學院學報』, 1期, 1995, 5~10쪽.

체소유제와 사적소유제의 혼합 형태에 해당하는 것으로 간주되기도 한다.[39]

　주식합작제의 일차적인 효과는 무엇보다도 토지를 전문영농업체에 위탁함으로써 규모 경영 및 농산품 생산의 산업화를 가능케 한다는 점이다. 또한 이 모델하에서는 집체소유제를 유지하면서도 농민들이 토지에 대한 권리를 극대화할 수 있다는 장점이 있다. 일반적으로 이 모델에서는 위탁영농업체가 농업생산 과정에서 해당 지역 농민을 우선적으로 고용해야 하며 농민들은 주주로서 토지경영자를 선택하고 감독할 수 있는 권리를 지니도록 규정하기 때문이다. 이와 함께 농민들은 주식 지분에 대한 이익을 보장받으면서 동시에 농업노동자로 일하거나 또는 도시로 진출하여 비농업분야에 취업할 수 있기 때문에 농촌 잉여 노동력의 도시 이전을 촉진할 수 있는 효율적인 제도로서 간주된다.[40]

　그러나 주식합작제에 대한 기대와 실제 진행과정에는 상당한 괴리가 존재하며 이에 대한 평가도 양면적이다. 일군의 학자들은 토지사용권 주식이 임의로 양도 또는 매매될 수 없다는 점과 설령 양도가 허용된다 하더라도 토지소유권이 집체에 귀속되어 있는 상황에서는 그 주식의 시장가치가 거의 없다는 점을 지적한다.[41] 또한 주식합작화가 완료된 이후에는 농민의 개별 영농 가능성이 차단된다는 점에서 장기적으로는 이 제도가 농민들의 농지사용권을 침해하거나 박탈

---

39) 杜偉, 「我國農村集體土地股份合作制的實踐與評價」, 『西華師範大學學報』, 2期, 2006, 73~75쪽.

40) 姜愛林·陳海秋, 「農村土地股份合作制研究述評—主要做法, 成效, 問題與不足」, 『社會科學研究』, 3期, 2007, 46~52쪽; 羅士喜, 「我國農村土地制度創新的四種模式研究」, 『中州學刊』, 2期, 2008, 36~40쪽.

41) 王小映, 「土地股份合作制的經濟學分析」, 『中國農村觀察』, 6期, 2003, 32~40쪽.

할 가능성도 존재한다.[42] 이와 함께 주식제도의 특성상, 시장 위험이 크고 손실이 발생할 경우 농민들이 이를 부담해야 한다는 문제가 남는다. 따라서 주식합작제가 토지의 가치 증식을 그 주된 유인기제로 삼고 있고 또한 상당한 실행 비용이 소요된다는 점을 고려할 때 농산품 생산의 산업화 정도가 높고 비농업취업 기회가 확보된 조건하에서 효율적으로 작동할 수 있는 제도라 할 수 있다. 2007년 7월 「농민전업합작사법」의 시행에 따라 최근 전국적으로 수많은 합작사가 설립되고 있는데, 이들 합작사 운용의 성패 여부에 대해서는 좀 더 시일을 두고 주목해야 할 필요가 있다.

(6) 승조반포제

1990년대 후반에 등장한 승조반포(承租返包) 모델은 생산, 가공, 판매 과정을 수직적인 구조로 일체화한 경영 방식을 통해 토지사용권의 분산화와 토지규모경영 문제 간의 모순을 해결하고자 하는 방식으로, 작동 원리는 다음과 같다.[43] 특정 농산품 가공기업은 토지 도급 농가에게 일정한 대가를 지불하고 토지를 임차하여 그 토지를 정비하고 생산에 필요한 시설을 설치한 다음 다시 그 도급자에게 유상으로 임대해 준다. 기업과 개별 농가는 공식적인 계약을 통해 양방 간의 토지 임대 및 그와 관련된 의무 사항을 명시하는데, 농가는 회사가 요구하는 작물을 경작하고 쌍방이 정한 임대료를 지불하며 생산한 농작물 전부를 회사에 판매해야 할 의무를 지닌다. 반면 회사는

---

42) 宋志紅, 「土地承包經營權入股的法律性質辨析」, 『法學雜誌』, 5期, 2010, 9~13쪽.

43) 耿明齋, 「河南科迪食品集團土地承租返包模式研究」, 『中國農村經濟』, 7期, 2000, 31~35쪽.

개별 농가에게 작물 종자와 경작 기술 등을 제공하며 쌍방이 합의한 가격에 농작물을 구매해야 할 의무를 지닌다. 여기서 기업이 농민들로부터 구매하는 것은 최종 상품 생산을 위한 중간 상품, 즉 농산품 원료이지 농민의 노동력과 노동이 아니기 때문에 기업과 농민은 일종의 시장에서의 거래관계로 특징지어진다.

이 승조반포제도는 농작물 경작 과정을 기업생산경영의 순환체계에 포함시킴으로써 농산가공품의 품질을 향상시키고 농업 경영 규모를 확대할 수 있다는 점에서, 기업과 농가가 공생관계에 기반을 두어 공동이익을 추구하고 기업, 현지정부, 농가가 모두 혜택을 받을 수 있는 모델로 여겨진다. 실제 사례연구를 통해 분석된바, 이 모델은 비농업산업이 발전되고 내실 있는 기업이 토지 임대차의 주체가 되는 한에서 효율적으로 실행될 수 있다.[44] 비록 이 모델은 농업을 기업의 관리하에 두게 하고 농민을 일종의 노동자로 전환케 함으로써 기업 운영 논리에 따라 농업생산을 하게 되지만, 농민이 이 기업의 고용노동자가 아니기 때문에 기업과 농민 간의 관계가 명령-복종의 관계로 변질되지는 않을 것으로 기대된다.[45]

(7) 영구임대제[永佃制]

영구임대제 또는 영전제(永佃制)는 명·청대(明·淸代)에 폭넓게 실행되었던 영구소작제를 일컫는 것으로 토지소작권의 양도 및 상속을 허용하여 소작인들의 권리를 안정화하는 데 기여했다. 1980년대

---

44) 耿明齋, 전게논문, 2000.

45) 向國成, 「對'承租返包'方式的經濟學分析」, 『中國農村觀察』, 5期, 2002, 32~35쪽.

후반, 농지 국유화를 전제로 농민들에게 영구소작권과 같은 형태로 토지사용권을 부여하자는 주장이 제기되었으나,[46] 국유화의 실현불가능성으로 인해 별다른 반향을 불러일으키지 못했다. 그러나 2007년 시행된 「물권법」에서 토지도급경영권의 재계약 및 연장 방침을 천명하면서[47] 이 모델이 다시 주목을 받고 있다.

일군의 학자들은 토지경영권이 재산권으로 보호를 받을 수 있는 법적 근거가 마련된 이상, 향촌 공동체의 성원 자격을 다시 확정하고 영구적인 토지권리를 부여함으로써 경영권을 실질적인 자산으로 활용할 수 있는 토지자산화 모델을 실시해야 한다고 주장한다.[48] 즉 2020년대 후반으로 예정된 토지경영권 재계약 시 도급기간을 영구화하거나 최대한 연장하여 실질적인 의미에서의 영구적인 권리를 부여하자는 것인데, 이를 통해 토지에 대한 농민들의 불안감이나 단기적인 투자 행위들을 해소할 수 있음은 물론 토지도급권의 자산가치를 제고함으로써 장기적인 관점에서 농민 생활 안정과 농업 생산력 발전을 도모할 수 있다는 것이다. 도시 지역에서의 토지사용권 상업화와 안정화 정도를 고려할 때, 농지사용권에 대한 자산화 모델로서의 영구임대제에 대한 보다 활발한 논의가 뒤따를 것으로 사료된다.

---

46) 安希伋, 「論土地國有永佃制」, 『中國農村經濟』, 11期, 1988, 24~27쪽.

47) 「물권법」 제129조는 도급기간이 만료된 후에는 관련 규정에 의거하여 계약을 연장할 수 있다고 명시하고 있다. 사용권 만료 후 자동 갱신을 규정하고 있는 도시 토지사용권에 대한 규정(제149조)과 달리, 농지사용권에 대해서는 구체적인 재도급 기간이나 무기한 도급 방침에 대해서는 별다른 규정이 없다. 그럼에도 불구하고 대부분의 경우 도급기간이 20년이나 남아 있는 시점에서 재연장을 천명했다는 점은 주목할 만하다.

48) 郭熠·李富忠·張雲華, 「對我國土地承包經營權 "永佃權化"的几点思考」, 『生産力研究』 4期, 2009, 31~35쪽; 謝冬水, 「永佃制的結构 演化及對現實的啓示」, 『中國農業大學學報(社會科學版)』, 3期, 2010, 134~140쪽.

Ⅳ. 토지도급경영권 이전[流轉] 방식의 출현과 그 유형

1. 유상 이전[流轉]: 규모 경영과 생존권 보장의 절충 기제

지금까지 살펴본 정부 정책의 변화, 농가생산도급제에 대한 평가, 그리고 여러 형태의 대안적 모델 등에서 공통적으로 드러나는 관심사는 어떠한 방식으로 농민의 권익을 최대한 보장하면서 동시에 토지의 집중화를 통해 규모 경영을 실현하느냐 하는 것이다. 즉 사회주의적 평등의 원칙을 견지하면서도 동시에 토지자원의 효율적 이용을 통해 농업생산성을 제고할 수 있는 방안을 모색하는 것인데, 이는 1980년대 중반 이래 현재까지도 완전히 해결하지 못한 미완의 과제로 남아 있다.

많은 학자들은 토지파편화에 따른 영세 경영의 문제를 극복하고 농경지 방치 현상을 해결할 수 있는 구체적이고 효율적인 방침으로 토지도급경영권의 유상 이전을 들고 있다.[49] 중앙정부 역시 상당히 이른 시기에 경지 파편화와 경영 영세화에 대한 대응책으로 토지경영권 이전을 장려하기 시작했다. 농지사용권 이전에 관한 언급은 1986년 '1호 문건' 이후 주요 농지관련 통지와 결정문에 빠지지 않고 등장하는데, 시간이 지남에 따라 '유상으로'나 '농민의 자발적인 의사에 기초하여' 등 문구가 첨가되면서 그 실행방침에 대한 원칙도 점점 구체화되었다. 그러나 1998년 개정 「토지관리법」이 시행되기 전까지,

---

49) 冷崇總, 전게논문, 1999, 19∼22쪽; 管淸友·王亞峰, 「制度, 利益和談判能力農村土地'流轉'的政治經濟學」, 『上海經濟研究』, 1期, 2003, 28∼33쪽; 張丁·萬蕾, 「農戶土地承包經營權流轉的影響因素分析-基于2004年的15省(區)調査」, 『中國農村經濟』, 2期, 2007, 24∼34쪽.

좀 더 빠르게는 1993년의 '11호 문건'이 하달되기 이전까지 중앙정부는 농지사용권 이전 기제에 대해서 비교적 관망적인 입장을 취했던 것으로 보인다.

이러한 판단에는 몇 가지 근거가 있는데, 먼저 1998년 및 1993년의 법률적/정책적 결정을 통해 토지증감 불가 방침이 천명되기 전까지 토지파편화의 가장 주된 원인으로 지목되었던 토지조정 정책에 대해 별다른 조치를 취하지 않았다는 점이다. 이는 무엇보다도 농촌 지역에서 토지가 지니는 사회보장 장치로서의 기능과[50] 그 상징적 가치로 인해 토지조정 정책을 쉽사리 폐기할 수 없었기 때문이다. 다음으로 토지경영권의 유상 이전을 적극적으로 추진하기에는 1984년에 결정된 토지 도급기한 15년이 너무 짧았던 것도 한 원인이다. 짧은 도급기한으로 인해 토지경영권의 시장가치가 저평가될 수밖에 없는 상황에서 중앙정부는 무엇보다도 도급기간의 연장에 따른 정치적·경제적·사회적 파급력을 가늠할 시간이 필요했던 것으로 보인다. 아울러 영농 의사가 없는 농민들을 합법적으로 끌어들일 수 있는 향진기업 등 비농업부문의 발전이 전반적으로 더디고 지역에 따라 커다란 편차를 보였던 것 역시 경영권 이전 장려정책을 적극적으로 추진하지 못했던 이유의 하나로 작용했다.

경제 발달 지구에 국한되어 부분적으로 실행되었던 토지경영권 이전 장려 정책을 전국적으로 확대할 수 있는 여건이 조성된 것은 1990년대 전반 농업 외적인 환경 요인과 농촌 사정의 변화에 따른 것이라 볼 수 있다. 흔히 "离土不离鄕, 進厂不進城"이라는 말로 표현되듯이

---

50) 특히 빈곤지역에서 농가 생계수단으로서의 최후 보루로서 기능하는 토지의 사회보장적 측면은 '연명할 수 있게 해 주는 토지[保命田]', '비상시에 되돌아갈 수 있는 토지[退路田]'와 같은 말에서 잘 드러난다.

재도급금[轉包費]을 지불함으로써 경영권을 획득하게 된다. 이는 원(元)도급자가 개인적인 이유로 농업에 종사할 수 없거나 농업경영을 원하지 않지만 토지에 대한 권리는 포기하지 않고 계속 보유하고자 할 때 취하는 방식이다. 비농업 취업 기회가 확대되고 수입이 증가함에 따라 수입이 높은 농가가 저수입 농가에게 토지를 재도급하는 것이 일반적인 추세이며, 주강삼각주 일대와 강소성 남경(南京)시 일대의 농가들은 대부분 이 방식을 취하고 있다.

(2) 재양도[轉讓]

재양도[轉讓]는 농민이 도급받은 토지의 일부 혹은 전부에 대해 도급경영권을 포기하고 제3자에게 이전하는 행위로서, 원도급자의 토지에 대한 모든 권리 및 의무는 신(新)도급자에게 양도된다. 원도급자가 비농업 부문 등에서 충분한 수입원을 확보했거나 그 밖의 다른 이유로 인해 토지에 대한 권리/의무 관계를 완전히 청산하고자 할 때 (토지의 법적 소유자인 집체가 배제된) 2급 시장을 통해 토지권리를 이전하는 방식이며, 매각, 교환, 증여 등의 과정을 통해 발생한다. 새 도급자는 토지경영권 잔여기간의 범위 내에서만 법적으로 권리를 보호받을 수 있으며, 토지의 사용용도는 원도급자가 도급받을 당시의 용도로 제한된다. 재양도 과정에서 발생할 수도 있는 도급권 반환[退包] 역시 이전의 한 방식으로 간주되기도 한다. 이는 농민이 자발적으로 도급권을 포기하지만 이를 매입할 제3자가 존재하지 않는 경우 토지를 집체에 반납하는 행위를 말한다. 반환과 함께 원래의 도급관계가 종식되며 집체는 제3의 매입자를 찾아서 도급관계를 다시 수립한다.

(3) 반조도포(反租倒包)

반조도포는 비교적 최근에 출현한 방식으로서, 집체경제조직 등의 농촌집체가 개별 농가의 동의하에 토지의 부분 또는 전체에 대한 권리를 임시로 이양받은 후 제3자에게 다시 도급하는 행위를 가리킨다. 원도급관계는 변하지 않으며, 재도급자는 집체에 토지 도급금, 즉 사용료를 납부하지만 원도급계약에 의해 규정되어 있는 바의 권리와 의무를 승계하지는 않는다. 규모 경영을 위해 넓은 면적의 토지에 대한 재조정이 필요할 때 적합하며, 앞서 소개한 대안적 집체 소유 모델 중의 하나인 승조반포(承租返包)제하에서는 이 반조도포의 방식으로 토지를 집중화하게 된다.

(4) 주식화[入股]

주식화 또한 대표적인 이전 방식으로, 이는 앞 장에서 소개한 주식합작제를 실시하기 위해 토지를 집중화하는 방식이다. 도급토지에 대한 경영권을 주식의 형태로 환산하여 농민들이 투자와 경영 활동에 참여하는 것으로, 원토지도급관계에는 변함이 없다. 대규모 경영을 통한 농업의 산업화에 적합한 방식이며, 경영권을 주식화한 후에도 토지권리를 재산권의 형태로 유지할 수 있다는 장점이 있다. 그러나 앞서 지적한 대로, 주식으로 전환된 경영권에 대해 재산권을 행사할 수 있는 범위가 제한적이라는 점은 주식화 이전 방식의 보편화는 물론 주식합작제의 성공적인 운용을 위해서 조속히 해결되어야 할 과제로 남겨져 있다.

(5) 기타: 박매(拍賣), 호환(互換), 위탁경작[委托代種]

박매(拍賣) 방식은 토지경영권을 경매나 공개입찰 방식을 통해 일정기간 동안 이전하는 것이다. 집체가 박매의 주체가 되며, 집체조직이 도로, 하안, 저수지 등을 개척하거나 정비하는 데 유용한 방식이다. 이 외에도 개별 농민들이 상호 협상을 통해 각자 토지의 부분 또는 전체에 대한 사용권을 교환하는 호환(互換) 방식이 있다. 원래의 토지도급 관계는 변화가 없으며 토지 호환에 참여하는 쌍방은 원래의 도급계약을 통해 수립된 권리 및 의무 관계를 지속적으로 유지하게 된다. 전업 생산 및 규모 경영의 편의를 도모하기 위해 농가들이 자발적으로 조정하여 토지의 지리적 집중도를 높이는 효과가 있다. 위탁경작[委托代種] 또한 넓은 의미의 권리 이전 방식에 해당한다. 이것은 도급받은 토지를 타인에게 위탁하여 대신 경작하게 하는 행위로서, 쌍방이 협의에 의해 대리경작금을 결정하며 원토지도급관계에는 변함이 없다. 이 방식은 원도급자가 단기간 동안 토지 경작에 종사할 수 없으나 필요할 경우 언제든지 영농에 복귀하고자 할 때 주로 활용된다.

이러한 방식들은 중개인의 개입 여부에 따라 도급권자가 경영권을 직접 3자에게 이전하는 직접이전 방식과 중개인을 통해서 이전하는 간접이전 방식으로 구분하기도 한다.[58] 또한 사용권 이전 계약에 참여하는 주체 구성의 특징에 주목하여, '농가＋농가'형과 '농가＋집체경제조직＋기업'형으로도 구별할 수 있다. 재도급, 위탁경작, 호환 등

---

58) 鄒偉·吳群, 「基于交易成本分析的農用地內部流轉對策研究」, 『農村經濟』, 12期, 2006, 41~43쪽.

이 전자의 형태에 해당하고 경제가 상대적으로 낙후된 지역에서 주로 취해지는 반면에, 주식화, 반조도포 등과 같은 후자의 형태는 경제가 발달하여 비농업 부문에서의 수입창출 기회가 많은 지역에서 집중적으로 실시되고 있다.[59]

V. 토지도급경영권 이전[流轉] 활성화의 사회정치적 조건

토지경영권 이전 기제의 확산에 따른 사회경제적 효과에 대해서 대부분 논자들의 평가는 매우 긍정적이다.[60] 토지경작 의지와 경영 능력이 있는 농가의 수중에 토지가 집중되면 규모 경영을 실현할 수 있고 경지 이용 상황을 개선할 수 있으며 토질 개량의 측면에서도 유리하기 때문이다. 또한 각종 사회 유휴 및 여유 자금이 농업생산과 농촌 개발에 유입되도록 함으로써 농업의 산업화를 도모할 수 있다는 장점도 있다. 아울러 반농반공 및 반농반상의 겸업농가들이 점점 늘어나고 있는 상황에서, 이전은 농민들을 토지에 대한 속박으로부터 벗어나게 하며 농촌 유휴 노동력의 제2, 3차 산업부문으로의 이전을 용이하게 함으로써 농업과 비농업부문의 발전을 동시에 도모할 수 있는 제도적 장치로 여겨진다.

이러한 긍정적인 평가에도 불구하고, 농지 이전이 기대보다 더디게 진행되고 있는데, 이는 다음과 같은 이유에서다. 먼저 공급의 측면

59) 曹正勇, 「大城市郊區農地使用權流轉模式研究」, 『鄕鎭經濟』, 3期, 2008, 32~34쪽.

60) 上科望·李岩, 「建立和完善我國農地使用權流轉市場化制度的基本思考」, 『楊凌職業技術學院學報』, 3期, 2008, 17~21쪽; 姚洋, 『土地: 制度和農業發展』, 北京: 北京大學出版社, 2004; 鄭建華·羅从清, 「農村土地使用權流轉與農民增收」, 『農村經濟』, 5期, 2004, 15~17쪽.

에서 볼 때, 농민들의 자발적인 이전이 절대적으로 부족하다는 점이다.[61] 개별 농가가 직접 땅을 경작하지만 처분 권한이 없고 집체는 처분 권한은 있지만 경작하지 않는 상황에서, 농민들은 토지경영권을 취업과 기본 식량을 확보하고 최소한의 생계유지를 위한 사회 보장/보험의 형태로 인식하고 있다. 따라서 영농을 할 수 없거나 원하지 않는 농가라 할지라도 도급받은 토지를 포기하고자 하지 않는 경향이 지배적이다. 더욱이 절대다수의 경작인이 중년 및 노년층이고 교육수준이 낮아 비농업 취업이 제한되어 있는데다 사회보장체계도 역시 제대로 구비되어 있지 않기 때문에, 이전될 수 있는 토지의 공급이 구조적으로 제한되어 있다고 볼 수 있다. 수요의 측면에서 가장 주된 원인은 농산품 가격이 낮아서 농업 수익성이 현저히 떨어지기 때문에 높은 비용을 치르면서까지 토지를 임차할 시장경제 주체가 부족하다는 점이다. 이러한 낮은 농업 수익성 때문에 농촌 토지로의 자본 유입이 이루어지지 않고 다시 영세적인 조방식 영농이 지속되는 악순환의 구조가 형성되고 있다.[62]

낮은 농업 수익성으로 인해 토지경영권의 시장가격이 낮게 형성되기 때문에 농가가 이전을 통해 실질적인 경제적 이익을 취할 수 없다는 점도 중요한 이유다. 이는 특히 비농업취업 기회가 상대적으로 열려 있는 지역에 해당되는 사항이다. 이러한 지역에서는 경영권 이전으로 인해 오히려 경제적 손해를 보는 경우도 종종 발생하며, 이로 인해 토지권리를 무상으로 재도급하거나 심지어는 오히려 일정한 비

---

61) 傅晨・范永柏,「東莞市農村土地使用權流轉的現狀問題與建議」,『南方農村』, 2期, 2007, 44~47쪽.
62) 胡同澤・任涵,「農村土地流轉的主體阻碍因素分析」,『價格月刊』, 7期, 2007, 53~55쪽; 邢姝媛・張文秀・李启宇,「當前農地流轉中的制約因素分析」,『農村經濟』, 12期, 2004, 11~21쪽.

용을 지불하고 재도급을 의뢰하는 경우도 있다.[63] 이렇게 토지도급 경영권이 상품으로서의 기능을 제대로 발휘하지 못하는 상황에서는, 경영권 거래에 따른 거래 비용과 기회비용을 감안할 경우 이전에 따른 별다른 경제적 이익이 없기 때문에 농민들의 토지 이전에의 의지는 당연히 저하될 수밖에 없다.

토지이전시장과 중개 기구가 미비하다는 점 또한 주된 제약요인이다. 대부분의 지방에서는 해당 사구에 소속되지 않은 개인과 단체에게는 이전을 허용하지 않고 있는데, 이러한 폐쇄적인 자격 요건은 경영권 거래의 주체 범주를 협소화시켜 이전 시장의 확장과 발전을 저해하고 있다.[64] 이전 시장의 폐쇄성은 효율적인 정보 전달 기제의 결핍과 맞물려서 토지 이전에 대한 수요와 공급이 있음에도 불구하고 요구가 있음에도 정보의 결핍으로 인해 거래 비용을 높이는 경향이 있기 때문에 궁극적으로는 이전이 성사되지 못하게 되는 상황을 조장하기도 한다.[65]

아주 최근까지 정부의 체계적인 이전 정책의 미비로 이전 방식이 규범적이지 못하다는 점과,[66] 지방정부와 집체조직이 토지 이전 과정에서 지나치게 간섭한다는 점, 그리고 동시에 빈번한 토지 징용(徵用)/징수(徵收)[67] 등도 이전 시장의 발전을 가로막는 중요한 사회정치

---

63) 『南方周末』 2001년 6월 14일 기사 「新土地革命」 참조.

64) 肖文韜, 「農地流轉約束與农户兼業行爲」, 『武汉理工大學學報』, 6期, 2005, 143~149쪽.

65) 邢妹媛 외, 전게논문, 2004, 13~15쪽.

66) 傅晨·范永柏, 전게논문, 2007, 45~46쪽.

67) 징용(徵用)과 징수(徵收)는 국가가 공공이익의 요구에 따라 토지를 포함한 재산을 유·무상의 방식으로 강제 취득하는 행위로서, 2004년 이전까지는 징용으로 총칭되었다. 2004년 개정 「헌법」과 개정 「토지관리법」에서는, '징용'은 국가가 비상사태에 공공의 이익을 위해 부동산과 동산에 대한 사용권을 일시적으로 유/무상으로 취득하는 행위로, '징수'는 공공이익을 위해 집체 및 개인 소유의 부동산과 그 소유권을 무상으로 취득하는 행위로 구별하고 있다.

적 요소에 해당된다. 이 중 토지 징용/징수의 폐단은 정부의 토지 징용에 따른 보상과 이전에 따른 보상에 상당한 차이가 존재한다는 점에서 비롯된다. 지방정부는 저가 징용 방식으로 토지를 확보한 후 고가로 출양(出讓), 즉 유상 양도하는 방식을 활용하여 지방행정 집행과 추가 사업에 필요한 재원을 확충하는데, 심지어는 예산 외 수입의 80%를 토지의 유상 양도에 따른 수익에서 확보하고 있는 경우도 있었다.[68] 따라서 토지 이전 시장의 확대와 함께 지방정부에 의한 토지 징용 건수도 함께 증가하는 경향을 보이고 있는데, 전국 17개 성 1,962명의 농민을 대상으로 실시한 표본 조사에 따르면, 1996년에서 2005년 동안 조사 지역의 토지 징용 건수는 무려 15배나 증가했다.[69]

이러한 이윤추구 행위가 가능한 이유는 무엇보다도 지방 행정권이 공식적인 법률체계보다 우선적으로 작동하는 향촌사회의 사회-정치 관계 때문이라 할 수 있다. 현(縣)급 이상의 지방정부는 자체의 토지 사용계획에 따라 지역 경제 발전 등을 목표로 특정 토지를 징용할 수 있는 권한을 가지며 동시에 촌집체의 토지활용계획을 승인할 수 있는 위치에 있었다. 따라서 '공공의 이익을 위해서' 필요한 경우 특정 농지를 징용하여 건설 용지로 전환할 수 있으며 징용한 토지를 부동산 개발업체에 유상 양도할 수 있는 권한도 지니고 있다. 이러한 행정적 체계로 인해 지방정부와 집체 간부들은 이전 시장에서 토지경영권의 가치를 결정하고 농민들에게 보상금을 지급하는 과정에서 행정적 관리인이자 이전의 중개인이며 동시에 거래 당사자로 행동하는

---

68) 曲福田, 「世紀海峽兩岸土地利用策略」, 『中國土地科學』, 11期, 2001, 17~19쪽.

69) Keliang Zhu et. al., "The Rural Land Question in China: Analysis and Recommendations Based on a Seventeen-province Survey", *Journal of International Law and Politics*, 38(4), 2006, pp.778~784.

모순적인 양상을 띠기도 한다.

농촌 집체 단위 역시 이전 시장을 통해 막대한 이윤을 확보할 수 있는데, 그중 하나의 방식이 예비토지[機動地][70]를 상품화하는 것이다. 집체조직들은 자체적인 활용과 처분이 가능한 예비토지의 면적을 무단으로 확대하거나 주택 및 건설 용지로 용도를 변경한 후 제3자에 유상으로 양도함으로써 상당한 수익을 올리기도 한다. 이러한 현상은 농민에게 배분되어야 할 토지가 비합법적인 방법으로 다른 용도로 전용되고 있음을 방증하는 것으로, 지방정부에 의한 임의 토지 징용과 함께 농촌 행정 부패문제의 대표적인 범주로 거론되어 왔다.

향촌간부들은 종종 정책상의 빈 공간과 지역 내 민간 계약상의 허점을 이용하여, 해당 집체토지에 대한 통제권을 강화하고 심지어는 입법적인 지위에 군림하여 토지조정 과정에서 행정권을 남용하기도 한다.[71] 이렇듯 지방정부는 다양한 행정적인 방법으로 경영권 이전 과정에 관여하여, 집체토지의 이전에 따른 수익의 일부를 착복한다. 따라서 향촌 간부들의 이러한 중심적인 위치와 역할 때문에, 지방 간부들의 사상이 보수적이면 경영권 이전 시장이 위축되거나 발전하지 못하고, 이전에 대해 적극적일 때는 월권을 하는 경우가 많으며, 방임적일 때는 이전과 관련된 지역 내 갈등을 조정하는 과정에서 권위를 상실하는 경우가 많다.[72]

---

70) 예비토지[機動地]는 농촌집체경제조직이 이후의 토지 조정을 위해 예비로 남겨 놓는 토지를 일컫는다. 중앙정부는 대안정, 소조정의 원칙에 따라 부분적인 토지 조정은 농가들 간의 개별조정을 통해 진행되도록 유도하고 있으며, 모든 집체의 예비토지를 촌 소유 경작지의 5% 이내로 제한하고 있다. 그러나 향촌집체의 수익 증대를 위해 이 비율을 임의로 확대하고 그 일부를 유상으로 양도하는 경우가 빈번하다. 이를 통제하기 위해서 2003년 3월 1일부터 시행된 「農村土地承包法」에서는 그 이전까지 예비토지로 분류되지 않은 토지에 대해서는 새롭게 예비토지로 활용할 수 없도록 규정하고 있다.

71) 錢忠好, 「農地承包經營權市場流轉的困境與鄕村干部行爲」, 『中國農村觀察』, 2期, 2003, 10~13쪽; 劉洪彬·曲福田, 「關于農村集體建設用地流轉中存在的問題及原因分析」, 『農業經濟』, 2期, 2006, 39~41쪽.

지방정부는 법률과 정책적 결정에 대한 충분한 이해가 없는 지역 사회에서 토지관리의 전 과정을 통제하기 때문에, 지역경제 발전이라는 이름으로 일련의 법률과 정책적 결정을 자의적으로 적용할 수 있는 여지가 많다. 이러한 문제점들을 극복하고 농민들의 토지에 대한 권리를 보다 공고하게 하기 위해, 중앙정부는 1990년대 후반 이래 일련의 정책적 결정과 법률을 제정/개정해 오고 있다. 그러나 이러한 주요 정책과 법률적 규정이 지방 차원에서의 실제 실행과정에서 왜곡되거나 굴절되는 현상은 여전히 지속되고 있다.[73] 이러한 점에서 향촌정부가 '사회주의적 지주(socialist landlords)'라는 지적은[74] 여전히 적절한데, 이는 중국 농지제도 개혁의 당면 과제가 지방정부, 집체, 농민 간의 토지권리 관계를 행정적 방식이 아닌 시장원리에 입각하여 재실정하는 것이라는 점을 시사(示唆)하는 것이기도 하다.

Ⅵ. 맺음말

지금까지 개혁개방 이후 중국의 농지제도의 개혁과정과 특성을 토지도급경영권 이전[流轉] 기제의 형성과정을 중심으로 살펴보았다. 1980년대 후반 이후의 농지 관련 정책과 법률적 제/개편 내용은 집체

---

72) 胡同澤・任涵, 「農村土地流轉的主體阻碍因素分析及其對策」, 『價格月刊』, 7期, 2007, 53~55쪽.

73) 실제로 「農村土地承包法」에서는 토지소유자 즉 집체는 도급기간 동안에는 절대로 농민의 동의 없이 도급지를 반환받을 수 없다고 규정하고 있으나, 지방정부는 다양한 방식으로 이러한 정책과 방침을 회피해 오고 있다. Benjamin van Rooij, "The Return of the Landlord: Chinese Land Acquisition Conflicts as Illustrated by Peri-urban Kunming", *Journal of Legal Pluralism*, 55, 2007, pp.211~244.

74) Jean C. Oi, *State and Peasant in Contemporary China: The Political Economy of Village Government*, Berkeley: University of California Press, 1989, p.193.

소유제라는 틀을 유지하면서 농민들에게 최대한의 재산권을 보장하고자 하는 목표와 규모 경영을 통해 농업 생산력을 높이고자 하는 목표 사이에서 균형을 모색하는 과정의 산물이었다. 경영권 이전이라는 제도적 장치는 이러한 농지제도의 개혁과정에서 정책적 균형추와 같은 역할을 담당해 오고 있다. 즉 국가는 토지경영권의 유상 이전을 공식적으로 허용함으로써 농민들의 토지권리와 그로부터 파생될 수 있는 경제적 이익을 안정적으로 보장하고 동시에 토지자원을 효율적으로 활용할 수 있는 방안을 도모해 오고 있는 것이다.

부분적으로는 이러한 정책에 힘입어 토지경영권 이전율도 꾸준히 상승하고 있지만, 그럼에도 불구하고 그것의 지속적이고 순기능적인 활성화 여부와 실제적인 효과가 반드시 낙관적인 것만은 아니다. 이는 무엇보다도 지방정부, 집체조직, 농민, 농업 기업 등의 이해당사자들로 구성된 향촌 사회의 거버넌스 관계가 지방정부 우위로 편향되어 있다는 점과 관련되어 있다. 이로 인해 중앙정부의 기대와는 달리, 토지권리 이전이 농민의 자발적인 의사에 기초하지 않고 오히려 농민의 이익과 생존권을 위협할 수도 있는 상황이 조장되는 경우도 빈번하다.

삼농(三農) 문제 및 농지제도와 관련된 최근의 일련의 정책적 결정들은 당과 중앙정부가 이러한 상황을 개선하기 위한 해결책을 시장기제를 통한 권리 이전에서 찾고 있다는 점을 보여 주고 있다. 특히 2007년 「물권법」의 관련 조항을 통해 토지경영권을 권리-상품, 즉 재산권의 일종으로 규정한 것은, 그 제한적인 권리 범위에도 불구하고, 경영권 이전이 시장원리에 의해 추동될 수 있는 제도적 계기를 마련한 것이라고 볼 수 있다. 이러한 흐름은 중국공산당 17기 3중전회에서도 재승인되고 관련된 후속적인 조치가 모색, 시행되고 있다. 따라서 최근의 정책적 결정과 제도적 변화가 향촌 사회에서의 실천적 과정에서 관철되고 변용되는 양상에 주목하는 보다 경험적인 별도의 연구가 요구되는 시점이다.

전인갑 ─────────────────────────────────

서울대학교 동양사학과 졸업. 동 대학교 동양사학과 석사 및 박사. 현재 인천대학교 중국학과 교수로 재직 중이며, 인문학연구소 소장으로 있다. 주요 연구업적으로 『20세기초 상해인의 생활과 근대성』(공저, 2006), 『공자, 현대 중국을 가로지르다』(공저, 2006), 『중국역대 도시구조와 사회변화』(공저, 2003), 『20세기 전반기 상해사회의 지역주의와 노동자-전통과 근대의 중층적 이행』(공저, 2002), 「전통 중국의 권력엘리트 충원문화와 시스템」(2011), 「중국 관행 연구와 중국 연구의 재구성-試論的 接近」(2010), 「근·현대 중국의 대중매체와 '국가건설'」(2009), 「『學衡』의 문화보수주의와 '계몽' 비판」(2009), 「현대 중국의 지식 구조 변동과 '역사공정'」(2008), 「근현대사 속의 문화대혁명-수사(修史)의 당위와 한계」(2006), 「중국 근대기업과 전통적 상관행-합고관행, 지연망 그리고 사회자본」(2004), 「'우상'으로서의 근대, '수단'으로서의 근대: 중국의 근대성 재인식을 위한 방법론적 시론」(2004) 등이 있다.

김지환 ─────────────────────────────────

고려대학교 사학과 졸업. 동 대학교 사학과 석사 및 박사. 중국 복단대학교 역사학 박사. 일본 동경대학교 객원연구원, 고려대학교 평화연구소 연구교수·중국학연구소 연구교수·아세아문제연구소 HK연구교수를 역임하였다. 현재 인천대학교 인문학연구소 HK교수로 재직하고 있다. 주요 연구업적에는 『전후중국경제사』(2009), 『棉紡之戰』(2006), 『中國紡織建設公司研究』(2006), 『중국 국민정부의 공업정책』(2005) 등이 있다.

문명기 ─────────────────────────────────

서울대학교 동양사학과 졸업. 동 대학교 동양사학과 석사 및 박사. 인하대학교 한국학연구소 HK연구교수, 인천대학교 인문학연구소 HK연구교수, 한양대학교 비교역사문화연구소 HK연구교수를 역임했으며, 현재 국민대학교 국사학과 조교수로 재직하고 있다. 주요 연구업적으로는 『타자 인식과 상호 소통의 역사』(공저, 2011), 『식민지시대 대만은 발전했는가-쌀과 설탕의 상극, 1895~1945』(커즈밍 지음·문명기 옮김, 2008), 「1880년대 漢城開棧을 둘러싼 韓·中 갈등과 그 의미」(2011), 「미곡을 통해 본 청대 중국사회의 시대상-양가(糧價) 자료 정리 및 양가(糧價) 연구의 회고」(2011), 「청말 신강 건성(1884)과 재정-대만 건성(1885)과의 비교를 겸하여」(2011) 등이 있다.

박장배 ─────────────────────────────────

서강대학교 사학과 졸업. 동 대학교 동양사학과 석사 및 박사. 한국산업기술대학 평생교육원 전임연구원, 한신대학교 학술원 연구교수, 인천대학교 인문학연구소 HK연구교수를 역임하였고, 현재 동북아역사재단의 연구위원으로 있다. 주요 연구업적에는 『중국 동북연구-방법과 동향』(공저, 2010)과 『역대 중국의 판도 형성과 변강』(공저, 2008), 「제국 일본의 '다이쵸사부(大調査部)의 <중국농촌관행조사>의 조사 실태와 효과」(2011), 「중국 향촌조직 조사연구의 추세와 논점」(2011), 「'新中國'의 티베트 정책」(2008), 「淸末·民國時代 中國의 변경 지배와 동부 티베트[Khams]-西康省 창건 과정(1903~1939)을 중심으로-」(2001) 등이 있다.

송승석 ―――――

연세대학교 중문학과 졸업. 동 대학교 중문학 석사 및 박사. 현재 인천대학교 인문학연구소 HK 연구교수로 재직하고 있다. 주요 연구업적으로 『근대 중국의 곡물 유통 관행 자료집』(공저, 2010), 『동아시아의 오늘과 내일』(공저, 2009), 『제국주의와 민족주의를 넘어』(공저, 2009), 「'한 국화교' 연구의 현황과 미래-동아시아 구역 내 '한국화교' 연구를 중심으로」(2010), 「제국일본의 화공과 식민당국의 화공정책-식민지 조선과 타이완을 중심으로」(2009) 등이 있다.

송요후 ―――――

서울대학교 역사교육학과 졸업. 동 대학교 역사전공/교육학 석사. 동국대학교 사학과 문학박사. 네덜란드 Leiden 대학 IIAS(International Institute for Asian Studies) 연구원을 역임했으며, 현재 인천 대학교 인문학연구소 HK연구교수로 재직하고 있다. 주요 연구업적으로 「論 <血盆經> 在中國 的發展」(2011), 「江蘇省 南通 지역 一帶의 破血湖 儀式에 관하여」(2011), 「清 中期 福建 西北 山 間地域의 棚民과 老官齋敎 事件」(2009) 등이 있다.

장윤미 ―――――   .

연세대학교 중어중문학과 졸업. 한양대학교 중국학과 석사. 중국 북경대학교 정치학과 박사 (2003). 서강대학교 농아연+소 상임연구원, 한신대학교 학술원 연구교수, 인천대학교 인문학연 구소 HK연구교수를 역임했으며, 현재 성균관대학교 동아시아학술원 연구교수로 있다. 주요 연 구업적으로는 『체제전환의 중국정치』(공저, 2010), 「중국모델에 관한 담론 연구」(2011), 「세계금 융위기와 중국의 발전전략」(2011), 「新관상결합의 정치경제: 중국의 권력엘리트 동맹」(2010), 「 개혁 시기 중국 신노동계급의 형성과 지연망 노동관행의 부활」(2009) 등이 있으며, 옮긴 책으로 는 『문화대혁명, 또 다른 기억: 어느 조반파 노동자의 문혁 10년』(2008)이 있다.

장정아 ―――――

서울대학교 인류학과 졸업. 동 대학교 인류학과 석사 및 박사. 현재 인천대학교 중국학과 교수로 재직하고 있다. 주요 연구업적으로 『아시아 인권의 현장담론』(공저, 2006), 『종족과 민족: 그 단 일과 보편의 신화를 넘어서』(공저, 2005), 『동북아 여성문화유산 네트워크 구축에 관한 연구』(공 저, 2005), 「중국 지식엘리트의 충원문화와 메커니즘」(2011), 「중국 관행연구와 중국연구의 재구 성: 시론적 접근」(공저, 2010), 「'민간문화유산'에서 '위대한 중국의 문화유산'으로」(2008), 「우리 의 기억, 우리의 도시: 집단기억과 홍콩 정체성」(2008), 「홍콩의 법치와 식민주의: 식민과 토착 의 뒤틀림」(2005), 「중국본토인의 시기별 홍콩이주와 그 특징」(2005), 「타자의 의미: '홍콩인' 정 체성을 둘러싼 싸움」(2003) 등이 있다.

장호준

서울대학교 인류학과 졸업. 동 대학교 인류학과 석사. 컬럼비아대학교 인류학 박사. 현재 인천대학교 인문학연구소 HK연구교수로 재직하고 있다. 주요 연구업적으로 「중국의 비공식경제론과 그 사회정치적 함의」(2011), 「개혁개방 이후 중국의 농촌 토지제도 개혁: 토지도급경영권 이전(流轉) 기제의 형성을 중심으로」(2011), 「현대성의 공간적 재현: 중국 중관촌의 역사와 상징의 재구성」(2011), 「중관촌 모델과 비공식 신용거래 관행」(2011), "Markets Hidden on Thoroughfares: The Social Construction of Economic Informality/Illegality in Beijing's Zhongguancun, China"(2009) 등이 있다.

허혜윤

연세대학교 사학과 졸업. 동 대학교 사학과 석사. 중국인민대학 청사연구소 역사학 박사. 현재 인천대학교 인문학연구소 HK연구교수로 재직하고 있다. 주요 연구업적으로는 「청대 토지전매(典賣)관행과 분쟁」(2011), 「청사공정의 배경과 현황」(2009) 등이 있다.

중국관행연구의
이론과 재구성

초판인쇄 | 2012년 5월 15일
초판발행 | 2012년 5월 15일

지 은 이 | 전인갑, 김지환, 문명기, 박장배, 송승석, 송요후, 장윤미, 장정아, 장호준, 허혜윤
펴 낸 이 | 채종준
펴 낸 곳 | 한국학술정보㈜
주　　소 | 경기도 파주시 문발동 파주출판문화정보산업단지 513-5
전　　화 | 031) 908-3181(대표)
팩　　스 | 031) 908-3189
홈페이지 | http://ebook.kstudy.com
E-mail | 출판사업부　publish@kstudy.com
등　　록 | 제일산-115호(2000. 6. 19)

ISBN　　978-89-268-3384-1 93080 (Paper Book)
　　　　978-89-268-3385-8 95080 (e-Book)